Les risques psychosociaux

Analyser et prévenir
les risques humains

Éditions d'Organisation
Groupe Eyrolles
61, bd Saint-Germain
75240 Paris cedex 05

www.editions-organisation.com
www.editions-eyrolles.com

© Groupe Eyrolles, 2008, 2011
ISBN : 978-2-212-54317-4

Bénédicte Haubold

Préface de Hervé Lanouzière,
Direction générale du travail

Les risques
psychosociaux

Analyser et prévenir
les risques humains

Édition revue et augmentée

EYROLLES

Éditions d'Organisation

Du même auteur

Vertiges du miroir, le narcissisme des dirigeants, Paris, Lignes de repères, 2006.

A participé à différents ouvrages collectifs.

Bournois Frank, Duval-Hamel Jérôme, Roussillon Sylvie, Scaringella Jean-Louis, *Comités exécutifs, voyage au cœur de la dirigeance*, Éditions d'Organisation, 2007.

Bournois Frank, Chavel Thierry, Filleron Alain, *Le Grand Livre du coaching*, Éditions d'Organisation, 2008.

Angel Pierre, Amar Patrick, Devienne Émilie, Tencé Jacques, *Dictionnaire des coachings*, Paris, Dunod, 2007.

Devienne Émilie, *L'entreprise mode d'emploi*, Paris, Larousse, 2009.

Ont également contribué à la présente édition : Didier Blouin, Isabelle Bouillet-Gabin, Marc Gauthier (Artélie Conseil).

« Le point dangereux et fatidique est atteint quand la vie plus grande, plus multiple, plus vaste, *franchit l'obstacle* de la vieille morale pour poursuivre sa route ; l'« individu » apparaît alors contraint de promulguer ses lois propres, de découvrir les procédés et les ruses qui lui permettront de se conserver, de s'élever, de se libérer. »

Friedrich Nietzsche, *Par-delà le bien et le mal*, § 262.
Traduction Henri Albert révisée par Jean Lacoste.

Sommaire

Première partie
CONTEXTE ET ENJEUX

Deuxième partie

LES PRATIQUES DES ENTREPRISES

Troisième partie

LA GESTION DES RISQUES HUMAINS, UN AVANTAGE STRATÉGIQUE POUR LES ENTREPRISES

Préface

Si la nécessité de se préoccuper des risques psychosociaux en entreprise ne fait plus débat, la question de savoir sur quels facteurs agir et comment s'y prendre concrètement reste très souvent posée. Pour y répondre, Bénédicte Haubold propose une définition convaincante des risques psychosociaux. Ce sont, dit-elle, « *les tensions humaines potentiellement générées par la mise en œuvre de la stratégie* ». Cette définition est concise et équilibrée. Elle n'est pas culpabilisante pour les salariés et rappelle que ce qui est en cause, ce n'est pas tant leur personnalité et leurs éventuelles faiblesses que les conséquences d'une politique qui s'impose à eux. Elle n'est pas non plus stigmatisante pour l'employeur, car elle ne fait pas de la mise en œuvre de sa stratégie une contrainte fatalement pathogène, mais rappelle simplement qu'elle peut le devenir.

Du point de vue des pouvoirs publics, anticiper ou corriger les effets indésirables de la stratégie passe par la prise en compte de deux dimensions fondamentales : la santé au travail et le dialogue social. Les troubles psychosociaux nous ont en effet révélé qu'il n'existait pour ainsi dire aucune décision structurante de l'employeur qui ne soit susceptible d'avoir des répercussions sur la santé physique comme mentale des salariés. Au-delà du champ habituel de la santé et sécurité et de l'aménagement des lieux de travail, on sait désormais que l'organisation du travail, la distribution des tâches, les changements d'horaires, de mode de rémunération, de logiciel, un déménagement, etc., peuvent produire des effets néfastes sur la santé. La responsabilité de l'employeur à l'égard de ses collaborateurs est donc d'évaluer les conséquences potentielles de ses choix sur leur santé. En s'intéressant aux conditions du travail dans sa propre entreprise, l'employeur se concentre à juste titre sur ce sur quoi il a réellement prise.

C'est ce qui nous fait dire, dans un premier temps, que les risques psychosociaux sont un risque professionnel comme les autres. Il faut les évaluer après s'être assuré qu'on ne pouvait les éviter. Il faut transcrire le résultat de cette évaluation sur le document unique d'évaluation des risques. Il faut enfin établir un plan de prévention qui, conformément aux principes généraux de prévention, intégrera des mesures d'ordre technique (aménagement de postes, etc.), organisationnel (horaires, répartition des tâches, de la charge, etc.) ou humain (formation, etc.). Ce plan doit comprendre des mesures immédiates, de nature à faire face aux situations d'urgence, telles que la prise en charge des personnes confrontées à des difficultés (prévention dite tertiaire) ou leur adaptation à la gestion de situations de crise, toujours possibles. Mais il doit surtout s'attaquer aux déterminants organisationnels qui ont conduit à ces difficultés afin de prévenir durablement leur apparition (prévention dite primaire).

Cependant, une approche exclusivement hygiéniste des risques psychosociaux serait réductrice. Le constat le plus partagé ces derniers mois, chaque fois qu'émergent effectivement des risques psychosociaux dans une entreprise, est sans doute celui du déficit récurrent de dialogue social et plus généralement d'écoute. Or, la satisfaction ou le bien-être au travail ne se décrètent pas. Ils ne peuvent se construire de manière unilatérale. De la qualité du dialogue dépend la qualité du travail. Là où les *malentendus* prennent des proportions telles qu'ils rendent impossible l'expression du point de vue des opérateurs, il ne peut émerger que des tensions. Là où ceux qui sont chargés sur le terrain de mettre en œuvre la stratégie entrepreneuriale ne peuvent plus signaler les effets pervers de cette stratégie sur le travail des hommes, la qualité du travail (qualité du produit fabriqué, du service rendu) ne peut qu'être altérée.

C'est ce qui nous fait dire, dans un second temps, que les risques psychosociaux sont, certes, un risque comme les autres, mais qu'il faut les appréhender de manière particulière. De nombreux cadres et dirigeants admettent qu'à force d'optimiser leurs organisations, ils sont arrivés aux limites de ce qu'ils pouvaient demander à leurs collaborateurs. Face aux blocages auxquels ils sont confrontés, certains font le pari de renouer avec le dialogue. Ils *prennent le risque* de lever le couvercle de la marmite et de mettre en débat ce qui ne va pas. En (re-)libérant la parole au plus près du terrain, ils permettent au *malentendu* de devenir un *mal entendu*. Ils permettent aux parties d'échapper à leurs représentations respectives et finissent par aboutir à un diagnostic partagé de la situation.

Dès lors, des solutions peuvent être trouvées, concrètes, locales et souvent désarmantes de simplicité. Au point que l'observateur extérieur reste souvent pantois devant ce qui ne relève pour lui que du bon sens. Mais qu'importe, puisque justement il s'agit de retrouver du sens en pariant qu'il doit être possible d'obtenir les mêmes résultats économiques, voire probablement de meilleurs, tout en préservant l'être humain, dans l'intérêt de tous. En croisant les points de vue, les disciplines et les témoignages concrets, cet ouvrage contribue à le démontrer.

Hervé Lanouzière, directeur du travail, conseiller technique
à la Direction générale du travail, professeur associé au CNAM
(www.travailler-mieux.gouv.fr/)

Avant-propos

Ce livre vous est destiné, à vous qui exercez des responsabilités au plus haut niveau de l'entreprise, mais aussi à vous qui avez la charge d'équipes ou bien la mission, par exemple, d'accompagner humainement des processus de changement. Que vous apprendra ce livre, et surtout quelles en seront les applications concrètes dans vos actions de tous les jours ?

Les risques humains en entreprise ne sont jamais abordés sous un angle « business » : on évoque plutôt, de manière « psychologisante », les risques psychosociaux, qui constituent une notion vague et fourre-tout, censée rassembler des phénomènes aussi divers que le stress, le harcèlement moral ou sexuel, les violences, la charge de travail, les troubles musculo-squelettiques, etc. Alors, quand le dirigeant s'intéresse aux risques psychosociaux, il a plutôt l'impression de s'engager dans une action « humanitaire », déconnectée de son modèle économique. Il s'imagine en effet que les seules possibilités d'amélioration sont de diminuer les charges de travail, de faire que le « manager manage mieux », que les informations circulent bien, que les responsables ressources humaines écoutent mieux, que les fonctions des uns et des autres soient clarifiées, les organisations stabilisées, et qu'un équilibre vie privée/vie professionnelle satisfaisant soit trouvé !

Nous poserons que les risques psychosociaux sont des tensions humaines potentielles liées à la mise en place de la stratégie d'entreprise, et nous verrons quelles sont les implications concrètes de cette définition. Pourquoi un dirigeant doit-il s'intéresser aux risques humains en entreprise ? Il y a tout d'abord des raisons évidentes, que nous rencontrons chaque jour :

- le risque pénal et civil, du fait d'une jurisprudence qui se durcit sérieusement par obligation de « résultat », d'anticiper et de gérer les tensions humaines ;
- le risque d'image à ne pas négliger (quels sont les impacts médiatiques d'un suicide, d'un accident qui aurait pu être évité, d'une crise de la gouvernance au sein d'une équipe de direction ?) ;
- le risque « business » (que faire quand un projet clé commence à « déraper » du fait d'un conflit ou d'une situation de malaise ?).

Mais nous verrons qu'il existe également un intérêt stratégique majeur. Connaître précisément les sources potentielles et avérées de tensions humaines vous permettra de réfléchir autrement aux impacts « business » – sur les court et moyen termes – des réorganisations successives que vous engagez, en minimisant systématiquement les coûts humains des changements, en pensant qu'ils sont « illimités ». Mais cela vous permettra aussi d'aligner plus spécifiquement votre stratégie sur les potentialités de vos collaborateurs. Car il s'agit là d'un enjeu majeur : aligner stratégie et ressources humaines, soumises à de nombreuses tensions et souvent reléguées, malgré les apparences, au troisième rang du trinôme clients-actionnaires-salariés. Peu à peu, vous serez convaincu que le fait de s'aventurer sur ces terres-là ne présente pas seulement un coût ni un avantage exclusif pour les collaborateurs, mais également un intérêt économique, en plus d'être stratégique pour vous.

Cet ouvrage a été totalement refondu, dans le cadre de sa réédition. Quelles en sont les nouveautés ?

– Il détaille davantage la manière d'engager un projet concernant les risques humains et vous permet de choisir une méthodologie adaptée à votre contexte spécifique et à vos enjeux.

– Il positionne le sujet à un niveau stratégique et montre tout l'intérêt, pour un comité de direction, un directeur général, de s'engager dans ce type d'action. À ce titre, nous avons davantage détaillé l'« approche Artélie ». Cette méthodologie inédite est le fruit de nos années d'expérience sur le terrain dans ce domaine bien particulier. Elle vous permettra, en partant de votre stratégie, de votre environnement spécifique, de vos contraintes, de clarifier les risques humains au sein de votre entreprise… et surtout, d'en faire un avantage stratégique !

– Il se situe davantage à un niveau prospectif et identifie les prochains sujets d'actualité cruciaux, à prendre en compte dès à présent.

– Enfin et surtout, nous avons rassemblé une cinquantaine de contributions d'entreprises, explicitant leurs démarches en matière de risques humains. Le but poursuivi est de vous montrer la diversité des pratiques et de vous donner envie de vous lancer !

Cette édition est encore plus « pluridisciplinaire ». Nous nous sommes attachés à vous montrer, à travers des paroles d'experts aux horizons et postures très différents, que cette matière reste complexe et qu'elle demande des intelligences variées pour la saisir.

En vous souhaitant une lecture sans risque majeur !

Introduction

Le client et l'actionnaire d'une entreprise discutent ensemble. Le client raconte : « *Vraiment, je suis content, car je peux commander de plus en plus de produits sur mesure, dans les quantités que je désire, et où je veux, pour tous mes sites de production. Bon, il est vrai que je suis de plus en plus exigeant et que je demande quelquefois l'impossible. Je passe même mon temps à comparer l'entreprise à ses concurrents pour pouvoir en tirer le maximum... Mais ils ont l'air de tenir bon, ils suivent !* »

L'actionnaire lui répond : « *Il y a deux ans, vous avez quand même exagéré, car cela leur a demandé de se réorganiser complètement, et il y a eu un peu de "perte en ligne" ! En plus, ils n'étaient pas sûrs de vous garder comme client ! Et j'ai même assisté au moment où le dirigeant était à deux doigts de faire un "profit warning" ! Mais je vois bien que l'entreprise veut me plaire à moi aussi, et qu'elle me courtise, car elle vient de me verser de beaux dividendes... Cela me donne envie de réinvestir cette année encore, mais je vais exiger un taux de rentabilité des capitaux engagés d'au moins 25 %. Oui, pourquoi je me gênerais ? Mon ami Fonds-de-pension le fait bien : cela met l'entreprise sous tension et il l'a, son rendement !* »

Des salariés, qui ne sont pas loin, peuvent entendre cette conversation. Il leur arrive d'envier la situation du client et de l'actionnaire. L'entreprise et le dirigeant n'ont d'yeux que pour eux, pensent-ils... Alors, bien sûr, de temps en temps, ils ont un séminaire de « *team building* », des bonus à la fin de l'année, une politique RH visant à les motiver, un lieu de travail agréable, des postes bien souvent intéressants... Il est vrai aussi que, très régulièrement, le dirigeant leur dit qu'ils sont la « ressource vive » de l'entreprise, qu'il veut les « remettre au cœur de la stratégie »... Mais ils ont du mal à comprendre ce que cela signifie exactement : ils se sentent un peu usés par les réorganisations incessantes, les exigences de plus en plus importantes, sans avoir fondamentalement l'impression d'être rassurés sur la stabilité de leur place...

Que peut apporter d'essentiel à la gestion d'une entreprise l'analyse des risques humains en entreprise ? Comment un dirigeant, un comité de direction, mais aussi une DRH ou un manager peuvent-ils, dans le cadre de la stratégie mise en œuvre, s'assurer que les coûts humains des changements incessants et des tensions générées sont inférieurs aux retours sur investissement espérés ? Car il s'agit là d'un enjeu majeur : celui de l'alignement entre la stratégie et les ressources humaines, qui, on le rappellera, sont soumises à de nombreuses tensions et souvent reléguées au dernier rang du trinôme clients-actionnaires-salariés. Comment rassurer les dirigeants, leur montrer que s'intéresser aux risques psychosociaux ne relève pas d'une « action humanitaire », mais est un acte de gestion et de stratégie ?

Nous verrons aussi, par ailleurs, que les dirigeants, DRH et managers ayant délégation de pouvoir ont un intérêt très précis à prévenir ces tensions humaines, pour des raisons pénales, des questions d'image (de risque médiatique) et des enjeux « business » très clairs (risque de dérapage d'un projet stratégique, de départs de collaborateurs clés, etc.). Nous tenterons d'apporter un éclairage sur des pratiques d'entreprises concrètes, que ce soit en Europe ou en Amérique du Nord. Le Canada possède notamment une longueur d'avance sur ce sujet... D'autres pratiques novatrices se développent, et nous y avons consacré un chapitre entier.

Le sujet est de plus en plus médiatisé et fait actuellement l'objet d'un débat social. Mais que recouvrent au juste les risques psychosociaux ? Quels sont les enjeux exacts pesant sur les entreprises ? Pourquoi est-ce un débat de société ? Quelles sont les raisons du retard en matière de prévention des risques psycho-sociaux ? En quoi les risques psychosociaux sont-ils encore perçus comme un sujet « RH » ou de médecine du travail, et non un thème de direction générale ? Quelles sont les pratiques des entreprises dans ce domaine ? Comment peut-on concrètement détecter les risques psychosociaux dans son entreprise ? Autant de questions qui seront notamment abordées dans cet ouvrage.

Il s'agira avant tout de démystifier l'impression de « boîte noire » qu'ont les dirigeants, DRH et managers sur le sujet, et de rendre le thème accessible en donnant envie de s'y atteler.

Que sont au juste les risques psychosociaux ? Il nous faut d'emblée lever une ambiguïté sur ce mot assez flou, employé par les experts entre eux. Il s'agit de tensions humaines potentiellement générées par la mise en œuvre de la stratégie de l'entreprise. Nous verrons que ces tensions revêtent plusieurs formes : du stress, l'impression d'être harcelé, de la violence, une charge mentale...

La rédaction de ce livre nous a amenés à rencontrer une centaine de DRH et de dirigeants, à nous déplacer au Canada pour visiter des entreprises « innovantes » et faire un état des lieux de la recherche internationale sur le sujet. Nous nous sommes également largement appuyés sur notre expérience terrain. La vision des risques psychosociaux développée ici est le fruit notamment des éléments suivants :

– mon parcours professionnel, qui inclut l'expérience de plusieurs années en entreprise en tant qu'auditeur interne, puis la création du cabinet Artélie, spécialisé dans l'anticipation et la résolution de situations humaines difficiles en entreprise ;

– mon cursus de formation, qui m'a conduite à suivre des études de droit en France et aux États-Unis, puis dans une école de commerce, et, enfin, à effectuer des études de psychologie clinique ;

– mes années de pratique hospitalière dans le service de « pathologie professionnelle » de l'hôpital de Garches (Hauts-de-Seine), en tant que psychologue vacataire (une consultation privée a également été ouverte depuis quelques années, pour des personnes en difficulté dans leur travail ou confrontées à l'absence d'activité…).

L'approche des risques psychosociaux que nous proposons est donc résolument pluridisciplinaire, concrète, pragmatique, ancrée dans les enjeux des entreprises.

Jean-Pierre Brun, titulaire de la chaire de santé au travail de l'université Laval à Québec (Canada), note que, dans le domaine des risques psychosociaux, « *il y a peu d'évidence scientifique sur l'impact des interventions en entreprise* ». Pour lui, cependant, il existe tout de même des preuves des liens entre le bien-être des employés et l'efficacité de l'entreprise[1]. Cette relation sera positive, poursuit-il, si, en tant que dirigeant ou manager, dans votre entreprise, vous tentez d'intégrer dans votre gestion les « pièces manquantes » :

- la satisfaction des employés détermine la ponctualité ou l'absentéisme[2] ;
- la moitié des absences au travail est liée à un environnement de travail malsain ou au stress[3] ;
- l'engagement du personnel est associé à un faible taux de roulement et à une performance élevée[4] ;
- la satisfaction des employés est en relation directe avec la satisfaction des clients[5] ;
- la satisfaction au travail est liée à l'engagement du personnel[6] ;

1. Brun, J.-P., *La Santé psychologique au travail, de la définition du problème aux solutions*, IRSST, p. 28.
2. Spector, P. E., *Job Satisfaction : Application, Assessment, Causes, and Consequences*, Thousand Oaks, Sage, 1997, p. 104.
3. Cooper, C. L., « The Cost of Healthy Work Organization », *Creating Healthy Work Organization*, Wiley, 1994, p. 1-5.
4. Mathieu, J. E, Zajac, D. M., « A Review and Meta-Analysis of the Antecedents, Correlates and Consequences of Organizational Commitment », *Psychological Bulletin*, vol. 108, n° 2, 1990, p. 171-194.
5. Heskett, J. L., Sasser, W. E., Schlesinger, L. A., *The Service Profit Chain : How Leading Companies Link Profit and Growth to Loyalty Satisfaction, and Value*, Free Press, 1997, p. 320.
6. Vandenberg, R. J., Richardson, H. A., Eastman, L. J., « The Impact of High Involvement Work Processes on Organizational Effectiveness : a Second Order Latent Variable Approach », *Group and Organization Management*, vol. 24, n° 3, 1999, p. 300-339.

* la satisfaction envers la sécurité de l'emploi, la rémunération et la satisfaction en général sont en relation avec la performance financière de l'entreprise[1].

Nous proposerons un nouveau regard sur les risques psychosociaux, en montrant qu'il est d'un intérêt stratégique pour une équipe de direction de s'intéresser aux « risques humains en entreprise », au-delà des résultats des recherches scientifiques en la matière. Nous en exposerons les raisons, bien sûr, mais il nous paraît important ici de souligner que toute demande non satisfaite de changement, d'évolution, de dépassement, d'amélioration, de progrès continu… a un coût. Celui potentiel d'une usure psychique prématurée, d'une fragilisation anticipée des collaborateurs. Il se trouve actuellement sous-estimé, alors qu'il va devenir de plus en plus fondamental pour les entreprises implantées dans les pays occidentaux « riches ».

Les entreprises agissent actuellement comme si elles négligeaient ce coût du changement, des adaptations, des tensions successives, comme si elles pensaient que ces capacités-là étaient « illimitées ». Cet ouvrage, en détaillant notamment la méthodologie de « l'analyse stratégique des risques humains », espère sensibiliser à cet aspect essentiel et entrer en ligne de compte lors des nombreuses décisions de changement, de progrès continu, etc., prises par les dirigeants et managers à tout niveau…

---

1. Schneider, B., Hanges, P. J., Smith, D. B., Salvaggio, A. N., « Which Comes First : Employee Attitudes or Organizational Financial and Market Performance ? », *Journal of Applied Psychology*, vol. 88, n° 5, 2003, p. 836.

Première partie

Contexte et enjeux

Chapitre 1

Les risques psychosociaux en haut de l'agenda des dirigeants

Les risques psychosociaux, encore évoqués de manière balbutiante en France il y a quelques mois, sont devenus, nous allons le voir, un sujet incontournable. Le thème s'impose de lui-même, par les risques juridiques, médiatiques ou économiques qu'il recèle. Mais aussi – nous espérons vous le montrer au long de cet ouvrage – par les leviers d'action qu'il offre sur la stratégie de l'entreprise.

Les salariés français très sensibles à leurs conditions de travail

Les entreprises françaises abordent le stress avec de vraies spécificités. L'état d'esprit des parties prenantes, le cadre réglementaire, le jeu des acteurs rendent l'abord de ce phénomène en France très particulier[1].

Une demande de reconnaissance très importante

Bien plus que par le passé, le salarié exige de son entreprise des marques de reconnaissance et des gratifications symboliques. Il demande à être considéré comme une personne globale, qui, pour autant, n'est pas totalement déterminée par le travail[2]. On peut également avancer que les salariés reçoivent moins de la part des entreprises. Le DRH d'une grande société de télécommunications ajoute : « *Notre vie actuelle véhicule beaucoup de pressions sur les gens. Il faut à la fois "s'éclater" au travail, "s'éclater" dans sa vie, avoir des loisirs culturels, enrichissants, s'occuper de ses enfants… Nous avons donc des collaborateurs qui viennent avec toutes ces pressions et ces attentes un peu idéales de la vie ! Cela se traduit, bien sûr, dans leurs attentes vis-à-vis de l'entreprise.* »

---

1. Albert, É., Saunder, L., *Stress.fr*, Éditions d'Organisation, 2010.
2. INRS, p. 33.

Cette demande devient d'autant plus pressante que des fragilités nouvelles se font sentir hors du travail : perte de référence, repli sur soi, et une moindre capacité à puiser dans les ressources culturelles, qu'elles soient religieuses, philosophiques, politiques… Certaines enquêtes internationales confirment un niveau de « confiance » plus bas en France que chez nos voisins européens. Bien sûr, la population est inégalement touchée par ces craintes, selon la région, le secteur d'activité, ou encore la tranche d'âge.

À ce stade, il semblerait que l'entreprise n'ait encore pas pris toute la mesure de cette évolution culturelle[1]. Par ailleurs, nombre de DRH rencontrés pendant la rédaction de cet ouvrage affirment spontanément que les « *colla-borateurs se sentent plus "rapidement stressés" quand quelque chose ne va pas* »… Ils acceptent moins, selon eux, les contraintes de leurs missions… ou, tout du moins, demandent à ce que le contrat psychologique qui régit leur relation de travail soit constamment réajusté pour être à l'équilibre… Ainsi, « *symétri-quement, les exigences sont aussi exacerbées : besoin de reconnaissance, de sens, d'autonomie, de stabilité, de construction, de protection de sa santé, de prise en compte de ses engagements extraprofessionnels*[2] ».

Un sentiment permanent d'urgence

La gestion du temps ou la notion d'urgence sont devenues des notions sensibles dans la société française. L'abondance de la production éditoriale dans ce domaine en témoigne. Notre propos n'est pas de répéter ce que certains chercheurs ont déjà largement identifié. Bornons-nous à ces quelques remarques :

– Les entreprises françaises souffrent de « présentéisme », avec des plages horaires de travail en moyenne plus larges que celles de nos voisins.

– Comme partout dans le monde, les avancées technologiques (télétravail, accès permanent à sa messagerie électronique) brouillent la limite entre le temps privé et le temps professionnel.

– Pour la même raison, le temps s'est accéléré, avec le sentiment d'une urgence permanente. Dans son versant positif, cette avancée technologi-que apporte des gains de productivité collectifs.

– Enfin, avec la rapidité des liaisons et des transports, le soleil ne se couche tout simplement plus dans certains secteurs d'activité.

– Cet état d'urgence et de rythme intense est permanent pour certaines catégories de salariés, pour lesquels réunions virtuelles et déplacements

---

1. *Ibid.*
2. Salher, B., *Prévenir le stress et les risques psychosociaux au travail*, Lyon, ANACT, 2007, p. 99.

réels s'enchaînent et viennent peser sur leur santé… Les TIC (technologies de l'information et de la communication) fonctionnent comme un amplificateur d'effets de stress déjà présents[1].

Les salariés ne trouvent pas d'aide auprès de leurs managers

Motiver les employés n'est pas une tâche facile pour un gestionnaire, car il doit adapter ses efforts aux particularités de chacun, en fonction des attitudes, des comportements, des objectifs, des antécédents, et surtout des besoins qui lui sont propres[2].

Autre facteur d'inquiétude pour le salarié, la disparition de la figure du « manager protecteur ». Lui-même fragilisé, il souffre d'un malaise qui nous semble être tout à fait sous-estimé. En effet, il doit « naviguer à vue[3] » au sein d'un certain nombre de paradoxes. On lui demande le plus souvent :

- d'être autonome, mais de référer toute chose à sa hiérarchie pour aval (cette prégnance de la hiérarchie est un invariant culturel fort dans notre pays) ;
- de prendre ses décisions avec un aval qui ne vient jamais ;
- de prendre des initiatives, tout en passant le plus clair de son temps à faire du reporting sur les moindres détails de sa gestion ou de ses responsabilités ;
- de prétendre à une réflexion stratégique, mais de se cantonner à un rôle de « commercial besogneux » ;
- de mener les hommes avec leadership, mais de ne pas avoir d'états d'âme ;
- de motiver ses troupes pour optimiser la gestion des ressources humaines, mais de ne rien donner en échange ;
- de produire plus vite et mieux, mais avec toujours moins de moyens ;
- d'avoir de la personnalité, mais en faisant preuve de subordination envers l'état-major[4].

Il est vrai que le soutien aux managers est un aspect très souvent négligé. Il est en effet plus facile de s'entendre sur le devoir du manager, qui est de soutenir ses employés, que sur le devoir de l'organisation, qui est de soutenir ses managers[5] ! Il est sûrement très délicat de tenir une posture de management, puisque les managers sont eux-mêmes pris dans l'œil du cyclone,

---

1. Ettighoffer, D., Blanc, G., *Du mal travailler au mal vivre*, Eyrolles, 2003, p. 19.
2. Dolan, S. L., Gosselin, É., Carrière, J., Lamoureux, G., *Psychologie du travail et comportement organisationnel*, Gaëtan Morin Éditeur, 2002, p. 76.
3. Bouvard, P., Heuzé, J., *Insupportables Pratiques*, Eyrolles, 2007, p. 22.
4. *Ibid.*
5. P. 67.

souvent court-circuités, et peuvent difficilement jouer leur rôle (temporiser, protéger, former notamment).

Nous avons noté la montée en puissance d'un autre phénomène : des managers, de plus en plus nombreux, font état de situations de harcèlement moral ascendant, de la part de leurs collaborateurs. Ils n'osent que rarement s'en ouvrir à leur propre hiérarchie, se sentant fragilisés et suspectés *de facto* de comportements répréhensibles. Ils sont souvent désemparés et ne savent pas comment se sortir de ces situations délicates.

Notre modèle d'organisation du travail touche ses limites

La première mission d'un manager de proximité est de se montrer attentif aux signaux alarmants, afin d'intervenir avant que l'ambiance de travail se dégrade[1].

Le travail, tel qu'il s'organise dans les sociétés contemporaines, semble se caractériser par trois grands phénomènes : l'intensification, la précarisation et la flexibilisation[2].

Intensification

L'intensification du travail empêche les travailleurs de construire un compromis entre les objectifs de la production, leurs compétences et la préservation de leur santé[3].

L'intensification du travail a provoqué une réduction de la porosité du temps de travail et un accroissement de la vitesse d'exécution des tâches[4]. L'exemple de la productivité par tête en France est significatif.

Précarisation

Si le client est roi, le salarié apparaît alors comme le parent pauvre de l'entreprise, le dernier servi[5].

Du fait de l'individualisation de la GRH, chacun cherche à faire valoir sa place. La compétition est posée comme une condition de survie et les

---

1. Gava, M.-J., Gbézo, B., *Prévenir le harcèlement moral et la souffrance au travail*, Vuibert, 2009, p. 81.
2. Collerette and Col, 2001.
3. Thébaud-Mony, A., Robatel, N., *Stress et risques psychosociaux au travail*, *Problèmes politiques et sociaux*, n° 965, La Documentation française, 2009, p. 31.
4. Durand, 2004.
5. Alis, D., Dumas, M., Poilpot-Rocaboy, G., *Risques et souffrance au travail*, Dunod, 2010, p. 7.

individus sont souvent renvoyés à eux-mêmes dans la construction de nouveaux repères professionnels[1]. Les « collectifs de travail » se sont affaiblis : tous les métiers ont eu une redéfinition de leur identité professionnelle et de leur mode de régulation.

Il est désormais demandé aux collaborateurs de porter et d'atteindre les objectifs, de les intérioriser afin de produire le « maximum d'intelligence ». Ils se doivent de donner le « meilleur » d'eux-mêmes. Les exigences attendues par l'entreprise sont ainsi de plus en plus « psychologiques »[2].

Il nous semble important de préciser que ce ne sont pas les « organisations » du travail qui génèrent potentiellement des effets délétères, comme nous pouvons fréquemment le lire, mais la manière dont les changements sont introduits, leur fréquence, leur finalité explicite, la lisibilité des choix stratégiques qui peuvent provoquer des usures précoces chez nombre de collaborateurs.

Flexibilisation

La flexibilisation du travail a été décrite sous trois aspects[3] :

- une flexibilité fonctionnelle caractérisée par les « multimétiers », la polyvalence ;
- une flexibilité salariale, où la rémunération peut être « au rendement » ;
- une flexibilité numérique marquée par des variations d'horaires, du travail sur appel, des recours aux heures supplémentaires, du temps partiel involontaire.

Les organisations matricielles, à évolution rapide, impriment de fortes demandes aux collaborateurs, qui se trouvent « ultra-responsabilisés » sans toutefois posséder les marges de manœuvre correspondantes. Le « taylorisme » qui prévalait jusque-là se révélait rassurant, malgré ses défauts ; la nouvelle culture mobilise, à l'inverse, toutes les « compétences » personnelles.

Les missions sont de plus en plus partialisées afin d'être optimisées, et la vision du « produit final » devient difficile. Ce phénomène est accru par le *remote management* ou « management à distance » : des collaborateurs de plus en plus nombreux dépendent d'un responsable hiérarchique situé dans un autre pays. Les échanges deviennent quelquefois « virtuels ».

Il devient important de pouvoir effectuer plusieurs tâches en même temps, d'articuler l'ensemble, de faire le bon choix de priorités, d'éviter les collisions de tâches, les contradictions trop fortes, de gérer mentalement et nerveusement ces arbitrages et sollicitations cognitives multiples[4].

© Groupe Eyrolles

1. INRS, *op. cit.*, p. 39.
2. Salher, B., *op. cit.*, p. 99.
3. Mercure, 2000 ; Gagnon, 2004.
4. INRS, *op. cit.*, p. 34.

Des effets délétères sont également générés par la complexité des organisations, la multiplicité des hiérarchies, les dépendances fortes envers des collègues en amont et en aval du poste de travail (la hiérarchie concurrencée).

De nombreuses parties prenantes à satisfaire

Les entreprises se doivent d'abord de satisfaire, pour assurer leur survie, leurs
clients et leurs investisseurs (actionnaires, banquiers, etc.). Elles sont ainsi
constamment confrontées aux demandes, toujours plus exigeantes[1] et chan-
geantes de leurs clients, qui désormais comparent les offres sur un marché
mondial. L'exigence d'innovation est permanente, les durées de vie et les
cycles de production sont raccourcis, alors que les gammes ont tendance à
être élargies et renouvelées.

En ce qui concerne les pourvoyeurs de fonds que sont les actionnaires et les
institutions financières, chacun a des attentes claires en termes de « retour
sur investissement ». On note le poids grandissant des agences de notation :
elles peuvent, à travers leurs évaluations, renchérir le coût de l'argent, si
elles jugent que les performances de l'entreprise sont moyennes, que leur
positionnement est risqué, que leurs perspectives sont incertaines… Les
entreprises ont alors tendance à prendre en compte ces paramètres dans
leurs stratégies d'obtention de financement, en adoptant un profil financier,
stratégique, tactique, qui ne « dégradera pas leur note ».

Les entreprises se doivent également de prendre en compte d'autres enjeux,
souvent complexes, de positionnement concurrentiel, de stratégie, de prospective, de communication, pour assurer leur survie face aux clients et aux
investisseurs.

Les entreprises se trouvent *in fine* devant de multiples parties prenantes à
satisfaire (collectivement, publiquement liées), plus nombreuses, plus
exigeantes et plus volatiles. Une nouvelle exigence est apparue ces derniers
mois : celle d'intégrer très probablement en amont les sous-traitants dans la
gestion des risques psychosociaux. On se souviendra, par exemple, de la
réaction d'Apple en mai 2010 lors des suicides en masse de collaborateurs
chinois travaillant en sous-traitance.

Un impact paradoxal sur les ressources humaines

Tous ces enjeux impriment de fortes tensions, quelquefois paradoxales. En
interne, la structure même de l'entreprise est censée répondre de manière
mimétique à ces questions complexes. Tous les services, toutes les directions
sont concernés : de la direction commerciale à celle des achats, du marketing, de la logistique, en passant par la direction financière, stratégique, etc.

---

1. Salher, B., *op. cit.*, p. 29.

Tous les processus sont optimisés pour parvenir aux objectifs de « gestion des ressources humaines », de management… Tout se doit d'être « en ordre de bataille » afin de répondre aux défis posés à l'entreprise.

Les entreprises savent qu'elles ont poussé jusqu'à leurs limites ces opérations d'optimisation constantes. Cependant, les fusions et acquisitions, les processus incessants d'externalisation et de réorganisation interne se poursuivent sur un bon rythme.

À ce stade, il nous semble important de relever un paradoxe de fond, puisqu'il ne manquera pas de se poser, à très brève échéance, en termes d'avantage concurrentiel : tout en s'adaptant en permanence, les entreprises sont de plus en plus conscientes que leur survie, leur développement à long terme, leur capacité à avoir un temps d'avance dépendent de leurs « ressources humaines » !

Les contraintes légales se font de plus en plus fortes

La dimension juridique ne doit pas occulter l'enjeu économique d'une politique de prévention. En effet, ce n'est pas de mettre en œuvre des politiques de sécurité et d'amélioration des conditions de travail qui est coûteux pour l'entreprise, mais bien de négliger ces domaines clés[1].

Nous venons de voir que la société se trouvait actuellement dans un état de sensibilité particulier face aux risques psychosociaux. Pour répondre à ces nouvelles aspirations et ces nouvelles inquiétudes, de nouvelles obligations légales ont vu le jour. Une tendance observée en Europe, et bien sûr dans l'Hexagone.

La jurisprudence actuelle traite de la même manière les risques psychosociaux que les accidents de travail dans les années 1970 : l'entreprise est censée avoir pris toutes les mesures nécessaires pour les éviter, sous peine d'un risque pénal. Par ailleurs, la personne morale est désormais mise en cause dans des procès au pénal.

En Europe

Deux accords-cadres européens ont été signés : l'un sur le stress, en octobre 2004, et l'autre sur les violences et le harcèlement, en avril 2007. Ces accords ont ensuite été transposés au niveau national.

L'accord-cadre sur le stress a, dans la majorité des pays européens, été transposé au moyen d'accords collectifs nationaux (notamment en France, Espagne, Belgique, etc.). Certains pays (tels que l'Allemagne et le Portugal) ont opté

---

1. Alis, D., Dumas, M., Poilpot-Rocaboy, G., *op. cit.*, p. 79.

pour la conclusion d'accords d'entreprise. Enfin, la voie de la coopération tripartite a été privilégiée par d'autres (Slovénie, Royaume-Uni, Luxembourg, etc.). L'accord-cadre sur les violences et le harcèlement est encore en cours de transposition dans une partie des pays européens.

En France

Le « document unique » occupe un rôle central

Depuis 1991, en application de la directive européenne de 1989 qui globalise la prévention des risques professionnels, une obligation générale de sécurité incombe au chef d'établissement. Chaque entreprise française doit, dans ce cadre, remplir notamment un document unique d'évaluation des risques professionnels (DUERP), dit document unique, qui recense les risques et les modes de prévention. Le volet « risque psychosocial » est compris dans les risques qui pèsent sur les entreprises.

Le document unique : comment évaluer les risques psychosociaux comme tous les autres risques

➠ Quentin Ha, chargé de mission Aract[1] Île-de-France

Dans le cadre de la prévention des risques professionnels, des entreprises, toutes tailles confondues, se sont saisies de l'opportunité afin d'intégrer les risques psychosociaux dans le document unique d'évaluation des risques. Pour rappel, l'employeur est tenu de retranscrire et de mettre à jour les résultats de l'évaluation des risques pour la sécurité et la santé des travailleurs. Il s'agit de réaliser un inventaire des risques identifiés dans chaque unité de travail de l'entreprise ou de l'établissement.

Bien souvent, l'inventaire des risques a recensé les risques physiques, thermiques, électriques, incendie, etc. Un certain nombre de documents uniques ont été réalisés sur le modèle de l'entrée par typologie de risque, suivi d'une évaluation portée sur ces mêmes risques. Ces risques présentent des caractéristiques qui peuvent être quantifiables ou identifiables par des moyens techniques (appareils de mesure thermique, sonore, produit d'origine toxique, etc.). Or, les risques psychosociaux sont plus difficilement quantifiables, identifiables et mesurables. D'autant que ce qui caractérise le phénomène des risques psychosociaux est que ces derniers sont la résultante d'une combinaison de facteurs liés à une organisation dégradée du travail. Intégrer les risques psychosociaux dans le cadre d'une politique de la prévention des risques nécessite de pouvoir les identifier pour ensuite les évaluer.

Il existe deux modèles de documents uniques fréquents.

Le document unique avec comme point de départ une analyse portée sur le risque

Cette façon de procéder peut permettre d'évaluer les risques facilement identifiables sur des unités de travail précises. En revanche, dans cette même forme de présentation et d'analyse, les risques psychosociaux, comme les autres risques, peuvent concerner potentiellement plusieurs unités de travail possibles, ce qui peut complexifier l'organisation même du document dans sa forme, dans sa logique de présentation, ainsi que l'analyse du risque.

Le document unique avec une analyse par unité de travail ou activité

Cette présentation du document unique se répand de plus en plus au sein des entreprises. Ce point d'entrée permet de décliner tout un ensemble de processus de l'évaluation jusqu'au plan d'action, en théorie. En effet, dans de nombreux documents uniques, une unité de travail décline des risques pouvant relever des risques psychosociaux sans qualifier davantage le phénomène. Par exemple, un poste d'accueil du public crée un risque d'agression de la part des usagers. Sans

---

1. Association Régionale pour l'Amélioration des Conditions de Travail.

caractériser le phénomène, il semble difficile d'évaluer et de décliner des moyens de prévention adaptés. Pour ce faire, il est préconisé de connaître les circonstances d'apparition du risque, sa fréquence, ses différents degrés d'intensité et le nombre de salariés pouvant être touchés. Décrire précisément les contextes de survenue du risque présente l'avantage de rendre le danger objectif et de structurer des modalités de prévention réalistes. D'autre part, de nombreux documents uniques présentent des carences quant aux processus du plan d'action et de prévention des risques identifiés. Généralement, on peut constater l'absence d'un ou de plusieurs élément(s) suivant(s) : l'évaluation de la prévention existante, des actions à mettre en place, le ou les pilote(s) de la mise en œuvre des actions, les moyens pour y parvenir, l'état d'avancement et le suivi des actions mises en œuvre, etc.

Bien qu'aucun modèle type n'ait été prévu par la réglementation, l'identification des dangers et l'analyse des risques sont *a minima* les deux principales étapes indispensables qui doivent être inscrites dans le document unique. Au-delà de l'aspect réglementaire, il est primordial de décliner un plan d'action et de considérer le document unique comme l'un des éléments essentiels du management des risques professionnels.

L'obligation de résultat : une obligation de réussite

L'obligation de sécurité aux salariés est devenue « de résultat » depuis l'arrêt de la chambre sociale de la Cour de cassation du 21 juin 2006. L'employeur a désormais l'obligation de prendre des mesures de prévention dès qu'il a connaissance d'une situation délétère. Cet arrêt est en droite ligne des arrêts « amiante » et « tabagisme passif ». Le droit en matière de risques psychosociaux emprunte, en effet, très exactement la même voie que les risques physiques, lorsqu'ils ont été reconnus par le droit. Le harcèlement moral est le vecteur utilisé pour ces évolutions.

Évolution récente du droit

Deux éléments poussent à une certaine uniformisation [du droit]. Le premier tient à l'impulsion des textes européens. [...] Le second tient au travail de la Cour de cassation et à l'élaboration de sa jurisprudence[1].

Ces principes ayant été posés, voyons plus précisément quelles sont les obligations actuelles des employeurs, et quelle forme prend le contentieux autour des risques psychosociaux.

---

1. Combalbert, N., *La Souffrance au travail*, Armand Colin, 2010, p. 28.

RPS en entreprise : quelles obligations pour l'employeur/quels recours pour les collaborateurs ?

➡ **Florence Froment-Meurice, avocat associé, Cotty Vivant Marchisio & Lauzeral**

En droit français, les risques psychosociaux sont nulle part et partout

Malgré l'explosion médiatique du sujet et l'activisme des partenaires sociaux (accords nationaux interprofessionnels sur le stress le 24 novembre 2008, puis sur le harcèlement et la souffrance au travail le 26 mars 2010), du gouvernement (rapport Lachmann, Larose, Pénicaud de février 2010 ; incitation des entreprises de mille salariés à négocier sur le stress ; plan d'urgence relayé par le plan quadriennal « santé au travail ») et du législateur (rapport Copé de décembre 2009, mission d'information lancée par l'Assemblée nationale en octobre 2009, mission d'information lancée par le Sénat en novembre 2009, rapports attendus pour juin 2010), la notion de risques psychosociaux n'existe pas dans le Code du travail. Ces risques y sont appréhendés sous diverses qualifications à travers la mise en œuvre de l'obligation de sécurité de résultat d'une part, et la prohibition des actes de harcèlement et de discrimination d'autre part. La doctrine et les praticiens s'accordent à considérer qu'un ajout à l'arsenal législatif existant serait superflu.

L'employeur a l'obligation de protéger la santé mentale des salariés

L'article L. 4121-1 du Code du travail impose à l'employeur une obligation de sécurité de résultat quant à la préservation de la santé des salariés. Sa responsabilité est engagée dès lors que ce résultat n'est pas atteint. L'exonération de sa responsabilité est quasi impossible.

La Cour de cassation a notamment pu décider que l'altération de la santé d'une salariée, résultant de la dégradation de ses conditions de travail et des pressions imposées par la restructuration de son entreprise, caractérisait le manquement par l'employeur à son obligation de sécurité en matière de protection de la santé et de la sécurité des travailleurs dans l'entreprise. Dans cette affaire, la salariée présentait un « tableau de névrose traumatique avec retour en boucle, angoisse, insomnies réactionnelles » nécessitant sa prise en charge en psychothérapie et un traitement anti-dépressif.

L'employeur peut être condamné à verser des dommages et intérêts au salarié, mais encourt également des sanctions pénales : le fait d'exposer directement autrui à un risque immédiat de mort ou de blessures de nature à entraîner une mutilation ou une infirmité permanente par la violation manifestement délibérée d'une obligation particulière de sécurité ou de prudence imposée par la loi ou le règlement est puni d'un an d'emprisonnement et de 15 000 euros d'amende.

Accidents du travail et maladies professionnelles ont une origine mentale de plus en plus fréquente

L'imputation à l'employeur du suicide, ou d'une tentative de suicide, est désormais fréquente. Lorsque le salarié est décédé au temps et au lieu de travail, le décès est qualifié d'accident de travail, sauf si l'organisme de Sécurité sociale ou l'employeur rapporte la preuve que le décès a une cause totalement étrangère au travail.

Lorsque le suicide ou la tentative de suicide s'est produit(e) en dehors du temps de travail ou hors de l'entreprise, le salarié ou ses ayants droit doivent démontrer le caractère professionnel de l'« accident ». La Cour de cassation estime, dans une jurisprudence constante, qu'un accident qui se produit à un moment où le salarié ne se trouve plus sous la subordination de l'employeur constitue un accident de travail dès lors que le salarié établit qu'il est survenu par le fait du travail. C'est ainsi qu'un salarié, ayant tenté de mettre fin à ses jours alors qu'il se trouvait en arrêt maladie pour syndrome anxio-dépressif, a obtenu que sa tentative de suicide soit qualifiée d'accident de travail.

Dans une affaire récente, les ayants droit d'un salarié ayant mis fin à ses jours à son domicile ont saisi le tribunal des affaires de Sécurité sociale (TASS) afin de voir reconnaître l'origine professionnelle de ce décès. Ils ont démontré qu'un surcroît de travail avait été imposé au salarié, qu'il avait cumulé sur plusieurs mois des horaires supérieurs à ceux de sa qualification, que ses collègues avaient constaté un stress qui s'était amplifié au fil des mois, ces derniers le décrivant également comme très fatigué et amaigri. Il avait déclaré à l'un de ses collègues ne plus pouvoir faire face à ses objectifs et être en dépression et à son supérieur ne plus pouvoir assumer ses contraintes de travail et être débordé. Celui-ci avait d'ailleurs remarqué son apathie et son abattement. Le tribunal en a conclu que l'ensemble de ces éléments démontrait que l'acte suicidaire était survenu par le fait du travail et devait donc être qualifié d'accident du travail.

De même, les altérations de l'état de santé mentale, telles que la dépression, ne sont pas inscrites dans le tableau des maladies professionnelles et ne bénéficient donc pas d'une présomption en ce sens. Il incombe alors au salarié, ou à ses ayants droit, de démontrer que la dépression ou l'altération constatée est essentiellement et directement causée par le travail habituel de la victime et qu'elle a entraîné le décès de celle-ci ou une incapacité permanente au moins égale à 25 %.

Le contentieux de la recherche de la faute inexcusable augmente d'autant

Lorsque l'accident de travail, ou la maladie professionnelle, est dû à la « faute inexcusable » de l'employeur ou de ceux qu'il s'est substitués dans la direction, la victime (ou ses ayants droit) peut prétendre à une majoration de la rente versée par la Caisse primaire d'assurance-maladie (CPAM). Celle-ci répercute l'indemnisation complémentaire ainsi versée auprès de l'employeur au moyen d'une cotisation supplémentaire, sauf si la décision de prise en charge lui est inopposable.

Le manquement de l'employeur à son obligation de sécurité de résultat a le caractère d'une faute inexcusable lorsque l'employeur avait ou aurait dû avoir conscience du danger auquel était exposé le salarié et qu'il n'a pas pris les mesures nécessaires pour l'en préserver. La Cour de cassation a jugé que la circonstance que l'équilibre psychologique du salarié avait été gravement compromis à la suite de la dégradation continue des relations de travail et du comportement de l'employeur caractérisait la faute inexcusable de l'employeur.

Le TASS a également reconnu dans un jugement du 17 décembre 2009 la faute inexcusable de l'employeur après le suicide d'un salarié dans ses locaux.

Le harcèlement moral est sous la loupe de la Cour de cassation

On sait que le harcèlement moral est constitué par des agissements répétés ayant pour objet ou pour effet de porter atteinte aux droits à la dignité du salarié, d'altérer sa santé physique ou mentale ou de compromettre son avenir.

Mais plus d'une centaine d'arrêts de la Cour de cassation ont précisé en 2009 et 2010 une ligne stricte destinée aux juges du fond. C'est ainsi que le harcèlement moral est constitué indépendamment de l'intention de son auteur, quand bien même l'employeur aurait pris des mesures en vue de cesser les agissements constitutifs de harcèlement. Il ne nécessite plus une multiplication d'actes, ni l'identification préalable d'un auteur personne physique.

Il peut en effet être constaté à partir de mesures prises sur le plan collectif et qui ont un effet direct sur une situation individuelle. Ainsi, des méthodes de gestion mises en œuvre par un supérieur hiérarchique peuvent caractériser un harcèlement moral.

Risques psychosociaux et financiarisation de l'économie

➠ Jean-Claude Delgenes, directeur général, Technologia

Concernant la question du stress en entreprise, la France a quasi rattrapé son retard dans la compréhension globale du phénomène. La démarche a été accélérée par la forte médiatisation des crises suicidaires, notamment celles de Renault, PSA Peugeot Citroën et France Télécom. De plus, le ministère du Travail a encouragé avec son classement (vert, jaune, rouge) des entreprises à s'investir sur le sujet. En créant la polémique, cela a très certainement éveillé des consciences, elles-mêmes aiguisées par les mises en examen de certains dirigeants et l'évolution de la jurisprudence. Aujourd'hui, nous sommes en train de passer du côté opérationnel de la lutte contre les risques psychosociaux et pour le bien-être au travail.

Chacun ayant, à peu près, compris les grands facteurs, le cadre du déni a été passé et nous dirigeons vers des démarches, plus positives, de prise en compte du stress chronique et des RPS. Ces démarches, plus convergentes entre les différents acteurs de l'entreprise (RH, IRP, service de santé au travail), vont permettre de calibrer les risques psychosociaux, de les cartographier, mais surtout de mettre en place des actions correctrices. Nous sommes passés de la compréhension à l'action. Cela suppose de bien comprendre l'outillage, les méthodes à retenir et les erreurs à éviter.

Une évolution extrêmement positive...

Nous constatons une remontée des acteurs de la régulation en entreprise, en particulier des RH. Ils avaient acquis une position importante dans les entreprises, perdue au début des années 1990 avec la montée de la financiarisation. Aujourd'hui, nous voyons l'importance de l'intégration du facteur humain au plus haut niveau stratégique. Cela redonne leur position aux DRH, alors qu'ils l'avaient perdue il y a quatre ou cinq ans.

Pour améliorer le ressenti des salariés en entreprise, des mesures concrètes sont à envisager ou ont déjà été mises en place. Par exemple, nous avons présenté une cinquantaine de mesures concrètes chez Renault et plus d'une centaine chez France Télécom. L'une de ces mesures consiste, par exemple, à intégrer le niveau de risque professionnel dans la classification des postes. Si vous exercez votre emploi derrière un guichet et recevez des personnes, vous pouvez être exposé à des risques psychosociaux tels que des insultes, des incivilités... La classification des emplois doit en tenir compte.

Plus globalement, il est fondamental de renforcer le dispositif d'organisation de la santé et de la sécurité. Les entreprises le comprennent aujourd'hui. Cela passe par la création d'équipes terrain en proximité des RH, par le renforcement de la prévention avec des spécialistes, par la mise en place du document unique.

En parallèle, il est primordial d'avoir des équipes managériales vraiment armées, outillées pour aborder la problématique des risques psychosociaux. Il reste encore beaucoup à faire, car les managers ne sont pas suffisamment formés ; mais cela va venir.

Différentes mesures ont été prises par les entreprises pour répondre à ce besoin : conférences annuelles ou bisannuelles sur les risques psychosociaux, mise en place de baromètres, de nouvelles procédures d'évaluation des performances plus tournées vers le collectif… Un modèle français plus axé sur la prévention des risques primaires a vu le jour. Néanmoins, les défis sont immenses, car organiser cette régulation suppose de traiter la question de l'énorme pression financière qui tombe sur les dirigeants d'entreprises, les très grandes, mais aussi par ricochet les PME dans un contexte où la crise perdure.

Une évolution qui pourrait être remise en question en raison de la crise et de la pression financière et concurrentielle

On ne peut pas comprendre la problématique des risques psychosociaux sans aborder ce versant de la financiarisation. Aujourd'hui, les entreprises sont de plus en plus financières. Le top management a pour objectif principal de stimuler le cours de Bourse. Ce cours de Bourse est primordial en vue, par exemple, de la croissance externe. Au-delà de l'importance du rachat d'autres sociétés ou de la valorisation du patrimoine immobilier, l'entreprise avec une valorisation boursière forte peut se protéger d'éventuels prédateurs. En clair, les grandes entreprises qui étaient jusqu'au début des années 1990 un lieu de partage, de confrontation, d'échanges entre différents acteurs (dirigeants, salariés, pouvoirs publics) qui n'avaient pas tous les mêmes intérêts, sont devenues de simples actifs financiers qu'il s'agit d'optimiser. Les actionnaires ont pris le pouvoir. Ils ont imposé des financiers à la tête des directions, qui ont pour objectif de créer de la valeur pour les actionnaires.

Pour réaliser cela, la logique consiste à optimiser l'actif « entreprise » à tous les niveaux et dans le moindre détail. Celle-ci passe par le recentrage sur ce que l'on appelle le cœur de métier, ou encore l'externalisation des activités non essentielles pour l'entreprise. Cette problématique conduit aussi souvent à racheter des actions pour en stimuler la valorisation sur les marchés.

Le phénomène de valorisation peut se conduire aussi dans les industries ou les services avec main-d'œuvre par une compression forte des salaires. Cette compression ne tient qu'en raison d'une masse de pauvres en forte précarité d'une part (on estime à plus de cinq millions les salariés en sous-emploi à la porte des entreprises) et de la pression des marchés mondiaux et des menaces de délocalisation de l'activité d'autre part.

Confusément, chacun se demande si la pérennité de ce modèle social issu des années 1930 ne sera pas au final abrégée. Cette angoisse électrise tout le corps social dans une période où les chiffres de la dette et des remboursements à venir renforcent cette appréhension du déclin. La grande difficulté est de faire prévaloir un système qui crée de la valeur à moyen et long terme. La France ne peut pas décrocher de l'Europe. L'Europe ne peut pas décrocher du monde. Les régulations de la sphère financière restent à inventer.

Pour revenir au niveau de l'entreprise, les dirigeants partent d'un plan de développement calé sur une série d'analyses financières et stratégiques, donnent donc des objectifs pour diriger et stimuler les salariés avec un management que l'on voudrait éclairé pour qu'ils produisent un maximum de valeur. Ces objectifs sont parfois totalement irréalistes. Ainsi, on observe depuis quatre à cinq ans le développement de phénomènes de déviance (fraude, dissimulation, voire prévarication) pour contourner ces mécanismes contraignants.

Les managers ont souvent répondu à ces impératifs non pas en essayant de reconstruire des liens de confiance permettant l'implication des salariés, mais par des mécanismes de surveillance. Les salariés sont devenus des éléments à surveiller, stimuler et contrôler. Ces méthodes sont intrusives et peuvent, parfois, atteindre véritablement les droits fondamentaux des individus. La surveillance et l'écoute au quotidien mettent une pression très forte sur les salariés, qui ne peuvent pas se relâcher. Cela les met en situation de risques à la fois psychosociaux et cardio-vasculaires.

Une évolution contre-productive

En effet, c'est dans certaines conditions que l'individu peut faire preuve d'une certaine créativité, d'une certaine autonomie. Les salariés sont limités, *de facto*, par ces modes de gestion. La crise, qui a été extrêmement brutale, accentue ce côté inéluctable, voire guerrier. Elle est arrivée après une période de relative accalmie depuis 2000. Elle a ruiné les espoirs d'un certain nombre de salariés. La crise dure et l'on constate une remontée significative du chômage. De par le plan de rigueur, la situation risque de s'aggraver, puisqu'un certain nombre d'entreprises vont réduire leurs effectifs entre septembre 2010 et septembre 2011.

La maîtrise de la crise bancaire est assurée mais la crise des États, avec la réduction de la voilure de la dette, va conduire à des restrictions, à un ralentissement économique. La crise sociale n'est donc pas derrière nous. Nous pouvons craindre dans ce cadre que la persistance de la crise renforce ou du moins infléchisse la stratégie du top management. Il faut donc espérer que les hauts dirigeants pourront continuer les efforts entrepris et n'arrêteront ou ne différeront pas les mesures prises. On retomberait sinon très vite dans les anciens travers.

Le durcissement de la loi et la jurisprudence ont rempli leur rôle en faisant que chacun bouge. Nous avons rattrapé notre retard et cela est très positif. Nous sommes passés dans une phase d'outillage, mais nous sommes encore loin d'une adhésion totale de la part du top management, qui a été formé de manière très différente de ce qu'il faudrait pour l'appréhension de ces phénomènes complexes. Il reste à démontrer sur le plan économique et financier par la réalisation d'une étude fouillée, et comme cela a été le cas dans d'autres pays, « que des salariés heureux font des entreprises florissantes ». Cette démonstration assurera alors, en parlant au « portefeuille » des dirigeants, une avancée définitive sur la question.

Un glissement du contentieux vers le pénal[1]

En avril 2010, le parquet de Paris a ouvert une information judiciaire pour harcèlement moral et mise en danger de la vie d'autrui après un rapport de

---

1. La défense s'est notamment appuyée sur les arrêts et textes de loi suivants : Cass. soc. 17 février 2010 n° 08-44298 ; art. L. 223-1 du Code pénal ; Civ. 2ᵉ 22 fév. 2007 n° 05-13771, BC V n° 54 ; TASS Yvelines 9 mars 2010 (Renault) ; art. L. 461-1 du Code de la Sécurité sociale (CSS) ; art. L. 452-1 du CSS ; Civ. 2ᵉ 22 fév. 2007 n° 05-13771, BC V n° 54 ; art. L. 1152-1 du Code du travail ; Cass. soc. 24 sept. 2008 n° 06-45579, BC V n° 175 ; Cass. soc. 10 nov. 2009 n° 08-41497, BC V n° 248 ; Cass. soc. 3 févr. 2010 n° 08-44019, pub. au bull. ; Cass. soc. 3 févr. 2010 n° 08-44107 ; Cass. soc. 10 nov. 2009 n° 07-45321, BC V n° 247.

l'inspecteur du travail en charge de l'enquête sur les suicides à France Télécom. Si, par le passé, de telles informations judiciaires avaient déjà été menées, elles n'ont jamais eu la dimension que prend celle concernant France Télécom, où l'organisation du travail, accusée par certains d'être basée sur le stress, joue un rôle central. Selon les chefs d'accusation finalement retenus par le ministère public, la responsabilité pénale de la société, en tant que personne morale, et/ou celle de ses dirigeants ou anciens dirigeants pourrait être recherchée.

Et les qualifications pénales peuvent être plus graves, puisque, à Besançon, une information judiciaire a été ouverte en mars 2010 pour « homicide involontaire » après le suicide d'un salarié de France Télécom en août 2009.

De nombreux recours pour les collaborateurs

Le risque juridique ne s'exprime pas seulement au travers des obligations à remplir par l'employeur. Le maillage juridique se fait de plus en plus fin, et l'employeur doit également compter avec les nombreux recours ouverts aux collaborateurs qui le désirent. Voici les principales procédures auxquelles prêter attention.

– Le délégué du personnel dispose d'un droit d'alerte en application de l'article L. 2313-2 du Code du travail. S'il constate, notamment par l'intermédiaire d'un salarié, qu'il existe une atteinte aux droits des personnes, à leur santé physique et mentale ou aux libertés individuelles dans l'entreprise qui ne serait pas justifiée par la nature de la tâche à accomplir, ni proportionnée au but recherché, il en saisit immédiatement l'employeur. Celui-ci doit alors procéder à une enquête avec le délégué du personnel et prendre les dispositions pour remédier à la situation, sous peine d'une saisine du conseil de prud'hommes en la forme des référés.

– Les membres du Comité d'hygiène, de sécurité et des conditions de travail (CHSCT) disposent également d'un droit d'alerte dès lors qu'ils constatent, notamment par l'intermédiaire d'un salarié, un danger grave et imminent, conformément à l'article L. 4131-2 du Code du travail.

– Une procédure de médiation peut être mise en œuvre par toute personne de l'entreprise s'estimant victime de harcèlement moral ou par la personne mise en cause dans les conditions prévues par l'article L. 1152-6 du Code du travail. Le médiateur tentera alors une conciliation afin de mettre fin au harcèlement.

– Enfin, le CHSCT peut réaliser des enquêtes en matière d'accident du travail et de maladies professionnelles en application de l'article L. 4612-5 du Code du travail.

L'image d'une entreprise est directement liée à ses risques psychosociaux

Le risque d'image n'est pas un risque secondaire

En matière de risques psychosociaux, une condamnation en justice peut paraître plus tangible qu'un éventuel « risque d'image ». Nous voulons vous démontrer, dans les lignes qui suivent, que ce risque n'est pourtant pas secondaire.

Des consommateurs sensibilisés aux conditions de production

La qualité intrinsèque d'un produit ou d'un service ne suffit plus à convaincre le futur client. Ce dernier associe son acte d'achat, au moins en partie, à une adhésion aux valeurs véhiculées par l'objet acheté. Ces valeurs se prolongent jusque dans les conditions de production (et donc les conditions de travail) de cet objet.

Cette évolution se traduit également dans les nouvelles obligations juridiques évoquées ci-dessus : elles correspondent à une sensibilité particulière de la société. Elles définissent une sorte d'idéal de ce que devraient être, dans le regard contemporain, la vie au travail et les conditions de production des biens et des services consommés.

Ignorer cet idéal, sur le plan juridique, peut, de fil en aiguille, conduire à une condamnation. En termes de communication, le raisonnement est exactement le même : ignorer l'idéal exprimé par la société conduit à une condamnation.

La condamnation du public

L'opinion publique n'est, d'une certaine façon, pas moins puissante que la justice. Les condamnations qu'elle inflige, si elle estime ses valeurs bafouées, peuvent durablement affaiblir l'entreprise.

D'une simple baisse des ventes à une politique de boycott délibérée, l'impact économique d'une mauvaise image peut être très fort. Ne surestimons toutefois pas la menace du boycott. Son efficacité varie d'une campagne à l'autre, et dépend, notamment, du savoir-faire de l'organisation qui aura tenté de le mettre en place.

Il existe d'autres types de condamnation du public, plus informels. Avant l'avènement de Facebook et des réseaux sociaux, seul un repas entre amis, ou une réunion familiale, permettait d'échanger des opinions sur les entreprises. Ce type de conversation – avec sa part de mauvaise foi, mais aussi de clairvoyance – se fait désormais au grand jour sur les réseaux sociaux, largement relayés sur Google. Des sites permettant de noter son entreprise ont également vu le jour. Ces lieux d'expression ne sont pas toujours des plus objectifs ni des plus nuancés. Mais ils restent révélateurs d'un rapport à l'entreprise et à l'information propre à notre époque. Il faut donc en tenir compte.

Tout ce qui touche aux conditions de travail mobilise l'opinion

Une organisation ne peut être efficace sans l'existence d'une certaine division du travail, de mécanismes de coopération et de dispositifs d'évaluation conçus de façon rigoureuse et indépendante, sans « états d'âme »[1].

Une opinion engagée sur les risques psychosociaux...

Traditionnellement, l'image de l'entreprise se jouait autour du produit vendu : ainsi, un constructeur automobile était forcément identifié à ses véhicules, en termes de fiabilité, de prix ou de service offert au client. Un glissement s'est opéré depuis quelques années : on est passé du produit aux conditions de production du produit, et de là, à l'organisation du travail de l'entreprise. Le produit en tant que tel n'a bien sûr pas été évacué de l'équation, mais il n'est plus le seul élément pris en compte.

... mais assez versatile

De toute évidence, le niveau de sensibilité du public aux risques psychosociaux est actuellement très élevé. Nous venons de souligner à quel point il fallait en tenir compte. Cependant, cela n'empêche pas de remettre en perspective cette sensibilité, le plus important étant de rester à l'écoute de l'opinion et de ses évolutions.

Les conditions de production de biens de grande consommation dans certaines zones du globe peuvent poser des questions morales : enfants au travail, main-d'œuvre très faiblement payée, conditions insalubres, etc. Autant de problèmes bien connus des consommateurs, dont nous faisons tous partie. Mais l'opinion ne s'émeut, par définition, que des cas portés à sa connaissance, sans « enquêter » activement sur l'ensemble de sa consommation.

Le « seuil de douleur » de la société a fortement baissé depuis les années 1980. Reconnu comme un « gourou » du management, Jack Welch a appliqué, lorsqu'il dirigeait General Electric, la « courbe de vitalité » (*Vitality Curve*). Ce credo l'amenait à se séparer régulièrement des 10 % de salariés les moins performants de l'entreprise. Une telle politique, totalement assumée, serait-elle acceptable aujourd'hui en termes d'image ? On peut supposer que non.

---

1. Alter, N., *Donner et prendre, la coopération en entreprise,* La Découverte, 2009, p. 10.

Les gouvernements à l'unisson

C'est en octobre 2009 que le gouvernement français a annoncé un plan d'urgence pour la prévention du stress au travail. Une injonction a marqué les esprits : les entreprises de plus de mille salariés devaient engager des négociations sur le sujet. Elles ont été désignées à l'opinion publique au moyen de listes mises en ligne sur le site du ministère du Travail.

Le projet initial prévoyait de classer les entreprises en trois groupes, selon qu'elles ont conclu un accord, ouvert les négociations ou traîné les pieds. Ce « *Name & Shame* » à la française est vicié par un défaut de conception : il est humainement impossible d'appréhender le périmètre sans erreur. À sa parution, la « liste rouge » des « mauvais élèves » a fait les délices des curieux, mais pas longtemps. Les protestations ont fusé, et la démarche a été contestée sur le plan méthodologique. La liste a été suspendue provisoirement, puis tout simplement abandonnée. Reconnaissons toutefois un mérite à cette initiative : elle aura stimulé les discussions entre partenaires sociaux.

Les médias reflètent cette sensibilité du public aux risques psychosociaux

Une fois que l'on a dit que les risques psychosociaux intéressaient le public, que la société avait, dans son ensemble, « mal au travail », que le législateur s'emparait du sujet au niveau européen et en France, rien d'étonnant à ce que les médias se penchent à leur tour sur la question. À l'image de la société, les journaux s'emparent graduellement du sujet, gagnant peu à peu en maturité : les premiers articles consacrés au « stress » ont fait place au « harcèlement moral ». Les « risques psychosociaux » sont définitivement entrés dans le radar médiatique avec la crise rencontrée par France Télécom. Les médias servent finalement de caisse de résonance aux risques psychosociaux, amplifiant à leur tour la prise de conscience collective.

L'ouragan France Télécom

Nous ne reviendrons pas sur le fond de la crise qui a touché l'opérateur historique de téléphonie. Nous nous limiterons à sa dimension médiatique. Rien qu'en 2010 (janvier à juillet), une recherche couplant les mots « France Télécom » et « suicide » a abouti à mille trois cent soixante-dix-sept articles de presse écrite. Sur cette période, *Le Figaro* a traité le sujet seize fois, *Le Parisien* trente fois, *Les Échos* vingt-trois fois… Ces mêmes mots accolés font remonter trois cent quatre mille occurrences sur Google. Chacune d'entre elles est à multiplier par le nombre de lecteurs. Ce qui est frappant, d'un point de vue médiatique, c'est que le niveau d'attention faiblit peu : France Télécom revient régulièrement en « une » des journaux. Sur d'autres sujets, moins emblématiques, on observe une montée subite d'attention, suivie d'un rapide oubli. Pas sur ce thème : cette constance dans l'intérêt médiatique témoigne d'une certaine institutionnalisation des risques psychosociaux. Sans nous borner à cette seule explication, remarquons que l'image de France Télécom s'est dégradée sur cette période : dans le dernier baromètre Posternak-Margerit (qui mesure avec Ipsos l'opinion des Français sur les trente plus grandes entreprises du pays), l'opérateur téléphonique occupe l'avant-dernière place, juste devant Total.

Les médias s'intéressent aussi aux risques psychosociaux dans les PME

L'attention des médias, mais aussi, ne l'oublions pas, du public, s'est portée sur les grandes entreprises touchées par les risques psychosociaux : outre France Télécom, on se souvient, par exemple, de Renault. Les grandes entreprises ont servi de révélateur des risques psychosociaux. Cependant, elles ne sont pas les seules à intéresser les journalistes.

Désormais, toute entreprise souffrant de tensions sociales, de « stress », est susceptible de faire l'objet d'un article. Certains thèmes particulièrement « vendeurs », ou du moins « révélateurs », selon le point de vue que l'on adopte sur cette question, garantissent un traitement médiatique :

* thématique des « patrons voyous » : proposition de reclassement dans des conditions inacceptables, déménagement nocturne d'une usine ;
* actes violents de salariés dont l'emploi est menacé : dirigeants ou cadres pris en otage, sites de production bloqués, etc. ;
* grèves, négociations sociales, décisions de justice, manifestations, etc.

L'entreprise n'a plus besoin d'être célèbre pour attirer l'attention. C'est l'ampleur de la crise qui rend l'entreprise célèbre, à l'image de Sodimatex. Pour rappel, les salariés de cet équipementier automobile spécialisé dans la fabrication de moquettes menaçaient, début 2010, de faire sauter la citerne de gaz de leur usine, dont la fermeture avait été annoncée.

Ne pas diaboliser les médias

Les journalistes n'ont pas toujours bonne réputation chez les dirigeants d'entreprise. Leur intérêt pour les « mauvaises nouvelles » les rend suspects. Cela est encore plus vrai pour les risques psychosociaux, qui relèvent de l'intimité de l'entreprise. La tentation existe de traiter la presse par l'indifférence. Toutefois cette attitude revient à ne pas gérer soi-même son risque d'image et, en matière de risques psychosociaux, à laisser les autres parler à votre place. Voici quelques pistes pour mieux comprendre comment les médias traitent les risques psychosociaux.

Un phénomène de routine

S'il est un reproche que l'on peut faire aux médias, c'est, parfois, leur dimension routinière. Concernant les risques psychosociaux, on pensera spontanément que les « conditions de travail » ont causé du « stress » aux salariés. Le

« patron » sera parfois « voyou », s'il déménage dans la nuit ses lignes de production. Notons que ces clichés – qui sont parfois aussi des réalités – n'obéissent pas à une ligne idéologique.

Le cas particulier de la télévision

En dehors des émissions de débat, tout de même assez nombreuses, la télévision reste, par définition, le royaume de ce qui est visible à l'image. Pour évoquer des thèmes peu explicites visuellement, comme les risques psychosociaux, la télévision se tourne vers les situations « spectaculaires » : piquets de grève, reportages en caméra cachée. Il n'y a pas forcément de « fascination » pour les sujets difficiles. Il s'agit surtout d'une contrainte pratique.

Un terrain que l'entreprise peut et doit occuper

En France, les entreprises qui ont été médiatisées suite à des accidents « graves », tels que les suicides (ayant un lien présumé avec le travail), ont vu leurs dirigeants particulièrement exposés. Ces événements ont entraîné une prise de conscience au plus haut niveau des enjeux de prévention, à tel point que, pendant les nombreux entretiens que nous avons eus avec des dirigeants et DRH, une confusion semblait fermement installée entre « suicides » et « risques psychosociaux » ! Le sujet des risques psychosociaux se trouve donc la plupart du temps abordé sous l'angle de la communication de crise, à la fois externe (à destination des parties prenantes extérieures à l'entreprise) et interne (à destination des salariés). Nous avons demandé leurs conseils à deux expertes de ce domaine.

Risque de réputation[1]... quand la déprime affecte l'entreprise

➡ **Tea Lucas de Peslöüan, directrice adjointe de Burson-Marsteller, Paris, directrice du département Affaires publiques et Communication de crise**

Suicides sur le lieu du travail, cas de harcèlement moral, stress extrême des cadres... débouchent forcément sur une crise humaine et de réputation pour l'entreprise. Or, celle-ci est rarement prête à gérer ces deux aspects pourtant majeurs et tellement liés. Car, lorsque la crise s'installe, tout est alors question de communication, à l'intérieur comme à l'extérieur de l'entreprise ! D'autant plus que la situation de grande souffrance en entreprise est rendue publique. Dès lors, l'opinion en devient forcément le spectateur « engagé », le témoin actif. Elle se sent le droit et le devoir de dénoncer ce qu'elle considère constituer les abus de l'entreprise. Elle se présente donc comme un arbitre, un juge, ou même comme l'avocat des salariés en mal-être. C'est aussi, bien sûr, le cas des médias qui se croient eux-mêmes investis d'une mission citoyenne pour déterminer les raisons et les responsables de ce malaise.

L'entreprise qui est confrontée à cette situation doit, dans l'urgence, non seulement gérer ce mal-être en interne, mais aussi la pression médiatique et celle de l'opinion publique, avide d'identifier les fautifs ! Or, l'image sociale de l'entreprise a de multiples impacts sur sa réputation d'employeur : le recrutement de nouveaux talents, leur fidélisation, la motivation des collaborateurs, mais aussi l'attractivité de la marque et des produits ou services : 90 % des salariés estiment que l'image sociale de l'entreprise peut être génératrice de « business », d'après une étude BVA publiée en mai 2010.

Traiter le mal et ses effets pervers

Comment l'entreprise doit-elle répondre simultanément aux attentes de ses collaborateurs et de l'opinion publique ? Quelles sont les règles à suivre ? La stratégie à adopter ? Comment communiquer quand elle est déjà suspectée d'être responsable de cette souffrance ? Quels sont les écueils à éviter ?

Imposer une communication sincère et responsable

Communiquer en situation de crise consiste avant tout à gérer l'émotion collective, à la comprendre, à la partager, mais aussi à l'anticiper. Sans cette empathie à l'égard des victimes, familles, proches et collaborateurs, sans une compassion sincère, aucun message ne peut se montrer crédible, voire audible.

Il faut aussi savoir immédiatement reconnaître les faits avec réalisme, une certaine humilité, et mesurer leur ampleur, sans jamais les minimiser ou, pire, les banaliser en les attribuant à un phénomène de « mode », ainsi que cela a pu être fait de façon particulièrement inappropriée.

---

1. « Réputation » : opinion publique favorable ou défavorable (Dictionnaire Larousse).

Il s'agit ensuite, pour l'entreprise, de rassurer l'ensemble de ses collaborateurs par un discours d'action qui permette de rétablir un climat de sérénité pour restaurer le dialogue. La suspension du projet décrié est, dans le cas de France Télécom, un préalable à la reprise du dialogue, de même que le départ de celui qui incarnait ce dialogue. L'essentiel est ensuite d'entamer en interne une réflexion transverse à tous les niveaux sur les conditions de travail.

S'il est toujours difficile de collectiviser un acte individuel, on ne peut cependant pas attendre une vingtaine de cas avant de réagir. À titre d'illustration, en 2006-2007 après trois suicides au Technocentre de Renault à Guyancourt, Carlos Ghosn s'est rendu sur place et s'est investi personnellement en reconnaissant les tensions et le stress qui pesaient sur les collaborateurs. Il a immédiatement décidé qu'un directeur prendrait en charge toutes les questions liées aux conditions de travail, que les managers seraient formés à la détection des risques psychosociaux, etc. Malgré tout ce dispositif mis en place, un quatrième suicide d'un ingénieur à son domicile a été révélé.

En externe, gérer la surmédiatisation

Cette surmédiatisation est née en partie du sentiment d'abandon dont se plaignent ouvertement les salariés, suscitant l'indignation de l'opinion publique. Ce n'est qu'après avoir été convoqué par le ministre du Travail que Didier Lombard s'est enfin exprimé. Sous pression, il en est venu à utiliser des expressions maladroites qui n'ont fait qu'encourager une surenchère médiatique. Son discours rationnel (le taux de suicide chez France Télécom est au-dessous de celui de la moyenne nationale, la suspension du programme de mobilité est prolongée du 31 octobre à la fin de l'année) ne pouvait dans ces conditions être entendu.

La communication en direction des médias sera d'autant plus efficace que la communication interne aura été préparée et maîtrisée. Celle-ci est absolument primordiale et doit donc précéder toute communication externe. Les collaborateurs doivent avoir le sentiment d'être entendus et compris. Le discours doit les rassurer et non exacerber leurs inquiétudes, susceptibles d'être reprises dans les médias.

La nouvelle direction de France Télécom l'a bien compris : « *Un dialogue d'une ampleur sans précédent a été ouvert par le groupe* », selon Stéphane Richard (*Le Monde* du 19 mai 2010). Le recrutement de trois mille cinq cents personnes pour compenser les encouragements aux départs de seniors, la suppression de l'obligation de mobilité, la suspension de fermeture de petits sites sont autant de mesures sociales concrètes qui accompagnent ce retour au dialogue.

En interne, établir un indispensable dialogue

Le cas de France Télécom est particulier. Cette entreprise a subi en quelques années une profonde mutation structurelle qui a forcément généré de grandes angoisses, un sentiment d'incapacité à l'assumer chez certains collaborateurs. On peut se demander si, préalablement à ce véritable bouleversement, les collaborateurs ont été suffisamment préparés aux nouvelles exigences professionnelles, à la définition d'objectifs très ambitieux auxquels ils n'avaient sans doute jamais été confrontés, à leur nouveau rôle de commerciaux, à la notion de résultat, de rentabilité et de mobilité.

Les entreprises devraient pouvoir s'appuyer davantage sur l'encadrement intermédiaire, qui joue un double rôle majeur : alerte du malaise et de l'incompréhension des équipes, et accompagnement de celles-ci au changement structurel. Ce management de terrain constitue également le relais le plus efficace pour expliquer et mettre en œuvre la stratégie du groupe à condition qu'il y adhère. C'est le rôle de la direction de faire en sorte que le projet stratégique et sociétal de l'entreprise soit partagé par ce management, qui devra, à son tour, susciter l'adhésion de ses équipes au dialogue. C'est en prescrivant et surtout en veillant à l'application de ces remèdes préventifs avant tout, curatifs si malgré tout le malaise se propage, que l'on évitera les incompréhensions susceptibles d'entraîner de douloureux drames humains au sein de l'entreprise alors mise en danger.

Voici une autre contribution, sur le même sujet, qui insiste davantage sur la façon de protéger le dirigeant dans ce type de situation, et sur l'effet d'une crise de réputation sur la stratégie de l'entreprise.

Les affaires de suicides au travail :
quels risques pour l'image d'entreprise ?

➡ **Julie de La Sablière, directeur conseil et responsable
du développement de Harrison & Wolf**

On l'a vu avec Didier Lombard chez France Télécom, tous les patrons ne sont pas égaux devant la « com' » ! Un dérapage verbal peut ajouter une crise dans la crise, prolongeant le cyclone de quelques semaines, redoublant son intensité et ses effets dévastateurs pour l'image. Or, face à la charge émotionnelle soulevée dans les médias et l'opinion lors d'une affaire de suicides, la réponse des dirigeants ne peut être qu'émotionnelle. C'est un exercice délicat, souvent vécu comme impudique. Voici quelques conseils qui s'avèrent en général utiles.

- Ne pas surexposer un dirigeant. Un patron peu empathique ni très à l'aise avec les médias ne changera pas, au cœur de la crise, sa façon d'être. Mieux vaut alors exposer un autre porte-parole (directeur général, DRH).
- Coacher le président. Si le président est le porte-parole incontournable, sa première prise de parole doit être préparée minutieusement. Au cours d'une séance de coaching, il prendra conscience de son image et « s'entraînera » à parler avec sa propre émotion, en toute spontanéité, en s'appuyant sur son vécu.
- Préserver le porte-parole. Surexposé médiatiquement, le porte-parole focalise l'attention, subit les critiques et parfois l'hostilité des observateurs. Humainement, l'exercice est extrêmement difficile. Celui qui s'y prête doit être soutenu en permanence.
- Faire appel à un médiateur extérieur. Non seulement le médiateur apporte un regard extérieur, mais il est aussi souvent le seul à pouvoir délivrer des messages clés au président quand les équipes internes se montrent trop mesurées dans leur remontée d'informations ou leurs critiques.

La remise en cause de la stratégie de l'entreprise

Face à une crise violente, une entreprise est souvent acculée à des concessions majeures : pause dans un programme de transformation, remerciement de certains managers, révision de leurs ambitions stratégiques... Autant de décisions qui auraient semblé inacceptables avant la crise ! Que faut-il en retenir ? Voici quelques pistes de réponse.

- Anticiper. Les entreprises qui ont vécu ce type de crise ont appris à ne pas en dramatiser excessivement les enjeux, à envisager des alternatives ou des variables d'ajustement dans la définition et la mise en œuvre de leurs projets stratégiques.
- Choisir ses concessions. Dès les prémices de la crise, il faut réfléchir aux concessions qui débloqueraient rapidement la situation, à la fois sur le terrain et dans les médias.
- Impliquer les organisations syndicales. Compte tenu de leur impact dans toute crise médiatique et de leur crédibilité auprès des médias, les organisations syndicales doivent être associées comme partenaires.

La communication interne : une priorité absolue

Bouleversés, les collaborateurs ne demandent qu'à être écoutés par la direction et rassurés sur la détermination de celle-ci à résoudre la situation. Relais essentiels des messages de l'entreprise, ils donneront également plus de poids dans les médias à la parole de la direction. Ainsi, il ne faut jamais contrôler ou encadrer la parole des salariés : l'entreprise en crise est aujourd'hui une maison transparente dans laquelle chaque salarié peut témoigner sur son blog, chaque manager être filmé, etc. Tout ce qui est dit en interne a vocation à être publié sur Internet ou dans la presse.

Par ailleurs, la responsabilité sociale de l'entreprise a désormais de nouvelles frontières : les grands groupes ne peuvent ignorer ce qui se passe chez leurs fournisseurs, leurs distributeurs et leurs clients. Suite à des dizaines de suicides chez le fabricant de matériel informatique Foxconn, Apple, HP, Sony et Dell ont diligenté des enquêtes pour sécuriser leurs approvisionnements et éviter les répercussions négatives sur leur image.

Dans une affaire de suicides, il n'y a pas de « bonne communication » ou de « communication réussie ». Au mieux, l'entreprise et ses dirigeants peuvent-ils prétendre à l'honnêteté et à la « justesse » en démontrant leur humanité et leur sens des responsabilités. Deux qualités décisives pour réduire la durée de la crise et résorber ses effets sur l'image de l'organisation.

Travailler son image employeur

Toute entreprise doit savoir élargir les compétences de ses salariés et les préparer à être agiles dans leur tête (c'est-à-dire être capables de se remettre en question)[1].

Si, sur le versant négatif des risques, le public est devenu très sensible aux risques psychosociaux, il faut aussi s'intéresser à leur versant positif : dans le contexte actuel, travailler en profondeur son image employeur peut fortement dynamiser l'entreprise. Aussi bien aux yeux des parties prenantes extérieures, qu'en interne, avec des retombées positives en matière de ressources humaines et d'implication des collaborateurs.

L'entreprise va désormais avoir besoin, inéluctablement, de promouvoir davantage son image d'employeur, ses politiques de rétention et d'attraction.

Préserver et valoriser son image d'employeur

Un nouveau sujet autour du marketing social est en train de se développer. Ainsi, la gestion de la santé au travail, qu'elle soit psychique ou physique, est en passe de devenir, de plus en plus, un critère d'attractivité pour des entreprises qui auront des besoins continus et stratégiques de ressources pérennes et qualifiées.

---

1. Peretti, J.-M., *Tous vertueux*, Éditions d'Organisation, 2010, p. 36.

À un autre niveau, le label « *great place to work* » tente de montrer que les entreprises où il fait bon vivre ont développé de nombreux programmes pour le bien-être des collaborateurs… à ceci près que les questions auxquelles répondent les entreprises sont « autodéclaratives » !

Développer les « bonnes pratiques »

Selon Jean-Pierre Brun, titulaire de la chaire santé au travail de l'université Laval à Québec (Canada), il existe peu de preuves « scientifiques » de l'impact des interventions en entreprise en matière de risques psychosociaux. Il fait cependant état de liens entre le bien-être des employés et l'efficacité de l'entreprise[1] :

* la satisfaction des employés détermine la ponctualité ou l'absentéisme[2] ;
* la satisfaction au travail est liée à l'engagement du personnel[3] ;
* l'engagement du personnel est associé à un faible taux de roulement et à une performance élevée[4] ;
* la moitié des absences au travail sont liées à un environnement de travail malsain ou au stress[5].

Mettre en place une politique de « reconnaissance »

Au-delà du « marketing social », les entreprises se positionnent plus fondamentalement sur un problème de « reconnaissance » des salariés. Cette question est cruciale : derrière l'image se dessine un avantage compétitif de long terme en termes de recrutement, de rétention et, bien sûr, de vente. C'est pourquoi certaines entreprises ont poussé la logique des « bonnes pratiques » un cran plus loin, par la mise en place d'un « *Recognition officer* ». Ce dernier peut travailler avec le service « *Comp & Ben* » (rémunération), mais dépasse très rapidement cette logique. Son rôle est d'imaginer, lancer, contrôler toute politique transversale visant à développer le bien-être en entreprise. En pratique, les exemples restent encore rares, car il faut encore toute la conviction d'un DRH pour le mettre en place.

---

1. Brun, J.-P., *La Santé psychologique au travail, de la définition du problème aux solutions*, IRSST, 2007, p. 28.
2. Spector, P. E., *Job Satisfaction : Application, Assessment, Causes, and Consequences*, Sage, 1997, p. 104.
3. Vandenberg, R. J., Richardson, H. A., Eastman, L. J., « The Impact of High Involvement Work Processes on Organizational Effectiveness : a Second Order Latent Variable Approach », *Group and Organization Management*, vol. 24, n° 3, 1999, p. 330-339.
4. Mathieu, J. E., Zajac, D. M., « A Review and Meta-Analysis of the Antecedents, Correlates and Consequences of Organizational Commitment », *Psychological Bulletin*, vol. 108, n° 2, 1990, p. 171-194.
5. Cooper, C. L., « The Cost of Healthy Work Organization », *in Creating Healthy Work Organization*, Wiley, 1994, p. 1-5.

Les PME sont elles aussi concernées

Même si, pour le moment, l'attention du législateur et du public se porte principalement sur les grandes entreprises, les plus petites sont elles aussi concernées. Comment communiquer en interne en cas de difficulté et de tensions croissantes au sein de l'organisation ?

PME et procédures judiciaires/Prévention et gestion des risques psychosociaux dans les PME en difficulté

⫸ **Thierry Viquera, CIF - Expert-Conseil Financier membre de la CCIF, Conseil en gestion de crise et des difficultés des PME**

La macroéconomie de l'inquiétude

À chaque instant, environ deux cent mille entreprises en France se trouvent « en difficulté » (c'est-à-dire « connaissant un problème de trésorerie grave susceptible d'entraîner un état de cessation des paiements »). Sur ce groupe, un tiers sortira de ses difficultés dans l'année, un tiers y restera tout en résistant néanmoins, et un tiers entrera dans des procédures judiciaires du type « sauvegarde », « redressement judiciaire », « liquidation judiciaire ». Depuis 1990, le nombre de procédures ouvertes reste donc relativement stable, de cinquante mille à soixante-dix mille ouvertures par an. Cela concerne plusieurs centaines de milliers de salariés en permanence et n'est donc pas un épiphénomène.

Le syndrome des craintes autoréalisatrices

Au sein de chacune des entreprises concernées, la crise de trésorerie sécrète du risque psychosocial de manière quasi systématique, brutale et facilement paroxystique, car la dégradation des relations entre les salariés et le dirigeant – qui souvent, dans les PME, est propriétaire et incarne l'entreprise – provoque vite des dysfonctionnements opérationnels (qualité, productivité, bonne volonté), qui ont un impact direct sur la trésorerie. Le cercle vicieux s'installe donc très naturellement.

La résultante psychosociale de la crise : causes mécaniques mais effets irrationnels et dérives paroxystiques

Les difficultés de l'entreprise sont ressenties par les salariés (baisse des commandes, de la quantité de travail, etc.). La crise de trésorerie produit des effets palpables (difficultés d'approvisionnements, relances de fournisseurs non payés, difficultés de livraison, plaintes de clients, etc.). Du dirigeant à la standardiste, de l'ouvrier au commercial, chacun « souffre » d'un effet de la crise dans son quotidien. Mais paradoxalement, les salariés d'une PME s'accommodent quasi indéfiniment de ce fonctionnement « désagréable ». La crise psychosociale est en réalité déclenchée dans un deuxième temps, par le dirigeant et par des actions qui ont précisément pour objet de « traiter » la crise. Ainsi, par exemple, un discours logique et banal en réunion « de crise » organisée – consistant à « expliquer la situation », demander que chacun « se retrousse les manches » et dire combien il reste « optimiste pour l'avenir », car « nous sommes dans le même bateau » et « on s'en sortira grâce à l'effort de chacun » – a le don de provoquer (en général le lendemain) le début de la crise paroxystique. L'annonce de l'entrée dans une procédure judiciaire (sauvegarde ou redressement judiciaire) engendre le même résultat, même si les perspectives de redressement sont excellentes. Les mots sont donc plus dangereux que les faits. C'est une leçon essentielle.

Le phénomène dépasse la simple crainte de perdre son emploi. Il semble résulter d'un sentiment de trahison, l'entreprise (élément stable producteur de rémunération, de sécurité et d'avenir) désertant brutalement ce rôle. Au lendemain du fait déclenchant, les échanges entre salariés sont très nombreux, qui créent, puis attisent, un sentiment flou mais consensuel, selon lequel le dirigeant a fauté (quelques symboles, comme un véhicule voyant ou des comportements personnels devenus désormais insupportables, pourront doper ce sentiment).

C'est le moment où le mécanisme bascule dans l'irrationnel : le « fautif » doit être « puni » et la punition peut inclure la faillite de l'entreprise ! C'est l'heure des arrêts de travail (grève légale), l'absence de travail de fait (grève non déclarée comme telle), les sabotages et, globalement, l'idée selon laquelle aider l'entreprise (et donc le dirigeant) à surmonter les difficultés est « mal ».

À ce stade où les échanges verbaux internes sont exacerbés, une partie des salariés se désolidarisera du groupe principal et entrera en conflit avec les « jusqu'au-boutistes ». De l'évolution de cette troisième phase dépendra la « redressabilité » de l'entreprise.

La première leçon à tirer de cet exposé (dur, et sans doute politiquement incorrect) est que le fait d'avoir « déclaré » les difficultés (c'est-à-dire de les avoir exprimées avec des mots) les a donc en partie créées. En pratique, les dirigeants des entreprises en difficulté gagnent à rejeter le schéma (pourtant logique au premier regard) selon lequel l'entreprise est une communauté, un « nous », incluant les dirigeants, le management, les actionnaires, les salariés, face aux « eux », regroupant l'adversité, source des difficultés : clients mauvais payeurs, créanciers, banquiers, fournisseurs, concurrents, Trésor Public, Caisses sociales, etc. En situation normale (hors difficultés), les salariés peuvent avoir vocation à dépasser l'échange « travail contre salaire », pour constituer de fait une communauté collaborant (travaillant ensemble), formant communauté sociale, humaine, avec une dimension sociale, affective, voire affectueuse. Cette communauté est même la règle dans les PME-TPE ! D'où le piège et la déstabilisation du dirigeant devant cette surprise totale : les difficultés ne resserrent pas du tout les rangs de la communauté (comme l'agression d'un pays par une force étrangère renforce le sentiment de patriotisme). Au contraire, les difficultés font voler en éclats le ciment communautaire qui faisait des salariés de la PME un groupe social collaborant et vivant ensemble. Pour le temps de la crise, les salariés passent dans le camp du « eux », des difficultés à gérer, et au premier chef dans le domaine de la communication interne.

Au vu de multiples expériences comparatives dans ce domaine, on peut par exemple déconseiller d'annoncer une ouverture de procédure (une déclaration de cessation des paiements par exemple), avant que celle-ci ne soit effective. Si l'existence d'un comité d'entreprise peut poser la question du délit d'entrave en cas de rétention d'information, il est préférable d'informer le comité (de manière toujours complète et véridique) le plus tard possible. La déclaration de cessation des paiements n'est pas une décision prise par un dirigeant, mais une obligation légale à laquelle il défère. Il n'y a donc pas d'autorisation à demander pour une telle opération.

Communication adaptée et minimaliste

Les principes de communication de crise en interne doivent être calqués sur les principes de communication vers l'extérieur (fournisseurs et clients) : vérité, minimalisme, communication de nécessité absolue et/ou de respect des obligations légales. Il s'agit de comprendre que, quoi qu'on dise, c'est la version la plus négative et pessimiste qui sera retenue et crue, et que les réactions seront opposées aux besoins (« Retroussons-nous les manches ! » aboutit immanquablement à une diminution de la production, de la productivité, voire à l'arrêt du travail) ; prévoir que les arguments rassurants n'aboutissent qu'à inquiéter plus encore (« S'il était assuré, il n'essaierait pas de nous rassurer ») ; savoir que l'inquiétude sape la confiance et que l'angoisse rend irrationnel. Et aussi, comprendre et accepter que les salariés ne sont pas des « traîtres » qui abandonnent leur patron seul, face aux difficultés. Les salariés ne doivent pas, ne peuvent pas être impliqués dans la résolution d'une crise d'entreprise. Chacun son rôle !

La rentabilité diminuée par les risques psychosociaux

Des coûts sous-estimés ou ignorés

Confrontées aux risques psychosociaux, les entreprises françaises subissent des coûts directs et indirects liés à un sentiment d'insatisfaction : turnover en hausse, coûts de formation des remplaçants, démotivation et chute de productivité, ou encore détérioration du climat social. Ces différents éléments peuvent paraître peu tangibles. Par conséquent, les directions générales ont tendance à sous-estimer leur impact.

Les entreprises agissent actuellement comme si elles négligeaient le coût du changement, comme si elles pensaient, sans trop s'interroger plus avant, de peur de ne pas avoir de réponses bien claires, que les capacités d'adaptation humaine aux changements étaient « illimitées ». Toute demande de changement, d'évolution, de dépassement, d'amélioration, de progrès continu a pourtant un coût. Celui d'une usure psychique prématurée, d'une fragilisation anticipée des collaborateurs. Il est actuellement totalement négligé, alors qu'il va devenir de plus en plus fondamental pour les entreprises implantées dans les pays occidentaux « riches ». L'entreprise répercute en direct, à travers son président, ce qu'elle ressent comme nécessité de changements, pour rester dans la course. Les propos d'un DRH rencontré dans le cadre de l'écriture de cet ouvrage sont particulièrement évocateurs : « *Oui, nos organisations sont en transformation permanente… On a à peine fini de changer que l'on passe à autre chose. On change à nouveau. Cela devient compliqué pour les gens. Comment leur expliquer ? Comment, après, leur apprendre à ne compter que sur eux, dans cette instabilité ? Comment vivre dans cette instabilité permanente ?* »

L'exposition financière est davantage prise en compte dans d'autres pays que la France. En Grande-Bretagne, la jurisprudence peut être très favorable financièrement pour les collaborateurs qui montrent que leur employeur n'a pas pris les mesures nécessaires pour les protéger contre des sources de stress identifiées. Aux États-Unis, le coût des absences pour raisons de santé psychologique en entreprise a été étudié : en 2005, les problèmes de santé psychologique sévères représentaient environ 9 % des absences pour maladie, soit environ soixante-dix-sept jours de travail perdus pour cent travailleurs. Depuis les dix dernières années, les réclamations aux assurances pour invalidité d'ordre psychologique ont augmenté de 300 %.

La productivité et l'efficacité de l'entreprise affectées

Une étude menée en 2009 par l'INRS en collaboration avec Arts et Métiers ParisTech a estimé que pour l'année 2007 le coût social du stress professionnel en France s'établissait entre 1,9 et 3 milliards d'euros. Ces chiffres intègrent les dépenses de soins, celles liées à l'absentéisme, aux cessations d'activité et aux décès. Cette étude s'est penchée sur la population active exposée à ce qu'on appelle le « *job strain* », que l'on peut traduire par « situation de travail tendue ».

Les coûts évalués concernent la population qui est exposée au « *job strain* » pendant au moins 75 % du temps de travail (coût estimé proche de 2 milliards d'euros), et celle qui l'est pendant au moins 50 % du temps (coût estimé à 3 milliards d'euros). Les coûts les plus élevés concernent l'absentéisme et la cessation d'activité. Pour une exposition pendant au moins 75 % du temps de travail au « *job strain* », le coût de l'absentéisme s'élève en effet à 826 millions d'euros, et le coût de cessation d'activité à 756 millions d'euros. Par ailleurs, on constate que, parmi les maladies en cause, la dépression est de loin le premier facteur de coût. Elle représente à elle seule 1,5 milliard d'euros pour une exposition pendant au moins 75 % du temps de travail au « *job strain* » et près de 2,4 milliards d'euros pour une exposition d'au moins 50 % du temps de travail.

Ces chiffres sont élevés. Pourtant, les auteurs de l'étude précisent qu'ils ne constituent qu'une évaluation *a minima* de la situation réelle. En effet, le « *job strain* » ne représente qu'un tiers des situations de travail fortement stressantes. En outre, certaines pathologies comme les maladies immunitaires, les allergies ou encore les désordres hormonaux ont été exclues du champ d'analyse. Enfin, l'étude ne prend pas en compte toute la dimension du coût personnel du stress. Or, d'autres travaux ont démontré que cela pouvait représenter jusqu'à deux fois les coûts de soins et des pertes de richesse.

À *retenir*

Les entreprises, à travers leurs dirigeants, ont longtemps sous-estimé l'importance des risques psychosociaux. Cela n'est désormais plus possible, d'une part à cause des risques encourus : l'évolution de la jurisprudence se précise en faveur d'une obligation de résultat ; d'autres risques sont à prendre en compte : risque d'image qui peut ruiner des années d'efforts ; risque pour le « business » lorsqu'un projet stratégique prend du retard ou ne se réalise pas, du fait de situations humaines délétères ; d'autre part, car ils entraînent des coûts induits importants pour l'entreprise.

Intégrer en amont les risques psychosociaux peut également être l'occasion de développer sa marque employeur, c'est-à-dire toutes les mesures déployées par les entreprises pour accroître leur visibilité et donner envie de travailler pour elles. Nous vous montrerons surtout, à travers cet ouvrage, que leur prise en compte contribue à créer un avantage stratégique majeur pour l'entreprise.

Chapitre 2

Des « risques psychosociaux » aux « risques humains »

Les risques psychosociaux sont donc désormais devenus un thème incontournable pour les entreprises… Vous ne voyez pas très précisément de quoi l'on parle. Vous ne remarquez encore que le mot « risque », en vous disant que s'il s'agit uniquement d'anticiper un risque, cela ne va pas aider à faire progresser l'entreprise… L'objet de ce chapitre est de proposer une définition précise de ce terme, afin de permettre d'une part aux entreprises d'aller plus loin dans leurs démarches de prévention, mais également de se conformer aux enjeux légaux, de prévenir un risque d'image ou un risque « business » tels qu'abordés dans le chapitre précédent. En effet, dès que l'on sait de quoi on parle, l'approche s'en trouve aisée. Nous évoquerons également certains écueils à éviter.

Depuis la première édition de ce livre, fin 2008, nous avons noté un essor tout à fait important de la prise en compte de ces risques par les entreprises. Il est à regretter toutefois que ces projets soient encore souvent l'apanage de grands groupes. Nous allons donc d'abord présenter les définitions « classiques » ou habituelles, puis voir de quelle façon les entreprises s'en servent dans les accords relatifs au stress. Enfin, nous verrons que, pour plus d'efficacité opérationnelle, il faut se baser sur une nouvelle définition, que nous proposons.

Qu'est-ce qu'un risque psychosocial ?

Une « boîte noire »

Les risques psychosociaux demeurent un concept « fourre-tout » aux yeux du grand public. Sont en effet confondus les symptômes déjà avérés (situations de stress, harcèlement moral, violence, etc.) et les « risques », c'est-à-dire la probabilité d'occurrence d'un symptôme, si l'entreprise ne met pas en place toutes les mesures de prévention nécessaires.

Nous proposerons la définition suivante des risques psychosociaux : ce sont les tensions humaines potentiellement générées par la mise en œuvre opérationnelle d'une stratégie d'entreprise.

Nous vous offrons ici un premier aperçu des différentes définitions existantes. Elles ont plutôt trait, comme vous le verrez, aux symptômes déjà avérés de malaise.

Le stress

L'Agence européenne pour la santé propose la définition suivante : un état de stress survient quand il y a un déséquilibre entre la perception qu'une personne a des contraintes que lui impose son environnement et la perception qu'elle a de ses propres ressources pour y faire face. Le processus d'évaluation des contraintes et des ressources est donc d'ordre psychologique, mais les effets du stress affectent également la santé physique, le bien-être et la productivité. On distingue alors les facteurs à l'origine du stress de ses effets. Cette définition de l'Agence européenne plaide pour une vision globale de l'homme au travail dans laquelle sont étroitement liées les dimensions physiques, psychologiques et sociales...

L'objet de l'accord-cadre européen sur le stress du 8 octobre 2004 est d'augmenter la prise de conscience et la compréhension du stress au travail par les employeurs, travailleurs et représentants, d'attirer leur attention sur les signes susceptibles d'indiquer des problèmes de stress au travail. Décliné en droit français, l'accord national interprofessionnel (ANI) sur le stress du 2 juillet 2008 franchit une étape supplémentaire : il recommande une analyse des facteurs de stress — organisation et processus de travail, conditions et environnement de travail, qualité de la communication sur les objectifs et entre collaborateurs, etc. L'employeur doit lutter contre les causes et les conséquences du stress au travail dans le cadre d'une procédure globale d'évaluation des risques, par une politique distincte en matière de stress et/ou par des mesures spécifiques visant les facteurs de stress identifiés.

Les conséquences du stress sont généralement décrites sous trois aspects, comme le montre le tableau ci-après[1] :

Les conséquences liées aux risques psychosociaux

Conséquences physiques	Conséquences psychologiques	Conséquences comportementales
Migraines	Humeur dépressive	Absentéisme
Problèmes de sommeil	Désespoir	Toxicomanie
Tensions musculaires	Ennui	Consommation abusive de médicaments
Problèmes de poids	Anxiété	Problèmes sexuels

1. Brun, J.-P., *op. cit.*

Conséquences physiques	Conséquences psychologiques	Conséquences comportementales
Désordres gastro-intestinaux	Pertes de mémoire	Impatience
Hausse de la tension artérielle	Insatisfaction	Agressivité
Allergies	Frustration	Troubles alimentaires
Hausse du taux de cholestérol	Irritabilité	Baisse de créativité et d'initiative
Affections dermatologiques	Découragement	Problèmes de relations interpersonnelles
	Pessimisme	Sautes d'humeur fréquentes
		Contacts superficiels
		Diminution de la tolérance aux frustrations
		Désintérêt
		Isolement

La notion de stress fait l'objet de multiples critiques quant à son application opérationnelle en entreprise : en effet, le phénomène demeure subjectif puisqu'il est essentiellement lié à des « représentations individuelles ». En outre, il est délicat de distinguer ses causes de ses effets.

Le « taux » de stress n'est pas en soi un critère pertinent pour mener une politique de prévention des risques psychosociaux : on a vu des audits quantitatifs de stress montrer que le niveau de stress était « normal » dans une entreprise par rapport à d'autres entreprises de la même industrie... ; alors que, dans cette même organisation, les sources de tension étaient importantes sur certains sites, où l'on a recensé un nombre de suicides potentiellement liés au travail assez élevé.

Dans d'autres entreprises, chez Renault par exemple, trente-sept mille tests ont été opérés de 1998 à 2004, avec des résultats exploités en termes d'évolutions managériales, organisationnelles et de formation[1]. Ces observatoires du stress se sont avérés insuffisants pour discerner et pondérer les véritables sources de tension, inhérentes à l'activité même de l'entreprise, à sa stratégie, son organisation, son environnement, et qui peuvent avoir des impacts sur les collaborateurs.

---

1. Salher, B., *op. cit.*, p. 81.

Ainsi, au Canada, qui est en avance en termes de réflexion sur ces sujets, la tendance, depuis les années 1990, est de parler de moins en moins de « stress » en entreprise, mais de s'axer sur des projets plus concrets, tels que la prévention du « présentéisme », des violences internes, la lutte contre des situations de surendettement, la prévention d'addictions, etc.

Les violences externes et internes

Les violences externes

Les violences concernent un ou plusieurs salariés exposés à une agression provenant d'un client, d'un patient, d'un usager… Elles se produisent en général dans des activités où la nature même du travail peut générer des situations tendues (métiers de contrôle, travail avec des publics en grande difficulté, etc.). Dans certains métiers et activités, en raison du développement de la relation de service et de facteurs sociétaux, l'augmentation des violences externes est impressionnante. Leur gravité varie cependant : ainsi, on ne considère pas de la même façon une agression verbale à un guichet, un hold-up dans une banque, un cadre placardisé, etc.

Les violences internes

Les violences internes font référence à des actes violents des salariés entre eux. Elles apparaissent, selon les cas, entre deux individus, entre un individu et un groupe (tyrannie d'un manager sur un collectif, coalition d'une équipe contre un bouc émissaire)[1], etc. Ces violences peuvent survenir dans n'importe quel contexte organisationnel et ne sont pas typiques d'un secteur d'activité précis. Certaines entreprises, comme Aéroports de Paris (ADP) par exemple, ont choisi de mettre en place des programmes spécifiques visant à diminuer les violences internes. Les conséquences de ces violences s'avèrent très préjudiciables aux individus : atteintes à l'intégrité physique et/ou psychique, à l'identité professionnelle, à la dignité, etc., et tout aussi négatives pour les collectifs au sein desquels elles surviennent.

On notera que les actes de violence, qu'ils soient externes ou internes, sont souvent assimilés à des phénomènes de stress avec lesquels ils entrent en boucle. Tout acte de violence génère ainsi, bien évidemment, du stress.

Le harcèlement moral et les discriminations

Le harcèlement moral

Le harcèlement moral est souvent présenté comme un cas particulier de la violence interne en entreprise. Être harcelé ou se sentir harcelé génère

---

1. *Ibid.*, p. 21.

également du stress. Un accord-cadre européen sur le harcèlement et la violence au travail a été conclu le 26 avril 2007.

Il est à noter que le phénomène concerne plus souvent deux individus, dont l'un est généralement dans un rapport de pouvoir hiérarchique avec l'autre. Cependant, il ne faut pas exclure les autres possibilités : deux collaborateurs entre eux, deux groupes de personnes, un collaborateur envers son manager, un syndicaliste envers son P-DG, etc.

Même s'ils concernent en général un nombre limité de personnes, ces comportements sont la plupart du temps favorisés par une culture, un système relationnel propre à l'entreprise.

La discrimination

En France, la loi du 27 mai 2008 portant diverses dispositions d'adaptation au droit communautaire dans le domaine de la lutte contre les discriminations inclut, dans le champ de la discrimination, le harcèlement moral. Il s'agit notamment de « tout agissement subi par une personne […] ayant pour effet de porter atteinte à sa dignité ou de créer un environnement hostile, dégradant, humiliant ou offensant[1] ».

Les situations de malaise au travail

Ce terme vague recouvre, avec le « stress » et le « harcèlement moral », la plupart des plaintes émises par les collaborateurs qui ressentent des tensions dans leur travail. Ces plaintes concernent les situations de mal-être, de ressentis négatifs en lien avec le travail. Il s'agira là, bien entendu, de dépasser ces plaintes pour aller plus avant et comprendre ce qui fait tension, afin de trouver les leviers opérationnels de résolution. L'enjeu sera également de ne pas enfermer des individus ou des collectifs dans un rôle de « victimes », mais de leur permettre, au contraire, de redevenir simplement acteurs de leurs situations de travail[2].

Les définitions « officielles » des risques psychosociaux et du stress

La grande majorité des accords de prévention du stress dans les organisations signés entre les entreprises et les organisations syndicales se réfère à la définition de l'Agence européenne pour la santé et la sécurité au travail reprise par l'ANI. Nous avons revu l'ensemble des accords signés sur le sujet, dont voici des extraits ; ils reprennent pour la majorité les définitions suivantes.

---

1. Article 1, loi n° 2008-496 du 27 mai 2008.
2. INRS, p. 25.

ANACT (Agence Nationale pour l'Amélioration des Conditions de Travail)

« Les risques psychosociaux sont souvent résumés par simplicité sous le terme de "stress", qui n'est en fait qu'une manifestation de ce risque. Ils recouvrent en réalité des risques professionnels d'origine et de nature variées, qui mettent en jeu l'intégrité physique et la santé mentale des salariés et ont, par conséquent, un impact sur le bon fonctionnement des entreprises. On les appelle "psychosociaux", car ils sont à l'interface de l'individu, le "psycho", et de sa situation de travail, le contact avec les autres (encadrement, collègues, clients, etc.), c'est-à-dire le "social" (…). »

INRS (Institut National de Recherche et Sécurité)

« Le stress fait partie des risques psychosociaux. Cette catégorie de risques inclut également les violences externes, les violences internes dont le harcèlement moral mais aussi le sentiment de mal-être au travail. Si ces différents risques psychosociaux ont des causes, des manifestations et des conséquences spécifiques, ils peuvent être associés (…) Le stress survient lorsqu'il y a déséquilibre entre la perception qu'une personne a des contraintes que lui impose son environnement et la perception qu'elle a de ses propres ressources pour y faire face. Bien que le processus d'évaluation des contraintes et des ressources soit d'ordre psychologique, les effets du stress ne sont pas uniquement de nature psychologique. Il affecte également la santé physique, le bien-être et la productivité (…). »

Agence européenne pour la santé et la sécurité au travail (Bilbao)

« Le stress est ressenti lorsqu'un déséquilibre est perçu entre ce qui est exigé de la personne et les ressources dont elle dispose pour répondre à ces exigences. Bien que le stress soit perçu psychologiquement, il peut également porter atteinte à la santé physique. Les facteurs habituellement considérés comme propices au stress d'origine professionnelle sont une absence de droit de regard sur les tâches et leur exécution, le fait d'imposer des exigences inadéquates aux travailleurs, un manque de soutien des collègues et de l'encadrement (…). »

ANI (Accord national interprofessionnel) du 2 juillet 2008 sur le stress au travail

Le texte de l'accord reprend la définition du stress retenue par l'Agence européenne pour la santé et la sécurité au travail : « Un état de stress survient lorsqu'il y a déséquilibre entre la perception qu'une personne a des contraintes que lui impose son environnement et la perception qu'elle a de ses propres ressources pour y faire face. »

On le voit donc, les entreprises signant des accords se contentent de reprendre littéralement les définitions « officielles » des risques psychosociaux et du stress, sans apporter de complément particulier. Le flou reste entretenu entre ce que signifient vraiment les risques psychosociaux et la notion de stress…

Des définitions non opérantes

Les définitions communément proposées ne permettent pas aux entreprises de comprendre les incidences de ces phénomènes dans leur organisation et de s'attaquer au sujet.

Un contour pas précisément délimité

La définition communément proposée reste large et à dimension variable. En effet, dans la pratique, certaines entreprises vont y intégrer les problématiques liées à des addictions, comme la drogue, l'alcool, voire… le jeu ! D'autres mènent des projets relatifs aux troubles musculo-squelettiques (TMS). D'autres enfin se préoccupent des situations de surendettement ou des difficultés personnelles affectant la relation de travail.

Une présentation indifférenciée

Des sources de tension indistinctement évoquées

Les termes « stress », « malaise », « violence », « harcèlement » sont indistinctement évoqués par les chercheurs en sciences sociales, les universitaires, les ergonomes, les médecins… Même les recherches canadiennes, qui sont pourtant en avance sur le sujet, semblent employer sans systématiquement les distinguer les expressions « santé mentale » ou « prévention des stress et des harcèlements ». Les mots semblent donc interchangeables, ce qui souligne leur imprécision. Cela est rarement noté et les intervenants semblent s'en satisfaire, bien que leurs recherches s'appuient d'emblée sur des thèmes discutables. « Sur la question des risques psychosociaux, les mots sont souvent un obstacle au démarrage d'un projet de prévention[1]. » De plus, cet ensemble de « tensions humaines » est abordé sur le même plan. Il ne semble pas y avoir de réelle différence en termes de gravité, d'occurrence, d'effets collatéraux…

---

1. Sahler, B., *op. cit.*, p. 15.

Évoquer les « symptômes » seuls empêche la réflexion

Les notions de stress, malaise, violences, harcèlements, qui sont des manifestations des tensions humaines, ont le mérite de mettre des mots sur des phénomènes et, par là même, de les faire reconnaître. Cependant, elles sont peu opérantes par rapport à la réalité de l'entreprise. En effet, une fois que ces phénomènes sont reconnus dans leur « globalité », de quelle manière les remettre en perspective dans leur contexte afin de saisir avec finesse les leviers d'action opérationnels ? On ne s'intéresse que peu, d'une certaine façon, aux causes, en se focalisant sur les symptômes.

Comment, à partir de ces termes « génériques », saisir avec subtilité les phénomènes très actuels à l'œuvre dans des systèmes à dominante capitaliste ? Ainsi, par exemple, le DRH de l'un des plus grands groupes informatiques évoque en quoi consiste pour lui le « harcèlement moral » : « *En fait, je trouve qu'il y a beaucoup plus de "harcèlement moral" qu'on ne le croit. Nous sommes dans des systèmes de contraintes permanentes, sur les délais notamment. Et c'est vrai que, quand on demande quelque chose à quelqu'un, c'est forcément irréaliste. Est-ce que le harcèlement moral commence à ce moment ? Tout notre système actuel est bâti sur ce principe.* »

Des situations de tension déjà avérée

On confond ainsi tout le temps le « risque », qui est constitué par la probabilité d'occurrence d'un événement, avec la réalité, où existent déjà stress, violence, etc. On décrit donc, la plupart du temps, des situations déjà avérées, où le symptôme de malaise est visible, et non des situations « à risque », existant à l'état de potentialité. Par conséquent, lorsqu'on évoque les « risques psychosociaux », on parle de situations problématiques *déjà avérées* : il est alors « seulement » question de les traiter… mais jamais de les anticiper.

Le fait de se centrer sur les tensions déjà avérées braque le projecteur sur des questions de management intermédiaire, de relations interpersonnelles, de charge de travail, etc., et décentre le débat de son point focal : en quoi la stratégie d'entreprise telle que déclinée par son président est-elle intrinsèquement source de tension ? Comment pallier ces risques inhérents ?

Une définition peu pratique pour les entreprises

Les acteurs concernés hésitent à s'emparer du sujet

Sur la base de ces définitions, les entreprises ont du mal à réfléchir puis à dessiner des politiques générales sur ce thème, qui demeure réellement une « boîte noire ». Certaines préfèrent contourner l'obstacle en promouvant le « bien-être », plutôt que de s'atteler spécifiquement aux risques psychosociaux en tant que tels (c'est-à-dire à une réflexion approfondie sur les sources de tension à l'œuvre).

Nous le voyons très souvent, elles se centrent sur une dimension psychologisante et souvent individuelle des risques psychosociaux et non sur la dimension « business », ce qui a pour impact de cantonner dangereusement le sujet. Les risques ne sont pas vus comme faisant partie d'un système plus global. Nous vous proposerons par la suite une illustration de ce point.

Un thème très éloigné des enjeux « business » des entreprises

Comme ces termes semblent revêtir des contours indéfinissables et sans doute un peu mystérieux pour les non-initiés, ils sont vite devenus l'apanage d'« experts en risques psychosociaux ». Ainsi, les intervenants perçus comme étant les plus légitimes pour s'exprimer se retrouvent en la personne d'universitaires, chercheurs, médecins, ergonomes, psychologues, psychosociologues, psychodynamiciens… voire consultants !

Leur plus petit dénominateur commun réside souvent dans le fait qu'ils sont « en marge » de l'entreprise, n'y ont jamais vécu, ou ne s'y sont pas attardés. Ils la connaissent intellectuellement, de l'extérieur, avec – et c'est surtout le cas en France – des partis pris idéologiques tenant essentiellement à leur formation initiale. Certains ont même des « positions » très arrêtées sur ce qu'« est » une entreprise : une organisation ? Une somme d'individus ? Des salariés qui souffrent ? Des dirigeants qui mettent sous pression ?

L'entreprise et, par voie de conséquence, les risques psychosociaux sont abordés avec des grilles de lecture propres aux spécialités de ces intervenants. Ces visions se recoupent difficilement et reposent sur des modèles explicatifs mécaniques fort variés, réducteurs et peu opérationnels.

Comment, dans ce cadre-là, permettre à la réflexion de s'incarner en entreprise ? De quelle manière dépasser les recommandations « de bon sens », d'usage en la matière ? Comment éviter de tourner inlassablement autour de notions qui ont du mal à se renouveler avec le temps : le stress s'est substitué au harcèlement moral, en passant par les violences… Il semble qu'actuellement le développement de pratiques de « santé mentale » ou de « santé au travail » ait le vent en poupe. Bien sûr, le registre est plus « positif », plus constructif que de parler de « risques », mais, dans les deux cas, on fait l'économie d'une analyse stratégique des risques humains. Nous y reviendrons un peu plus tard.

L'approche que nous défendons : les « risques humains »

Avant d'aborder la définition des risques humains de manière plus opérationnelle, il nous faut évoquer les tensions inhérentes à la stratégie.

Des risques liés à la mise en œuvre de la stratégie d'entreprise

Notre vision et notre expérience de la vie des entreprises nous amènent à proposer la définition suivante pour les risques psychosociaux : *ce sont les tensions humaines potentiellement générées par la mise en œuvre opérationnelle de la stratégie d'une entreprise par le dirigeant.*

La stratégie d'une entreprise est mise en œuvre par son dirigeant, appuyé par toute personne en délégation de pouvoir. Ces délégations, on l'oublie souvent en matière de risques psychosociaux, font partager au dirigeant le risque juridique inhérent à la non-prévention des risques. À la capacité de poser leurs empreintes stratégiques, humaines est adossé ce risque.

Notons, car le sujet est important, que chacune de ces personnes est soumise à des injonctions souvent contradictoires, qui se traduisent en risques psychosociaux sur le terrain. Ainsi un dirigeant doit-il relever le défi de donner satisfaction à ses parties prenantes, tout en assurant une certaine cohésion au sein de son entreprise. Les délégataires de pouvoir, eux, sont chargés d'expliquer la stratégie, ses revirements, ses évolutions, qu'ils ne partagent pas forcément avec des collaborateurs déjà *en tension de production continuelle*.

Cerner les tensions sur le terrain liées à la mise en œuvre de la stratégie

Chaque entreprise se trouve au cœur de multiples tensions qui agissent sur elle et, par voie de conséquence, sur ses collaborateurs. Ces tensions sont d'ordre stratégique, économique, financier, historique, culturel, organisationnel, managérial. Elles sont liées à la concurrence, aux valeurs de l'entreprise... Ces tensions sont impossibles à supprimer puisqu'elles sont constitutives de l'existence même de l'entreprise.

Seule une analyse des freins à la réalisation de la stratégie de l'entreprise permettra de circonscrire les tensions de manière sûre. Nous parlerons alors de « risques humains », dans la mesure où ces tensions peuvent ou non générer des dommages collatéraux sur les collaborateurs.

Il est essentiel cependant, même en l'absence d'effets délétères, de bien les cerner et les mesurer, pour, d'une part, les éviter et, d'autre part, dans une perspective plus constructive, comprendre quels sont les leviers les plus puissants afin de faire coïncider stratégie, organisation, culture et « potentiels humains », et créer un effet de levier. Nous en ferons la démonstration dans le chapitre 8 notamment.

Ces multiples tensions s'exerçant sur l'entreprise sont transmises différemment aux collaborateurs selon leur positionnement dans l'entreprise, leur rapport de pouvoir, leurs attentes, leur identification à l'entreprise, leur parcours, leur personnalité, etc. Ainsi, plusieurs collaborateurs occupant un positionnement similaire au sein de l'entreprise peuvent ressentir les tensions exercées par l'entreprise de manière différente.

Aborder l'entreprise comme un système complexe ouvert

Il s'avère également essentiel de nous dégager des prismes de lecture trop mécanistes, partisans, théoriques, ou peu adaptés au monde de l'entreprise et à ses enjeux. L'objectif n'est pas de faire « table rase » des approches existantes, mais d'en intégrer les éléments qui correspondent le mieux à la réalité de l'entreprise. Des domaines aussi essentiels que la stratégie, la prospective, la finance, le droit, l'ingénierie sociale, l'histoire du dialogue social, les mythes fondateurs de l'entreprise, ses valeurs, etc., se doivent d'être convoqués pour tenter de saisir cette réalité. Nous critiquons au passage la notion actuelle de « pluridisciplinarité », qui prétend, en l'état présent, rassembler des points de vue intrinsèquement différents, voire antagonistes, sur l'entreprise.

Bien comprendre l'esprit de ces risques : « collectifs » et potentiels par nature

Les risques psychosociaux portent sur des collectifs. Il s'agira donc d'identifier très opérationnellement les plus petits communs dénominateurs en termes de tension, partagés par des collectifs de travail exposés aux mêmes conditions.

Les situations purement individuelles passent alors au second plan de l'analyse. Cela signifie aussi méthodologiquement que toute analyse doit d'abord et nécessairement passer par le repérage des populations exposées à des conditions identiques de travail.

Nous évoquons essentiellement des risques, par essence non avérés, donc techniquement, si l'on peut dire, invisibles. Des symptômes comme des situations de stress, de harcèlement moral déclaré, de violence, etc., ne font pas partie en première intention de l'analyse, même s'ils sont pris en compte en tant que faisceaux d'indices.

Il s'agit bien là de s'engager dans un projet de prévention, de détecter en amont des risques, donc des potentialités, de telle manière qu'ils ne deviennent pas des symptômes.

Une analyse des risques humains couplée à celle des situations avérées de malaise

L'analyse des *situations avérées* de tension (donc, qui sont passées de l'état de risque à la réalité) est essentielle sur trois plans :

- pour mieux comprendre la nature des risques pesant sur l'entreprise et ses collaborateurs ;

- pour pouvoir anticiper d'autres risques qui ne se seraient pas manifestés d'emblée lors de la première analyse « macro » des sources de tensions ;
- pour pouvoir agir « en curatif » sur les situations de malaise. Il est à noter que la plupart des actions relatives aux risques psychosociaux sont de nature curative.

Comment s'observent ces tensions ? Elles se manifestent de manière très variée selon la personnalité des collaborateurs, mais également la culture de l'entreprise. Il nous semble important d'insister sur le fait qu'il n'y a jamais de « situations types » données. Cela peut aller de plaintes expressément formulées à des non-dits, des comportements de repli ou, au contraire, des comportements plus « agressifs »… Les situations de malaise peuvent également se manifester par du présentéisme ou, au contraire, des arrêts maladie perlés, des visites plus nombreuses chez le médecin du travail, des recherches de poste à l'extérieur… Ainsi, il n'y a vraiment pas d'« indicateurs types » du malaise.

Nous n'emploierons pas non plus l'adjectif « psychosocial » sans réserve : en effet, les mots « psycho » et « social » signifient que les tensions dont nous parlons sont à la croisée entre le « psy » (qui est censé être un phénomène individuel) et le « social » (phénomène collectif). Or, nous nous focaliserons ici sur le seul niveau « collectif » de ces tensions, car nous nous situons en entreprise dans le cadre d'une réflexion de détection et de prévention. Par ailleurs, le mot « psy » pourrait évoquer le fait que les manifestations potentielles de ces tensions sont « psychiques » ; or, c'est loin d'être le cas, comme nous l'avons vu.

Notre définition des risques humains suppose que l'on s'intéresse à des « communautés » de collaborateurs que l'on tirera au sort, mais selon des critères de représentativité particuliers. Cette définition des risques nous permet donc de nous centrer sur :

- la stratégie de l'entreprise et ses éventuels dommages collatéraux humains ;
- l'ensemble des salariés et des collaborateurs en délégation de pouvoir plutôt que sur le seul management intermédiaire ;
- des aspects collectifs plutôt qu'individuels ;
- des implications « business », juridiques, d'image, plutôt que purement « psychologiques » ;
- les sources de tension plutôt que leurs actuelles répercussions négatives.

--- **À retenir** ---

Le stress, le harcèlement moral, les violences externes et internes, les discriminations, etc., relèvent davantage de symptômes déjà existants que de « risques » à proprement parler. Les entreprises ne peuvent que les constater. Il en est de même pour les situations de « malaise au travail ».

Considérer les risques humains comme des « tensions humaines potentiellement générées par la mise en œuvre opérationnelle de la stratégie d'une entreprise par le dirigeant » permet de rechercher les causes possibles de ces tensions. Tous les registres de l'entreprise sont concernés : stratégie, organisation, management, culture, structure, etc.

Chapitre 3

Identifier les risques humains au sein de votre entreprise

Désormais, vous savez que le sujet est incontournable, que vous allez devoir vous préoccuper des risques psychosociaux au sein de votre entreprise. Vous vous dites encore que vous devez le faire pour éviter des risques, mais vous n'êtes pas encore persuadé que ce projet va contribuer à vous aider dans la mise en œuvre de votre stratégie ou à créer un avantage concurrentiel.

Mais par quoi allez-vous commencer pour savoir quels sont les risques psychosociaux chez vous ? Car, c'est certain, il en existe bien, à partir du moment où, en tant qu'organisation, vous poursuivez un objectif, déclinez une stratégie, et donc mettez inévitablement sous tension les personnes en charge de les réaliser.

Partir de la définition des risques psychosociaux

Il nous semble important de démarrer tout projet lié aux risques psychosociaux en partant de la définition de ces derniers, que nous avons notamment proposée dans le chapitre précédent. En effet, il s'agit tout d'abord d'en comprendre les implications vraiment opérationnelles pour votre entreprise. Une fois cet exercice effectué, vous serez beaucoup plus au clair avec la méthodologie que vous allez adopter pour détecter vos risques.

Tout d'abord, il est important de reconnaître d'emblée qu'il existe dans votre entreprise des risques psychosociaux, car ils sont inhérents au fait, comme nous l'avons dit, d'avoir en ligne de mire une stratégie, qui met nécessairement sous tension – positive dans le meilleur des cas – vos collaborateurs. Il n'est donc plus nécessaire, d'une certaine façon, de se poser la question suivante, quelquefois taboue dans certaines entreprises : y a-t-il des risques ?

Ensuite, nous insistons sur deux aspects. D'une part, les risques psychosociaux portent sur des collectifs. Il s'agira donc d'identifier très opérationnellement les plus petits communs dénominateurs en termes de tension, partagés par des collectifs de travail exposés aux mêmes conditions. Les situations purement individuelles passent alors au second plan de l'analyse.

Certaines approches de détection se basent exclusivement sur les symptômes, en pensant que tout symptôme ramène intrinsèquement et de manière exclusive à un risque. C'est de notre point de vue une erreur, qui mène à ne pas considérer avec exactitude les sources potentielles existantes dans votre entreprise et peut générer des risques importants.

Cela signifie aussi que les indicateurs classiquement retenus, et dont nous allons parler dans le paragraphe suivant, font état, par essence, de symptômes ou de début de symptômes, et non de risques. Repérer vos risques à travers des indicateurs n'est pas pertinent en première intention ; les indicateurs seront utilisés davantage comme des faisceaux d'indices.

Une quête propre à chaque entreprise

En outre, il nous semble important d'insister sur le fait que le repérage des risques dépend d'un terrain spécifique d'entreprise, avec ses enjeux propres, son contexte, son histoire, etc. Toute démarche de prévention est par nature un projet « haute couture » et sur mesure. C'est la raison pour laquelle nous procédons systématiquement à une phase d'entretiens de prédiagnostic auprès de collaborateurs ayant une vision transversale et/ou historique de l'entreprise, et positionnés à des niveaux leur permettant d'avoir une vision « macro » de l'entreprise. Ces entretiens, positionnés avant la phase terrain, permettent d'une part de mieux saisir le modèle économique de l'entreprise et ses enjeux, mais aussi et surtout de commencer à en saisir les principales zones de risques.

Un point mérite d'être précisé quant à la fréquence de réalisation d'un tel diagnostic. Le législateur demande, par exemple, que le document unique soit actualisé tous les ans. Nous pensons que cette échéance est théorique. L'évolution des risques ne suit pas le calendrier, mais est tributaire des grandes décisions stratégiques, de l'évolution de l'environnement, ou encore des évolutions des attentes des parties prenantes.

Éviter quelques écueils

Des indicateurs classiques inopérants pour cerner les risques humains

Nous avons mentionné plus haut que les indicateurs classiquement retenus étaient utiles pour repérer des symptômes déjà existants mais peu opérants quant à la détection des risques. Quels sont les indicateurs classiques existants ?

En voici quelques exemples, non exhaustifs :

– Indicateurs santé : maladies professionnelles, notamment TMS, lombalgies, inaptitudes, orientations médicales notamment en lien avec les risques psychosociaux ; passages à l'infirmerie, consultations à la demande ; informations issues de l'action des assistantes sociales ; addictions ; situations graves : suicides, tentatives, violences entre salariés, venant du public, etc.

– Indicateurs sécurité : accidents du travail, etc.

– Indicateurs de fonctionnement de l'entreprise : incidents clients, problèmes de délais, retards de livraison ; nombre de « changements » (nouveaux projets, réorganisations, etc.), nombre de jours d'accompagnement/formation aux changements, etc.

– Indicateurs RH : licenciements, démissions, ruptures de périodes d'essai, mutations imposées et demandées, postes non pourvus et difficultés de recrutement, taux de rotation sur les postes, absentéisme, refus de promotion, refus de formation, refus de participation à des réunions, présentéisme, etc.

– Indicateurs relations sociales : incidents entre salariés, actes de violence interne et externe, actes de malveillance, conflits collectifs (grèves, etc.), plaintes individuelles et collectives, conflits avec l'encadrement, procédures judiciaires, etc.

Les indicateurs « faisceaux d'indices » sont à adapter à votre entreprise. Il sera en effet par exemple inopérant de traquer l'absentéisme dans telle société de service, mais plutôt le présentéisme ; inutile d'observer le turnover à la loupe, mais important de s'intéresser de près à l'évolution du nombre de visites spontanées à l'infirmerie pour des « maux de tête » ; insuffisant de s'intéresser à l'évolution des accidents de travail, mais plutôt aux conflits ouverts avec l'encadrement, etc.

Il est intéressant de noter que nous avons rencontré de très nombreuses situations où le panorama des indicateurs était plutôt satisfaisant, mais la situation de risque très dégradée.

Enfin, il semble nécessaire de souligner fortement que des indicateurs classiques de malaise peuvent être inopérants : ainsi, il peut ne pas y avoir d'absentéisme ou de maladie, car les salariés se forcent à venir travailler par exemple.

Des méthodologies reposant sur la détection de symptômes déjà existants peu utiles pour détecter des risques non avérés

Les échelles de facteur de stress sont une mesure grossière et largement erronée[1].

---

1. Albert, É., Saunder, L., *op. cit.*, p. 96.

Quand votre projet vise à détecter les risques, il est important de sélectionner une méthodologie non purement axée sur les symptômes. Notons que ce type de méthode demeure important pour offrir une photographie de la situation. Ainsi, les audits en ligne utilisant les questionnaires de Karasek, Siegrist (développés ci-après) restent pertinents pour détecter les situations de stress.

Malgré leurs limites, ils permettent à des « projets stress » de s'initier. Ils réunissent des acteurs qui n'ont pas toujours l'habitude de travailler ensemble : DRH, médecin du travail, CHSCT, etc. Ils permettent aussi de cerner les principales sources de stress dans l'entreprise. Nous avions, lors d'une précédente édition, souligné les manques de ces audits en ligne « standardisés » : ils ne permettent pas de cerner avec précision l'ensemble des sources de tension, hiérarchisées et pondérées, de l'entreprise et ils sont davantage orientés vers les symptômes déjà avérés, etc.

Au-delà des limites de fond des outils, il est à souligner que le questionnaire induit nécessairement des réactions à la question (réactions individuelles, voire collectives selon la méthodologie de réponse retenue – à la suite d'un entretien, en ligne).

Les principaux questionnaires

Voici les principaux questionnaires, avec leurs avantages et leurs limites.

Les modèles « classiques »

Des questionnaires, étalonnés sur le plan international et historiquement créés pour des milieux de travail du secteur social au sens large, et/ou public (hôpitaux, centres sociaux, prisons, écoles, etc.) non ouverts à la concurrence internationale, servent de base aux recherches et questionnaires actuels. Ces nouveaux questionnaires sont axés sur les aspects organisationnels du travail : ils font l'objet de la section intitulée « Les questionnaires focalisés sur les aspects organisation » (lire *infra*).

D'autres questionnaires, développés essentiellement par le monde médical, évaluent le stress, l'anxiété, la dépression, au niveau individuel. Ils font l'objet de la section intitulée « Les questionnaires focalisés sur les impacts psychiques » (lire *infra*).

En mettant en relation ces deux types de questionnaires (conditions organisationnelles/impacts en termes de stress sur les individus), les recherches ont pu mettre au jour un certain nombre de corrélations et poser des hypothèses de travail. Il s'agit là de modèles prédictifs qui sont destinés à être utilisés à de grandes échelles.

Il est important de noter que, quels que soient les différences et les ajouts entre les questionnaires, certains éléments sont systématiquement abordés[1]. Il s'agit essentiellement de :

- la surcharge quantitative de travail ;
- le manque de reconnaissance (estime de l'entourage) ;
- l'instabilité de l'emploi ;
- la possibilité de progresser dans la carrière ;
- le salaire ;
- les relations avec le supérieur ;
- les relations avec les collègues ;
- les relations avec la clientèle ;
- la participation au niveau de l'organisation ;
- la participation au niveau de l'individu ;
- la circulation de l'information au niveau de l'organisation ;
- la circulation de l'information au niveau de l'individu ;
- la surcharge qualitative de travail ;
- la sous-charge de travail ;
- les contraintes liées au temps ;
- les conflits de rôles ;
- l'ambiguïté de rôle ;
- l'autonomie de compétences ;
- le pouvoir décisionnel ;
- l'environnement de travail et les conditions ambiantes difficiles ;
- les horaires de travail irréguliers ;
- l'horaire de travail trop chargé ;
- la structure organisationnelle centralisée.

Les questionnaires focalisés sur les aspects organisationnels

Nous nous limiterons à évoquer les « classiques » en la matière. Avant de commencer, il semble pertinent de citer Siegrist, auteur d'un questionnaire validé, lors de la conférence « International workshop, from healthy work to healthy society » de juin 2006 : « *Les questionnaires, quelle que soit la méthode, visent à répondre aux besoins fondamentaux de l'être humain que sont : la perception d'un sentiment d'efficacité personnelle lié au contrôle dans l'accomplissement d'une*

---

1. Université Laval (Québec), chaire de santé mentale.

tâche, l'estime de soi liée à des expériences de valorisation et de reconnaissance… et enfin : le sentiment d'appartenance à un groupe, à un milieu ou à un réseau social au travail. »

Les modèles de Selye, Karasek, Siegrist sont dits « causalistes », car ils mettent en lien les causes variées qui génèrent du stress. Ils décortiquent le stimulus, auquel le stress est la réponse. Ils permettent de comprendre comment l'interaction de tels facteurs, internes ou externes au sujet, va déboucher sur du stress[1]. Ils ne prennent pas en compte les stratégies du sujet pour y faire face, contrairement au modèle de Lazarus.

Le modèle « demande/autonomie » de Karasek

Ce modèle postule qu'une combinaison de demande psychologique élevée et d'autonomie décisionnelle faible dans une situation de travail augmente le risque de donner naissance à un problème de santé psychologique ou physique. Il y a également une question d'équilibre : une surcharge de travail peut être moins nocive pour la santé des travailleurs, si ces derniers ont un degré d'autonomie décisionnelle élevé.

Ce modèle, très éclairant dans beaucoup de situations, ne prend pas en compte les variations interindividuelles dans une population exposée de façon homogène à une même situation de travail. Il sous-estime ainsi les capacités d'adaptation spécifiques en fonction de la personnalité et de l'expérience de chacun[2]. En outre, l'explication centrée sur la demande/autonomie ne fonctionne pas toujours bien, car il peut y avoir des situations vécues comme stressantes dans les cas d'une grande latitude décisionnelle dans l'exécution du travail, et d'une prescription trop floue[3]… Or, cette situation arrive « tout le temps » en entreprise !

Le modèle « déséquilibre, efforts/reconnaissance » de Siegrist

Le modèle postule qu'une combinaison d'efforts élevés et de manque de reconnaissance dans une situation de travail s'accompagne de réactions émotionnelles négatives. Ce modèle est complémentaire de celui de Karasek, car les contraintes d'autonomie décisionnelle faible et de faible reconnaissance ont des effets indépendants sur la santé de l'individu.

L'apport de Siegrist est d'intégrer les caractéristiques de la personnalité, ainsi qu'une considération du contexte de sécurité ou d'insécurité de l'emploi. Nous verrons toutefois qu'en entreprise, la « reconnaissance » est très appréciée, mais reste très insuffisante puisqu'elle n'empêche pas de se sentir dans

---

1. Salher, B., *op. cit.*, p. 86.
2. *Ibid.*, p. 87.
3. *Ibid.*, p. 87.

une situation problématique lorsque, par exemple, son service est en cours de réorganisation… De même, la notion d'effort est toute relative, car elle est vécue, la plupart du temps, très subjectivement par l'individu, et dans nos sociétés de service, l'effort est particulièrement difficile à mesurer.

Les modèles « transactionnels » de Lazarus et Folkman

Ils envisagent davantage le stress comme une question de « perception interne », par un sujet, d'un déséquilibre qu'il ressent entre les contraintes imposées et les ressources dont il dispose pour y faire face. Le sujet est ici vu comme quelqu'un d'« actif », au centre de la situation de travail, qu'il évalue et à laquelle il essaie consciemment de mieux s'adapter[1].

Le stress résulte alors d'une perception de déséquilibre entre les contraintes imposées par cette situation de travail et les ressources à disposition pour l'affronter. Le sujet-acteur essaie dans ce cas de déployer une stratégie d'adaptation : soit il a une prise pour modifier la situation « extérieure » ou bien il tentera de « s'organiser intérieurement » pour faire face (donc réduire ou tolérer les effets négatifs de cette situation difficile)[2].

Nous pouvons présenter les questionnaires de la manière suivante :

Le modèle demande/ autonomie de Karasek	Le modèle déséquilibre/ reconnaissance de Siegrist	Le modèle transactionnel de Lazarus et Folkman
- éclaire de nombreuses situations (+) ; - ne prend pas en compte les variations interindividuelles (-) ; - sous-estime les capacités d'adaptation spécifiques de la personnalité (-).	- intègre les caractéristiques de la personnalité (+) ; - ainsi que celles du contexte de sécurité ou d'insécurité de l'emploi (-) ; - les notions de reconnaissance et d'effort sont toute relatives (-).	- le sujet est acteur avec une capacité d'adaptation (+) ; - la réflexion de l'entreprise sur l'organisation du travail est moindre (-).

Mise en perspective

De manière courante, un audit de stress « classique » analysera dix facteurs de stress organisationnel développés par les modèles précédents :

- exigences (charges de travail, objectifs élevés, tâches complexes) ;

---

1. *Ibid.*, p. 88.
2. *Ibid.*, p. 88.

- organisation (monotonie des tâches, ambiguïté des rôles, objectifs contradictoires) ;
- changement (acquisition de compétences, réorganisation, imprévisibilité) ;
- contrôle (latitude de travail, contrôle du rythme, participation aux décisions) ;
- ressources (fonctions, qualifications, moyens) ;
- soutien (de la hiérarchie, des collègues, des pairs) ;
- frustration (conditions matérielles, reconnaissance des efforts, fierté d'appartenance) ;
- relations (ambiance de travail, qualité du contact humain, contacts agressifs).

Les questionnaires focalisés sur les impacts psychiques

Les questionnaires à dominante « organisationnelle » sont donc couplés aux tests visant à évaluer, sur un plan plus individuel, le stress, l'anxiété, la détresse psychologique. De quoi parle-t-on exactement ?

Présentation

Le niveau de stress individuel est étudié à travers le MSP25, qui est la mesure de stress psychologique, composé de vingt-cinq items.

Les conséquences du stress – troubles anxieux et dépressifs – sont repérées grâce aux cinquante-trois items du HAD[1].

L'indice de détresse psychologique d'Ilfeld mesure la fréquence des symptômes associés aux états dépressifs et anxieux, aux troubles cognitifs et à l'irritabilité. Cet indice tente d'estimer la proportion de la population ayant des symptômes nombreux ou intenses pour les classer dans un groupe « à risque ».

La dépression est évaluée à travers le questionnaire de dépression de Beck. Il mesure, entre autres, l'humeur (tristesse, intérêt envers le travail, irritabilité), les symptômes somatiques (perte/augmentation de l'appétit, perturbation du sommeil, etc.), les symptômes cognitifs (capacité de concentration, prise de décision, etc.).

L'épuisement professionnel de Maslach est un questionnaire auto-évaluatif constitué de vingt-deux items qui mesure les trois dimensions de l'épuisement professionnel : épuisement émotionnel, dépersonnalisation et perte du sentiment d'accomplissement au travail.

---

1. *Hospital anxiety and depression scale.*

Analyse

Qu'est-ce que ces échelles essaient de mesurer[1] ?

– Les troubles de l'humeur menant à des symptômes dépressifs[2].

– Les troubles anxieux, qui sont caractérisés par un état intérieur déplaisant qui survient lorsque l'on anticipe un danger ou une menace[3].

– Les troubles de l'adaptation. L'épuisement professionnel connaît quatre étapes, franchies graduellement : idéalisme, plafonnement, désillusion, démoralisation[4].

Jean-Pierre Brun et Michel Vézina, de la chaire de santé au travail de l'université Laval (Québec), ont établi que divers facteurs prédisposaient les personnes aux problèmes de santé psychologique. Quels sont-ils ?

– L'affect négatif, qui est la sensibilité aux stimuli négatifs. Il s'agit d'une prédisposition à vivre des émotions telles que la tristesse, l'anxiété, la culpabilité, l'hostilité. Dans le milieu de travail, ces collaborateurs sont moins engagés, adoptent des stratégies de gestion du stress inefficaces, tels la « pensée magique », le désengagement mental et comportemental, la fuite dans la passivité et le blâme… Leurs affects sont marqués par de l'anxiété, de la dépression et de la colère…

– La personnalité de « type A », qui est compétitive, extrêmement ambitieuse, impatiente. Elle a un besoin de contrôle élevé. Elle est perfectionniste et impliquée dans son travail.

– Le style « attributionnel » : les personnes ayant un style pessimiste attribuent leurs échecs à des causes internes, stables et globales. Elles risquent, dans des situations difficiles, de vivre une baisse de l'estime de soi.

---

1. Lemyre, L., Tessier, R., « Mesure du stress psychologique (MSP) », *Revue canadienne des sciences du comportement*, 20, 1988, p. 302-321.

2. Humeur dépressive, perte de l'intérêt ou du plaisir à réaliser les activités habituelles, perte ou gain de poids/d'appétit, sommeil, agitation ou baisse d'énergie, dévalorisation, culpabilité, inquiétude excessive, difficulté à penser, à se concentrer, à prendre une décision, pensée de mort, idées suicidaires, etc.

3. Agitation, sensation d'être survolté, étourdissements, fatigue, irritabilité, douleurs à la poitrine, crampes musculaires, palpitations, difficultés de concentration ou pertes de mémoire, problème de sommeil, etc.

4. Idéalisme : la personne a un très haut niveau d'énergie. Elle est remplie d'ambitions, d'idéaux et d'objectifs très élevés… Pendant la phase de plafonnement, elle se rend compte que, malgré ses efforts, les résultats ne sont pas à la hauteur de ses attentes. Elle redoublera d'ardeur et se mettra à travailler le soir et les fins de semaine… Puis arrive la désillusion : elle est fatiguée et déçue. Les attentes de l'organisation sont démesurées et la reconnaissance se fait encore attendre. Enfin, la démoralisation : elle perd tout intérêt à son travail et à son entourage. Elle « brûle » toutes ses réserves, ressent un fort sentiment de découragement…

– L'âge et le sexe : le risque de présenter un trouble dépressif majeur varie entre 10 et 25 % chez les femmes, alors que, chez les hommes, il varie entre 5 et 12 %. Ces différences entre sexes ne sont pas nécessairement dues à des conditions biologiques. Il existerait en effet des différences importantes sur les plans de l'éducation, des conditions de travail et de vie. Certains problèmes de santé psychologique ont également tendance à apparaître à un certain âge : par exemple, l'âge moyen d'apparition de la dépression se situe vers 35 ans.

– Les stratégies d'adaptation sont les réactions naturelles de l'individu qui veut se protéger contre une demande excessive ou une situation qui lui porte atteinte. Certains individus vont avoir recours à l'alcool, par exemple, d'autres essayer de mieux gérer leur temps ou d'affirmer leurs besoins.

– Le soutien social : le recours au soutien social constituerait une stratégie d'adaptation efficace pour diminuer la tension psychologique et le risque d'occurrence des problèmes de santé psychologique au travail.

– Les habitudes de vie : il est essentiel, affirment Jean-Pierre Brun et Michel Vézina, d'avoir des intérêts en dehors du travail, des habitudes alimentaires saines.

Des recherches actuelles confirment ces modèles classiques

Ainsi, l'équipe RIPOST (Recherche sur les impacts psychologiques, organisationnels et sociaux du travail) ou le GRISMT (Groupe de référence et d'intervention en santé mentale au travail), qui sont des groupes de recherche canadiens, situés à Québec, valident scientifiquement, à travers leurs recherches, les modèles de Karasek, Siegrist, Lazarus, Folkman. Ces équipes mettent ainsi notamment en relation la « demande psychologique » (charge de travail) avec l'autonomie décisionnelle, le soutien social des collègues et des supérieurs. Elles ajoutent à ces modèles des liens avec :

• le modèle de satisfaction au travail de Hackman et Oldman[1], qui renvoie à la fois aux concepts de justice, d'équité et de respect, et au concept de récompense sous forme de salaire et de promotion ;

• le modèle de Kivimäki sur la justice organisationnelle : capacité de l'employeur à considérer le point de vue de l'employé et à le traiter de manière juste et équitable, avec impartialité dans les processus formels de prise de décisions…

En outre, la chaire de santé au travail base de nombreuses recherches sur l'utilisation conjointe et intégrée de ces modèles « classiques », à la fois liés à

---

1. « A New Strategy for Job Enrichment », *California Management Review,* vol. 17, n° 4, 1975.

l'organisation du travail et au sentiment de détresse psychologique. Quelques variations ont pu être apportées au cours du temps :

– Par exemple, au modèle de Karasek : tout en conservant les deux composantes principales (demande psychologique et latitude décisionnelle), ce groupe a ajouté une troisième composante, pour tenir compte du « soutien social » des collègues de travail et des managers[1]. Cela modifie l'association entre la tension au travail et la survenue de problèmes de santé.

– Par l'introduction du modèle de T. S. Kristensen sur le « sens du travail » (le fait d'aimer son travail, d'y croire et d'en être satisfait) et sur la « prévisibilité au travail » qui fait référence à une connaissance minimale des informations importantes concernant le travail[2].

Les modèles « avancés »

S'appuyant sur les modèles précédents, certains centres de recherche et universités ont développé leurs propres questionnaires.

Le WOCCQ de l'université de Liège (Belgique)[3]

Le questionnaire est composé en trois parties :

– un questionnaire sur les conditions de travail : le WOCCQ à proprement parler. Quatre-vingts items sont proposés. Ils font référence à des situations de travail concrètes permettant d'évaluer les conditions de travail à l'origine du stress professionnel. Le but est de mettre en avant les facteurs collectifs de stress, afin d'émettre des hypothèses sur les actions collectives à mener et pour hiérarchiser les problèmes. Cette première partie permet d'évaluer le « niveau de contrôle » sur six dimensions de travail : les ressources disponibles pour réaliser le travail, les exigences contradictoires rencontrées, la gestion des tâches, les risques auxquels le collaborateur est soumis (environnement physiologique), la planification du travail, la gestion du temps, le contrôle de l'avenir ;

– un questionnaire « stress négatif » et « stimulation positive » (SPPN). On aura à la fois un niveau de stress des collaborateurs et un diagnostic détaillé des conditions de travail ;

– un questionnaire « relevé de situations problèmes », qui est la partie « libre ».

---

1. Johnson, J. V., Hall, E. M., « Job Strain, Work Place Social Support, and Cardiovascular Disease : A Cross-Sectional Study of a Random Sample of the Swedish Working Population », *Am J Public Health*, 1988.
2. « Copenhagen Psychosocial Questionnaire » utilisé dans une étude sur le stress au travail de 2001.
3. *Working conditions and control questionnaire.*

Exemples concrets d'audits de stress en entreprise

Les entreprises qui souhaitent « mesurer » le stress et comprendre les liens entre le niveau de stress et certaines facettes de leur organisation se lancent dans des « audits de stress » ou « observatoires de stress ». On peut ainsi se référer aux contributions suivantes.

Comment arrive-t-on à engager une démarche de prévention sur les risques psychosociaux ?

➠ **David Pivot, Jean-Pierre Frau, DRH RTE**

RTE est le gestionnaire du réseau français de transport d'électricité, qu'il exploite, entretient et développe. Pourvu du réseau le plus important d'Europe, avec 100 000 km de circuits à haute et très haute tension et 45 lignes transfrontalières, ainsi que d'une situation géographique centrale, RTE contribue de manière déterminante au développement du marché européen de l'électricité.

Société anonyme à directoire et conseil de surveillance depuis septembre 2005, RTE bénéficie d'un statut qui garantit sa neutralité, au service de tous les acteurs du marché de l'électricité. Dans ce cadre, RTE s'est doté de sa propre direction des ressources humaines, à compter de fin 2005. Après ses 18 premiers mois d'existence, durant lesquels le dialogue social s'est construit avec la mise en place de ses propres institutions représentatives du personnel, la DRH a mis en place son propre service de médecine du travail interétablissements et a créé une mission spécifique à la prévention des risques psychosociaux, rattachée au directeur des ressources humaines. La volonté du DRH, conscient que toute entreprise représente un échantillon de la société française, a été de profiter d'un environnement serein, pour aborder ces questions hors de toute contrainte. L'objectif est alors de porter le même intérêt aux différents niveaux de prévention et, de fait, de travailler à la source des phénomènes étudiés plus qu'à la réparation des désordres constatés.

Actions de sensibilisation et d'information

À ce jour, une action de sensibilisation et de débat a eu lieu, d'une part, au niveau du comité exécutif où a émergé le besoin d'un plus grand partage de la vision stratégique dans l'entreprise afin de faire croître la notion de sens et, d'autre part, au sein du comité de direction de RTE. À cette occasion, le président de RTE a invité chaque dirigeant à s'engager, dès 2008, dans une action spécifique à son organisation.

Le Groupe d'exploitation transport (GET) de Bourgogne (100 personnes), entité opérationnelle du Réseau de transport d'électricité (RTE) assurant l'exploitation et la maintenance du réseau électrique haute tension des régions Bourgogne et Franche-Comté, a organisé fin 2005 un forum lié à la sécurité. Lors de ce forum, regroupant près de 60 salariés, le thème des risques psychosociaux est apparu comme une vraie préoccupation.

Le comité de direction du GET décide donc d'inscrire dans le plan d'action sécurité de l'entité une action d'information sur les risques psychosociaux. À ce titre, des sessions d'information sont réalisées par le médecin du travail vers l'ensemble des salariés et les représentants en CHSCT. Lors de la synthèse de ces sessions, une question revient souvent : « Et maintenant, que fait-on ? »

Évaluation des risques psychosociaux

Le comité de direction décide de prolonger l'action en réalisant une évaluation des risques psychosociaux par questionnaire, s'inscrivant ainsi dans une démarche « classique » de prévention (c'est-à-dire que les risques doivent être évalués pour pouvoir être traités). À l'été 2006 se fait jour un intérêt marqué pour le WOCCQ, outil de mesure des risques psychosociaux développé par l'université de Liège en Belgique, qui permet à la fois d'évaluer le niveau de stress et de motivation, ainsi que le niveau de contrôle sur les conditions de travail (classées en six catégories), considérées comme facteurs de stress et de motivation.

Un processus de réflexion commun s'amorce au sein même du CHSCT. Le CHSCT sera acteur de la démarche. Lorsque le questionnaire est proposé à tous, le taux de retour est de 88 % ! Les analyses sont faites avec le CHSCT pour être achevées en mai 2007. Les résultats sont présentés à l'ensemble des salariés.

Le niveau de stress et de motivation semble conforme à la fourchette moyenne des autres populations testées par le WOCCQ (environ 25 000 personnes). Il en ressort toutefois un niveau de motivation plus faible que la valeur de référence. Concernant le contrôle sur les conditions de travail, l'analyse de résultats fait ressortir :

• des points forts sur l'autonomie, la participation aux prises de décision, l'environnement de travail et la gestion des risques ;
• des points d'attention sur le niveau de compétence attendu avec l'évolution des tâches et de la technologie, la reconnaissance, les changements d'organisation et les perturbations de la planification des activités.

Le comité de direction a inscrit sur sa feuille de route pour l'année 2008 l'ambition suivante : « Renforcer notre professionnalisme, le développement des compétences, le bien-être au travail et la motivation de chacun. » Cette ambition se traduit concrètement par la mise en œuvre de plusieurs actions :

• la définition avec chaque salarié de son projet professionnel et du plan de formation adapté dans le cadre d'entretiens dits « de professionnalisation » ;
• une réflexion en comité de direction sur l'utilisation des outils de reconnaissance existants ;
• le maintien d'un management de proximité et une communication soutenue sur les changements d'organisation ;
• la mise en œuvre d'une démarche « facteur humain » dans les trois équipes les plus concernées par les problématiques de planification. Cette démarche consiste, lors de réunions d'équipes pilotée par un animateur extérieur, à déterminer de manière collective les voies de progrès à mettre en œuvre. Les thèmes abordés ont été centrés sur la planification.

Points forts et limites de la démarche ?

Clairement, le fait que le projet ait été porté au sein du CHSCT depuis le début. Cela a permis de donner confiance dans la démarche. L'investissement du secrétaire et des représentants en CHSCT de chaque équipe a permis une bonne communication vers les salariés. La gestion de la confidentialité des réponses tout au long de la démarche est également primordiale.

Cette méthode, après formation, permet de démultiplier en interne une démarche d'évaluation des risques psychosociaux. Elle permet de mesurer à la fois les niveaux de stress/motivation et le contrôle qu'ont les salariés sur les conditions de travail, donnant ainsi des pistes de travail pour les actions d'amélioration.

Les résultats du WOCCQ nécessitent d'être travaillés, par exemple en équipe, pour faire émerger des actions concrètes. De plus, l'outil est très centré sur la « tâche » et on mesure peu l'ambiance et les relations interpersonnelles. Il faut également prendre garde à bien faire ressortir dans l'analyse les points positifs de l'organisation (il y en a forcément) et à ne pas se concentrer uniquement sur les points négatifs.

Des actions concrètes ont été mises en œuvre dans les équipes pour lesquelles nous avons engagé et accompagné une vraie réflexion collective. Pour les autres, il a été plus difficile de faire émerger simplement des actions de progrès, car les résultats du WOCCQ ne sont parfois pas assez concrets.

Cette démarche novatrice pour une entité opérationnelle de RTE est globalement positive. Elle nous a permis de monter en compétence sur les risques psychosociaux, de démystifier ce thème, en favorisant l'expression et les échanges, et également de mettre en œuvre des actions concrètes d'amélioration. Le CHSCT réfléchira à la réalisation d'une nouvelle enquête dans les années à venir.

L'audit stress chez PSA Peugeot Citroën

➠ **Patrick Légeron, Directeur Général, et Christophe Gadéa, consultant, Stimulus**

PSA a souhaité lancer une étude sur le stress professionnel, car, pour la direction des ressources humaines, la préservation de la santé des salariés constitue un axe fort de la politique sociale de l'entreprise. De plus, certains événements dramatiques survenus dans le groupe en 2007 ont renforcé la volonté d'établir un diagnostic précis des risques psychosociaux.

Afin de prendre en compte le stress en milieu professionnel, la direction des ressources humaines a chargé, en septembre 2007, le cabinet Stimulus, spécialisé dans cette question, d'un audit dans le but de mieux comprendre et d'évaluer les facteurs et le niveau de stress dans le groupe[1]. Cette étude doit également permettre de déterminer des actions pour agir sur les facteurs de stress professionnel les plus significatifs.

Évaluer les facteurs et le niveau de stress dans le groupe

La méthodologie utilisée par les équipes de Stimulus s'appuie sur les travaux des principaux organismes internationaux et français de santé au travail (Agence européenne de santé et sécurité au travail, National Institute for Occupational Safety and Health, INRS, ANACT). Les résultats sont comparés aux données issues d'un panel de référence ayant participé à des évaluations similaires (soit dix-sept mille salariés). Plusieurs secteurs d'activité y sont représentés (industrie, services, etc.).

Les salariés de trois sites (Vélizy, Mulhouse et Sochaux) ont été interrogés, après tirage au sort, sur la base d'un questionnaire anonyme et confidentiel de cent vingt questions. Près de 90 % des personnes ont répondu au questionnaire (panel de trois mille cinq cents personnes). En complément, soixante entretiens individuels ont permis d'affiner l'analyse. La phase quantitative s'est déroulée sur un mois et les entretiens sur trois semaines.

Les résultats de l'étude

Cette étude fait apparaître que les niveaux de stress, d'anxiété et de dépression dans les trois sites sont inférieurs aux données du panel de référence et des études internationales[2].

---

1. Plus exactement, un échantillon représentatif de l'ensemble de l'activité, c'est-à-dire Mulhouse pour la fabrication, Vélizy pour l'amont technico-industriel et Sochaux où les deux grandes activités sont représentées.
2. Les principales études internationales sont le rapport de l'Agence européenne pour la sécurité et la santé au travail (2000), la quatrième enquête sur les conditions de travail de la Fondation de Dublin (2007) et l'étude « European Neuropsychopharmacology & European Brain Council » d'octobre 2005.

Il en ressort des niveaux de stress différents : les femmes, en particulier, présentent un niveau plus élevé, de même que les salariés exerçant une activité liée à la fabrication, ou en horaire de doublage ou de nuit. Par ailleurs, on constate des écarts importants entre le stress perçu et le stress mesuré, notamment au sein des équipes Études et conception. Ces personnes ont les niveaux de stress mesurés (MSP25) les plus faibles, et pourtant ce sont elles qui ressentent le plus de stress professionnel (nous posons, au-delà de la mesure par MSP25, une question relative au stress ressenti : « D'après vous, votre niveau de stress professionnel est-il : très faible, faible, moyen, élevé, très élevé ? »).

Des facteurs prépondérants (notre méthodologie d'analyse des facteurs de stress permet de spécifier ceux qui ont le plus d'impact sur les niveaux de stress – arbres de régressions linéaires) de stress professionnel ont été identifiés. Ils sont variables selon des catégories telles que l'adaptation au changement, des procédures rigides, des tâches monotones et répétitives, de longues périodes de concentration, le traitement d'informations complexes, la nature de l'activité et le sentiment de non-reconnaissance.

Compte tenu de l'hétérogénéité des résultats (tant en termes de niveaux de stress que de facteurs opérants), il a été préconisé de procéder à des analyses complémentaires sur les catégories de population les plus à risque (ainsi que les moins affectées).

Les recommandations

Des recommandations ont été formulées sur deux axes, organisationnel et managérial.

Sur l'axe organisationnel :
• limiter la taille des équipes de fabrication à trente personnes (afin de favoriser un management qui soit opérationnel et proche des personnes) ;
• diminuer les tâches administratives à faible valeur ajoutée (afin de dégager du temps au management de proximité) ;
• décloisonner les services pour favoriser la circulation de l'information ;
• stabiliser les responsables hiérarchiques en limitant la mobilité (pour faire face au phénomène de changement permanent des responsables hiérarchiques) ;
• assurer une présence de la fonction RH, au plus près des personnes ;
• maintenir, si possible, les pauses repas dans les séances de travail pour favoriser les temps de récupération ;
• développer la polyvalence et les rotations aux postes des ouvriers ;
• associer les opérateurs aux actions d'amélioration de leur poste et des zones de travail. Il convient de renforcer cet élément, notamment concernant la participation des opérateurs dans l'élaboration et la mise en œuvre des standards de fabrication.

Sur l'axe managérial :
• identifier les aptitudes nécessaires à un management de proximité efficace. Sélectionner et former les managers aux dimensions sociales, relationnelles et humaines ;
• développer la reconnaissance (directe et indirecte) pour faire face à la démotivation ;

- créer des espaces et des actions de convivialité au sein de chaque équipe ;
- communiquer sur les axes stratégiques de l'entreprise.

Les restitutions se sont déroulées auprès de la haute direction et du comité de pilotage (les commanditaires), du comité de direction, du CHSCT et des organisations syndicales, de la presse, des salariés et de l'encadrement. La même présentation a été faite auprès de ces différents acteurs.

Point de vue critique et limites de ces modèles

Toute modélisation, par essence, réduit la réalité

Les modélisations opérées par la réduction d'une organisation du travail à quelques composantes censées expliquer son fonctionnement ont été à l'origine construites autour d'« entreprises » bien particulières… En effet, les questionnaires ont été presque exclusivement bâtis et validés pour des organisations publiques ou parapubliques, à dominante sociale ou parasociale…

Les entreprises dont nous parlons ici sont des organisations qui répondent à de tout autres logiques et qui sont configurées de manière totalement différente : ce sont des organisations largement ouvertes vers l'extérieur, transnationales, voire mondiales, habituées à la nécessité de changer, de se renouveler. Elles visent le profit et le « retour sur investissement » à court terme déjà, et à moyen et long termes, espérons-le. Leurs clients sont potentiellement « volatils » et ne sont en tout cas pas « captifs ». Elles rendent des comptes à leurs investisseurs, qui impriment leurs marques en termes d'attentes de retours financiers.

Les structures organisationnelles sont essentiellement matricielles, avec des missions individuelles amenées à évoluer rapidement et à se transformer au gré des contraintes du marché, et des liens fonctionnels qui prennent bien souvent le pas sur les aspects hiérarchiques. Dans ces organisations, les collaborateurs doivent « faire » leur poste, lui donner de la densité, aller au-delà, le « dépasser »… Le titre ou le statut ne sont en aucun cas gages de réalité !

Des questionnaires étalonnés sur une organisation idéale et « fantasmée »

Les modélisations ont été faites à partir d'organisations « idéales », qui n'ont pour ainsi dire jamais existé ! En effet, qui connaît autour de soi une organisation, une entreprise sans surcharge quantitative, avec de fortes reconnaissances, des relations constructives avec les supérieurs, des participations très étroites aux décisions, une circulation suffisante de l'information ?

D'une certaine manière, les modélisations ne prennent-elles pas en compte ce qu'est « l'acte de travailler » ? C'est-à-dire devoir se confronter intrinsèquement à ses propres imperfections, ses manques, ses frustrations, à celles des autres, de ses collègues, de ses hiérarchiques… mais aussi aux contraintes de l'entreprise elle-même ? Tout cela fait partie intégrante du travail en collectivité, et aucune théorie ne pourra l'éliminer… De plus, il suffirait de vouloir jouer sur une composante pour que, de manière systémique et dynamique, l'organisation retrouve autrement ses propres marques. Et heureusement du reste !

Les questionnaires se rapprochent des « enquêtes sociales »

Les questionnaires se bornent à mesurer le stress et le niveau de « douleur » par celui de l'anxiété, des dépressions, lors même que les risques sont déjà avérés. On s'attend à ce que les collaborateurs portent en eux les « stigmates » de leurs ressentis vis-à-vis de problématiques organisationnelles. On se met dans l'optique de relever de manière quantitative l'ensemble des effets délétères que l'organisation inflige à ses collaborateurs. Or, puisque l'on est dans le monde de l'entreprise, pourquoi ne pas plutôt faire état de « représentations négatives », du « sentiment de risque vis-à-vis de… », des « intentions de se comporter de telle ou telle manière » ?

La mesure du stress n'est pas très opérationnelle pour l'entreprise. En effet, il est impossible, à l'issue d'un audit quantitatif, de préciser les pistes d'amélioration concrètes pour l'entreprise. Les leviers restent vagues et génériques. Il est souvent essentiel de poursuivre par de nombreux entretiens semi-directifs auprès des collaborateurs, pour creuser plus avant les résultats.

Les recommandations possibles, compte tenu du format, sont en général « de bon sens » : elles tournent autour de la reconnaissance au travail, du soutien social, du respect au travail, de la conciliation du travail et de la vie personnelle, de la charge de travail, des participations aux décisions, de la clarté des rôles, etc.

Les résultats sont souvent génériques et relativement similaires d'un audit à l'autre : le management intermédiaire est dans une situation stressante, ainsi que les collaborateurs en contact direct avec le public, la population des femmes et des jeunes entrants est également une population « à risque »…

Il n'est donc plus question de risques puisque l'on est dans l'observation de « symptômes ». Les risques sont par nature en potentialité, non avérés. Ces audits ne sont donc pas utilisables pour détecter les risques humains en entreprise. De plus, ce n'est pas parce que l'on constate la présence de symptômes anxieux, dépressifs, à un moment, qu'ils sont prédictifs de la détérioration à court terme de certains indicateurs.

Il nous semble très important de préciser aussi à ce stade que, puisque ces audits ne s'interrogent pas en amont sur les grandes sources de tension subies par l'entreprise, ce n'est pas parce qu'il y aura régulation de la charge de travail, ou meilleure circulation de l'information, que le risque humain sera évité ! Loin de là : nos énergies auront été focalisées sur des actions « pansement » sans effets durables. Il est donc nécessaire, auparavant, d'accéder à une connaissance intime de l'entreprise dans sa complexité, pour pouvoir adopter une véritable posture d'anticipation des risques.

Leurs limites : ce sont des « outils » !

Michel Vézina résume, à sa manière, certains aspects des outils quantitatifs classiques : « *S'appuyant sur des modèles théoriques validés, tels que Karasek ou Siegrist, on réduit la complexité des situations de travail à certaines dimensions critiques, facilitant ainsi l'identification de cibles pour l'intervention, tant en termes de populations à risque que de variables liées à l'organisation du travail et aux pratiques de gestion. Cela favorise la mobilisation du milieu autour d'un langage commun pour identifier les problèmes et évaluer l'effet des interventions. Ces enquêtes peuvent entraîner des surenchères ou des excès, en termes de données à recueillir, ce qui peut, en plus de rendre difficile l'identification des priorités, exiger trop de temps et de ressources au détriment de l'intervention ! De plus, cela ne permet pas toujours de comprendre la dynamique qui a généré les éléments pathogènes qui vont ressortir ! Il est donc nécessaire de faire des analyses qualitatives pour comprendre les rationalités individuelles, collectives et organisationnelles à l'œuvre.* »

Le grand mérite de ces audits

Même si ces audits de stress organisationnel ne sont en aucun cas des diagnostics de risques humains (ni psychosociaux), et qu'ils sont beaucoup trop basiques pour saisir ce qu'est vraiment une entreprise dans sa complexité et ses enjeux – au sens où nous l'avons définie –, leur grand mérite est de permettre à des acteurs internes de se parler autour d'un thème de préoccupation commun… En effet, on observe – comme nous l'avons déjà évoqué – que les risques psychosociaux sont en général cantonnés à la médecine du travail ou au CHSCT, et qu'ils ne font pas naturellement l'objet d'un débat qui se veut pluridisciplinaire.

Ils sont également une bonne base d'enquête sur des sources de dysfonctionnements actuels : les directions peuvent alors « redresser la barre » sur certains points et prendre conscience qu'il existe des sources de malaise actuelles sur quelques thèmes.

Le WOCCQ, en cours d'amélioration, nous semble être un outil concret, puisqu'il explore des « situations de travail », et qu'il est tourné vers des actions collectives à mettre en place, à condition qu'un groupe de travail veille à se réunir pour rendre vraiment opérationnels les résultats (qui ne sont pas « lisibles » tels quels, en termes d'actions sur le terrain).

En s'engageant dans une telle démarche, il est à noter que les entreprises recherchent plus ou moins consciemment, ou, en tout cas, sans vraiment l'avouer, à se dédouaner d'une question : « Y a-t-il plus de stress chez nous que chez une autre entreprise d'un secteur comparable ? »

En effet, ces audits peuvent permettre de telles comparaisons, car ils ont été passés par des milliers d'organisations et d'entreprises. Eh bien, dans la quasi-totalité des résultats d'audit analysés, nous avons observé que la réponse était : « *Non, vous n'avez pas plus de stress… Mais attention, certaines populations sont en plus grande tension…* » Les entreprises sont donc en attente de cette réponse, qui les « rassurera » et validera le fait qu'elles ne sont pas « si mauvaises que cela » en termes de gestion de leurs risques psychosociaux.

D'autres approches plus qualitatives

Parmi les approches plus « qualitatives » développées pour appréhender les risques psychosociaux d'une entreprise, on peut citer le « modèle intégratif » développé par Michel Vézina et l'analyse des « tensions en présence » de l'ANACT.

Le « modèle intégratif » de Michel Vézina

Ce modèle fournit une vision et une compréhension d'ensemble du mécanisme d'apparition dans le temps des perturbations de la santé psychologique au travail[1]. Il identifie huit principaux facteurs de risques potentiels générateurs de tensions psychiques : le travail répétitif ou monotone, la communication déficiente, l'ambiguïté et le conflit de rôle, la surcharge de travail, le travail en relation d'aide, les horaires de travail alternants, le travail en situation de danger, l'exposition à des agresseurs physico-chimiques.

L'impact de ces facteurs sur la santé psychologique sera modulé par la présence ou l'absence de :

- facteurs organisationnels de protection : soutien social, autonomie décisionnelle (utilisation et développement d'habileté, pouvoir décisionnel sur le mode opératoire) ;
- facteurs personnels : événements stressants hors travail, état de santé de la personne, son répertoire de stratégies d'adaptation et sa personnalité.

Dans la lignée de Karasek, il nuance l'effet de ces facteurs en fonction du soutien social et de la latitude décisionnelle. Empruntant aux modèles transactionnels, il module aussi l'impact des facteurs stressants en fonction de facteurs personnels (facteurs du hors-travail, état de santé, personnalité et stratégies d'adaptation).

Il décrit trois étapes d'évolution des troubles possibles : réactions psycho-physiologiques, comportementales − pathologies réversibles − pathologies

---

1. Salher, B., *op. cit.*, p. 89.

irréversibles. Cette identification des phases sera décisive dans la prévention et l'action puisqu'elle orientera vers des perspectives, des leviers et stratégies distincts, et enfin vers des intervenants différents.

Il est à noter que seule la partie « information et communication » a trait au contexte de l'entreprise et à la vision de la direction.

L'analyse des « quatre familles de tension » de l'ANACT[1]

Pour l'ANACT, il existe quatre familles de tension dans toute organisation. Elles ont trait, d'une part, aux relations et comportements (relations entre personnes et entre collectifs ; comportement individuel/fonctionnement collectif), d'autre part aux contraintes du travail (prescription/latitude ; effort/récupération ; objectifs fixés/moyens alloués ; exigences de la tâche/compétences détenues ; pression reçue/pression transmise). Une troisième famille a trait aux conflits de valeurs et d'exigence entre l'entreprise et les salariés (exigences attendues/exigences personnelles ; travail/hors travail ; exigence du court terme/perspectives du parcours ; conformité/initiative ; prise de distance/engagement personnel ; contribution/rétribution). La quatrième a pour thème les changements dans le travail (avant et après le changement).

La grille d'analyse est intéressante dans la mesure où elle propose une approche globale, en posant d'emblée les risques psychosociaux au travail comme des tensions « mal régulées ». Ces tensions sont impossibles à supprimer puisqu'elles sont constitutives de l'activité de travail[2]. Le but est de chercher à mieux réguler, pour « préserver à la fois la santé des salariés et la performance ». Nous proposerons, quant à nous, dans la troisième partie, un modèle spécifique qui repose sur les contraintes stratégiques et organisationnelles de l'entreprise.

---

1. *Ibid.*, p. 117.
2. INRS, *op. cit.*, p. 26.

Le WOCCQ : méthode de diagnostic du stress professionnel

⟹ **Stéphanie Peters et Isabelle Hansez, Unité de Valorisation des Ressources Humaines (ValoRH) de l'Université de Liège (Belgique)**[1]

Le WOCCQ (*Working Conditions and Control Questionnaire*) est une méthode de diagnostic collectif du stress et des facteurs de stress professionnels. Elle a été mise au point par le Professeur Isabelle Hansez (Université de Liège) à la fin des années 1990, sous l'impulsion des services de la Politique Scientifique fédérale belge. À cette époque, la Belgique se dotait d'une législation sur la prévention des risques psychosociaux liés au travail, et du stress en particulier. Le soutien à la création d'outils de diagnostic comme le WOCCQ a permis d'anticiper la demande des entreprises en la matière, en réponse aux exigences légales qui leur étaient formulées.

Plusieurs spécificités de la méthode WOCCQ méritent d'être mises en évidence. Tout d'abord, le diagnostic réalisé permet de distinguer le niveau de risque (stress), d'une part, et des facteurs de risque (conditions de travail), d'autre part, et de les mettre en relation. Ensuite, les qualités psychométriques des questionnaires ont été démontrées (validité et fiabilité des échelles). Enfin, cet outil est ouvertement tourné vers l'intervention dans la mesure où il permet d'identifier des groupes de salariés davantage exposés au risque stress, puis de hiérarchiser et de détailler ces résultats de façon à préparer la mise en place d'interventions efficaces et ciblées.

Détail de la méthode

La méthode de diagnostic se compose de trois questionnaires de base. Un premier questionnaire (quatre-vingts items) identifie les facteurs de risque en termes de perception de contrôle sur son environnement de travail. Six dimensions de l'environnement de travail sont envisagées :

• Les ressources nécessaires : une personne qui ne dispose pas des ressources cognitives, informationnelles ou relationnelles nécessaires à l'accomplissement de la tâche n'a pas le contrôle total sur cette tâche. Elle doit en effet se référer à d'autres personnes ou supports éducatifs pour l'aider.

---

1. Université de Liège, Unité de Valorisation des Ressources Humaines (Prof. I. Hansez)
   Hansez, I., « La validation du WOCCQ : Vers un modèle structural du stress et du contrôle de l'activité de travail », thèse de doctorat en psychologie non publiée, Université de Liège, Liège, 2001.
   Peters, S., Faulx, D., Hansez, I., « Le rôle des objets frontières dans le découpage temporel et social d'une innovation de service. Étude de cas d'un transfert de technologie depuis un laboratoire universitaire de sciences sociales », À paraître dans la *Revue d'Anthropologie des Connaissances*.
   Hansez, I., Bertrand, F., Barbier, M., « Évaluation des pratiques d'intervention relatives au bien-être au travail : étude au sein d'entreprises belges », *Le Travail Humain*, 72(2), 127-153, 2009.

- La gestion de la tâche (par exemple, les conflits interpersonnels, les conflits de rôle, etc.) : dans la mesure où la personne n'est pas satisfaite du rôle qu'elle doit jouer au sein d'une organisation, qu'elle ne sait pas exactement quelles tâches lui incombent, elle n'aura pas le contrôle de la situation.
- Les risques personnels ou pour autrui (par exemple, les responsabilités diverses envers d'autres personnes) : il s'agit d'un côté de toutes les conditions ou ambiances de travail que la personne bien souvent ne peut contrôler dans la mesure où ce sont des caractéristiques inhérentes à la composition de la tâche. De l'autre côté, les responsabilités pour autrui sont parfois incontrôlables.
- La planification du travail : le salarié ne maîtrise pas toujours la répartition de la charge de travail (par exemple, production selon la demande, les horaires de travail, la planification des congés ou des pauses, etc.).
- La gestion du temps (par exemple, les échéances à court terme à respecter, les cadences de travail imposées, la vitesse de travail dépendant du travail d'autrui) : dans ce cas, un salarié peut ne pas contrôler la qualité de son travail dans la mesure où il est soumis à certaines pressions temporelles.
- L'avenir : la dernière dimension concerne le contrôle sur l'avenir du salarié en termes de perspective d'évolution ou de stabilité de l'emploi.

Un second questionnaire (dix-neuf items) permet de déterminer le niveau risque en termes de niveau de stress et de stimulation au travail.

Chacune des six dimensions de l'environnement de travail permet d'expliquer un niveau de stress plus élevé et/ou un niveau de stimulation plus faible. Par exemple, le niveau de stimulation plus faible détecté chez les salariés de plus de 45 ans d'une entreprise X pourra être expliqué par leur mauvaise perception des ressources disponibles et de l'avenir.

Ces deux questionnaires sont standardisés afin de faciliter l'interprétation des résultats : des normes ont été créées à partir d'une base de données de cinquante mille personnes. Ainsi, le score obtenu permet de déterminer si un groupe de salariés présente un niveau de stress et/ou de stimulation et/ou de contrôle sur les six dimensions de l'environnement de travail faible, moyen ou élevé.

Enfin, un troisième questionnaire est ajouté. Il s'agit d'une question ouverte (Relevé des situations problèmes) qui permet aux salariés de citer trois situations problématiques sources de stress dans leur travail.

D'autres échelles peuvent être ajoutées en fonction des besoins des entreprises (par exemple, burnout, indicateurs de santé, perception des changements, etc.).

Mise à disposition de l'outil

Une large diffusion de l'outil est assurée auprès des professionnels de la santé au travail (psychologues, ergonomes, médecins du travail, conseillers santé et sécurité) par l'Unité de Valorisation des Ressources Humaines de l'Université de Liège. Il s'agit là d'une politique innovante en matière de valorisation des recherches en sciences humaines. Trois modules de formations à distance portent sur la sensibilisation au stress, l'utilisation de l'outil WOCCQ et le traitement des données grâce au logiciel WOCCQTool, et l'intervention post-diagnostic. Plus de cent cinquante personnes sont déjà formées (psychologues et médecins du travail, DRH, conseillers en prévention, conseillers SSE, consultants, etc.). Indépendamment de ces formations, une licence d'utilisation peut être obtenue afin d'utiliser l'outil. Un manuel expliquant comment analyser les résultats est fourni à tout licencié. À ce jour, le réseau de licenciés compte plus de deux cent cinquante personnes (psychologues et médecins du travail, DRH, conseillers en prévention, conseillers SSE, consultants, etc.) qui opèrent dans des entreprises de secteurs très divers, tant en Belgique qu'en France.

Les perspectives pour l'avenir

À l'heure actuelle, les techniques de diagnostic sont relativement bien maîtrisées. Aussi, plusieurs questions légitimes se posent : dans quelle mesure les entreprises réalisent-elles un diagnostic du stress ? Ces diagnostics sont-ils suivis d'actions ? Quels facteurs facilitent ou gênent la mise en place d'actions suite au diagnostic ?

Une enquête réalisée en Belgique a permis d'apporter des éléments de réponse à ces questions. Tout d'abord, les résultats soulignent le passage difficile du diagnostic à l'intervention. Ainsi, sur les deux cent dix entreprises répondantes, trente-huit avaient réalisé un diagnostic de stress et, parmi celles-ci, seules vingt l'ont inscrit dans une démarche d'intervention. On notera cependant que si toutes les entreprises ne dépassent pas le stade du diagnostic, celles qui se lancent dans un plan d'action privilégient des actions centrées sur l'organisation du travail afin de garantir des résultats plus efficaces et durables. Des difficultés pratiques et méthodologiques liées à l'évaluation de l'efficacité de ces interventions sont également mentionnées. En effet, dix entreprises sur les vingt ayant mis en place des actions suite au diagnostic déclarent avoir remarqué une amélioration de la situation, tandis que huit déclarent ne pas savoir si une amélioration est observable. En effet, il est particulièrement difficile d'établir une relation de causalité entre une intervention et son effet. Des méthodologies d'évaluation existent, comme la constitution de groupes de contrôle et expérimentaux, la comparaison de mesures en pré et post-test ; mais elles sont difficilement envisageables dans la réalité des entreprises.

Ces constats mitigés sont porteurs de défis pour les projets futurs. Ils soulignent plus que jamais l'importance de concevoir le diagnostic comme une phase, certes très importante, d'un processus beaucoup plus global de gestion de projet qui allie sensibilisation, diagnostic, intervention et évaluation. L'étude réalisée en Belgique met en évidence deux facteurs qui favorisent le passage du diagnostic à l'intervention. Il s'agit tout d'abord de s'assurer d'une bonne communication autour du projet et de la participation d'acteurs clés : prise en compte du point de vue des travailleurs, soutien et implication de la direction, implication de la ligne hiérarchique. Le second facteur favorable est lié au choix de la méthodologie de diagnostic : constitution d'un comité de pilotage, planification claire de la démarche dans le temps, résultats permettant de définir les actions à mettre en place. Deux autres facteurs peuvent quant à eux peser négativement sur le passage à l'intervention. Les aspects temporels et financiers ne sont pas négligeables : temps trop long entre le diagnostic et les interventions, coût élevé du diagnostic et des interventions. Le contexte de l'entreprise peut également jouer : changements au niveau de la direction, annonce de changements dans l'entreprise, fusions/restructurations, changements de priorité par rapport à la gestion des risques.

Ainsi, si l'obligation de résultats ne peut jamais être assurée en matière de prévention du stress, il est toutefois possible de mettre tous les moyens de son côté, notamment en privilégiant une démarche participative et des méthodes de diagnostic fiables et éprouvées. Dans ces conditions, il devient possible de mesurer l'efficacité du processus, à défaut de pouvoir mesurer aisément le résultat.

Pour plus de renseignements, un site Internet (www.woccq.be) très complet permet d'obtenir de plus amples informations sur le WOCCQ : questionnaires téléchargeables, formations, obtention d'une licence d'utilisation, etc. L'adresse du site de formation à distance est la suivante : http://campus-woccq.ulg.ac.be.

Voici quelques exemples d'items :

Questionnaire sur la perception des conditions de travail	Jamais ou rarement	De temps en temps	Régulièrement	Presque toujours ou toujours
Je participe aux prises de décisions qui concernent directement mes tâches.	1	2	3	4
Je sais exactement ce que mes collègues attendent de moi dans le travail.	1	2	3	4
Je dois travailler vraiment très intensément et sans relâche.	1	2	3	4
Je peux déterminer moi-même quand une opération doit être exécutée.	1	2	3	4
Je travaille à un niveau qui ne correspond pas à mon niveau de compétences.	1	2	3	4
Je sais distinguer clairement ce qui est de ma responsabilité et ce qui ne l'est pas.	1	2	3	4

Questionnaire sur la perception des conditions de travail	Jamais ou rarement	De temps en temps	Régulièrement	Presque toujours ou toujours
Toute erreur dans mon travail peut mettre la vie des autres en danger.	1	2	3	4
Je dois mettre en œuvre un degré de savoir-faire qui dépasse mes qualifications.	1	2	3	4
Je suis tiraillé(e) entre des personnes ayant des attentes différentes par rapport à mon travail.	1	2	3	4
S'il y a un incident, je parviens à réorganiser le travail de manière satisfaisante.	1	2	3	4
Je manque de consignes claires sur la manière de travailler.	1	2	3	4
Ma surcharge de travail m'empêche de faire un travail de qualité.	1	2	3	4
J'ai l'impression que le travail ne cesse de se dégrader, à tout point de vue.	1	2	3	4

Questionnaire sur le stress et la stimulation	Jamais ou rarement	De temps en temps	Régulièrement	Presque toujours ou toujours
Dès que je suis au travail, mon attention est décuplée.	1	2	3	4
Je me sens démoralisé(e) par mon travail.	1	2	3	4
Je travaille dans la précipitation.	1	2	3	4
Mon travail me permet de me surpasser.	1	2	3	4
Je me sens stimulé(e) par mon travail.	1	2	3	4
Je suis facilement irritable au travail.	1	2	3	4
Quand je travaille, j'oublie la fatigue.	1	2	3	4
Mon travail m'épuise moralement.	1	2	3	4

Les observatoires du stress

Autre outil intéressant, les « observatoires du stress », qui ont pour vocation de repérer les sources de tension existantes. Ils permettent de surveiller les phénomènes, de mettre en œuvre des actions de prévention et d'en évaluer les résultats.

Les observatoires du stress permettent de générer et d'assurer un suivi des indicateurs destinés aux principaux acteurs concernés (direction, CHSCT et partenaires sociaux). Utilisés dans le cadre de la médecine du travail, ils visent à favoriser le dépistage de cas de souffrance psychologique (dépression, anxiété élevée, situations de harcèlement moral, etc.). Ils aboutissent à l'élaboration de tableaux de bord, qui permettent à l'entreprise de disposer d'une évaluation du niveau de stress et de son évolution, d'identifier les populations exposées et les facteurs à l'origine du stress constaté.

Les observatoires du stress se multiplient en entreprise. Ils offrent cependant des réponses souvent très standardisées, qui ne permettent ni de poser un diagnostic précis et concret, ni de prendre des mesures permettant de diminuer les sources de stress et de tension.

Ces observatoires reposent essentiellement sur des questionnaires que font passer les médecins du travail pendant la visite médicale. Ces questionnaires, souvent étalonnés au niveau mondial, ne sont pas, pour la plupart, adaptés ou suffisamment adaptés à la culture, l'organisation et la stratégie de chaque entreprise.

Enfin et très souvent, la direction participe assez peu à la démarche : les résultats restent dans le domaine de la DRH ou de la médecine du travail. Or, les sources de stress ne sont plus à chercher dans la capacité individuelle d'engagement des salariés : il faut trouver d'autres leviers, comme la stratégie, l'organisation, voire la culture de l'entreprise.

Au total, trois précautions majeures sont à prendre. D'abord, il faut se poser les « bonnes questions » : ne pas seulement se demander si les salariés sont stressés ou pas, mais chercher à comprendre pourquoi ils le sont et s'attaquer à la recherche des sources profondes du stress. Ensuite, il convient de s'interroger sur l'approche individuelle ou collective. Enfin, il est important de savoir lire entre les chiffres… un faible taux de stress pouvant révéler une crainte des salariés à exprimer leur mal-être. La seule garantie que les audits et observatoires de stress portent leurs fruits est que les salariés s'expriment librement lors d'entretiens individuels ou de groupe, et que les modifications proposées soient suivies au plus haut niveau, au risque de susciter auprès du personnel des espoirs ensuite déçus.

Faire un diagnostic des sources de tension possibles pour détecter les risques

Il n'y a pas une méthodologie unique à adopter. Elle dépend, entre autres, du souhait politique de l'entreprise : veut-elle montrer que la démarche concerne réellement tout le monde ? Dans ce cas, un audit en ligne peut s'avérer indispensable. Un diagnostic terrain auprès d'un échantillon de la population suffit-il ?

Des techniques mixtes peuvent être utilisées en complémentarité, donnant de très intéressants résultats : dans ce cas, nous conseillons de commencer par la phase terrain, qui permet de mettre au jour les risques, puis de continuer par l'audit en ligne composé de questions sur mesure, issues du premier travail et non standardisées.

Approcher en profondeur les risques psychosociaux

Certaines pratiques nous paraissent particulièrement intéressantes.

Des entreprises mènent des entretiens semi-directifs, sur le terrain auprès d'un échantillon représentatif de la population (tiré au sort selon des critères précis de sexe, âge, ancienneté, métier, etc.). Ces entretiens visent à faire un tour exhaustif de leurs situations de travail et à comprendre, au-delà des cas individuels, ce qui peut faire écho au sein des collectifs de travail. L'objet est de rechercher les plus petits communs dénominateurs en termes de tension, partagés par des populations exposées aux mêmes conditions de travail.

Nous détaillons à la fin de ce chapitre quelques questions – non exhaustives – qu'il est pertinent de poser, lors de ces entretiens. Bien évidemment, c'est au contact du terrain que d'autres risques, non identifiés préalablement, vont surgir, et devront être recensés. Ces entretiens permettent d'avoir une bonne appréciation des risques hiérarchisés et pondérés.

Ces entreprises-là franchissent bien souvent une seconde étape, pour montrer qu'elles se préoccupent de l'ensemble des collaborateurs : un audit en ligne, sur mesure, est alors proposé. Les questions sont issues majoritairement de la phase terrain et des grandes zones de risque identifié. Cette seconde phase, plus quantitative, permet de confirmer des tendances et de préciser certains points, d'en infirmer d'autres, etc.

Il est à noter que, comme pour tout outil, des « biais » sont nécessairement induits : ainsi, dans le cas des entretiens, l'observateur introduit dans le milieu observé modifie les réactions de ce milieu. D'où l'importance de l'expérience et de la nécessaire rigueur de l'observateur.

D'autres sociétés ont décidé, même si, en théorie, elles n'ont désormais plus le choix, que chaque réorganisation, changement important, devait faire l'objet d'une étude d'impact humain, en amont, avant d'être entérinée. Il s'agit là d'évaluer à l'avance les dommages collatéraux éventuels en termes humains. Le projet pourra le cas échéant être modifié, modulé, en termes de communication, d'accompagnement du changement, de délais, de moyens mis en œuvre, etc. Cette évaluation doit également être faite en fonction de la gravité du projet : fusion, restructuration, etc., et pas seulement selon la nature du projet.

Ces entreprises ont fait le rapprochement entre usure psychique prématurée des collaborateurs, suite à des changements incessants non maîtrisés, et impacts négatifs à court et moyen terme sur la mise en œuvre opérationnelle de la stratégie.

D'autres encore, souvent situées à l'étranger, font siéger au sein de leur Comité exécutif (Comex) un « Monsieur risques psychosociaux », qui assiste à tous les débats et prend part aux décisions importantes. Son regard, essentiel, fait le lien en continu entre stratégie et risques psychosociaux ; il est le garant de leur alignement.

La norme québécoise « Entreprise en santé », qui doit être prochainement adaptée à la culture française, est un exemple intéressant d'intégration systémique des risques psychosociaux. Elle sera présentée plus avant au sein du chapitre 8.

En pratique

Prenons l'exemple de questions non exhaustives à poser lors des entretiens de terrain semi-directifs :

1) Nom, prénom du collaborateur rencontré, site, emploi, statut, âge, ancienneté et sexe.

2) Votre parcours professionnel : quel est votre parcours (très synthétique ; comprendre l'articulation et les évolutions ; voir si le collaborateur a des références diverses) ?

3) Votre travail

   a) Contenu du travail
   - Quel est votre travail exactement (description) ?
   - Depuis combien de temps occupez-vous ce poste ?

   b) Clarté des missions et des objectifs
   - Le contenu de vos missions est-il clair ?
   - Avez-vous des objectifs précis ?
   - Si oui, lesquels ?
   - Ces objectifs sont-ils clairs ?
   - Y a-t-il des procédures ? Sont-elles claires ?
   - Qui en fixe le contour ?
   - Pensez-vous que vos objectifs sont atteignables ?
   - Avez-vous un plan de charge important ?
   - Y a-t-il des problèmes de hiérarchisation des tâches à mener ?
   - Avez-vous une marge de manœuvre (autonomie) suffisante pour faire votre travail ?
   - Concrètement, comment cela se fait ?
   - Y a-t-il des aménagements possibles de la charge de travail ?
   - Envoyez-vous des e-mails le soir ? Travaillez-vous le soir chez vous ?
   - Avez-vous les moyens de bien faire votre travail ?
   - Travaillez-vous dans des « Groupes Projet » ? Avez-vous l'habitude de travailler en « transversal » ? Qui est votre référent ?
   - Votre travail a-t-il été modifié par les nouvelles technologies ?
   - Avez-vous connu des difficultés éventuelles ? Avez-vous été accompagné en termes de formation ?
   - Parler l'anglais ne vous pose pas de problème ?
   - (Si manager) Que signifie être manager chez X ? Est-ce une position reconnue ?
   - (Si manager) Que demandez-vous à vos collaborateurs ? Comment le formalisez-vous ?

4) Les relations au travail
   - Avec qui avez-vous des relations de travail (interne et externe) ?
   - Avec qui travaillez-vous régulièrement ?

a) Avec vos collègues
- Cela se passe-t-il bien ?
- Avez-vous du soutien de la part de vos collègues ? De qui (votre équipe, d'autres équipes) ? Cela vous aide-t-il dans votre travail ? Cela compte-t-il pour vous ?
- Quels sont les éventuels points de tension ?
- Comment sont-ils régulés ?
- Vivez-vous des moments de convivialité ? Lesquels ? Si oui, à quelle fréquence ?

b) Avec votre hiérarchie

N +1
- Comment qualifieriez-vous le mode de management ? Avez-vous de bons rapports ?
- De quelles manières vous donne-t-il les consignes ?
- Pouvez-vous les discuter ?
- En quoi le mode de management pourrait-il éventuellement être amélioré ?
- Votre manager est-il une ressource/source de stress ? Ou pouvez-vous compter sur votre manager en cas de difficultés dans votre travail ?
- Vous apporte-t-il son soutien ?
- Comment ?
- Qu'est-ce qui pourrait être amélioré à cet égard ?

N +2
- Voyez-vous physiquement votre N +2 ?

c) Au global, avec votre hiérarchie
- Vivez-vous des moments de convivialité ?
- Si oui, à quelle fréquence ?
- Que proposeriez-vous ?
- Pensez-vous que l'on fait attention aux collaborateurs ?
- Est-ce que l'on vous parle bien ?
- Avec les fournisseurs, prestataires, clients ?

5) L'organisation de l'entreprise

a) Connaissance de l'entreprise/organisation
- Est-elle claire pour vous ?
- Savez-vous bien qui fait quoi ?
- Pensez-vous que l'organigramme est clair ?
- Avez-vous déjà vu le président (photo, vidéo, en vrai) ? D'autres « patrons » ?
- Est-ce important ou pas de mettre un visage sur des noms ?

b) Réunions d'équipe
- Y a-t-il des réunions ? Avec qui ? Fréquence ? Objet ?
- Quel est votre sentiment ? Quelles améliorations sont possibles ?
- Qu'aimeriez-vous savoir en plus ? De différent ?

- Quels sont les autres outils de communication ? :
- Quelles améliorations sont possibles ?

6) Informations – Communication

a) Sur l'entreprise
- Avez-vous des réunions d'informations (descendante et/ou interactive) ?
- Quels messages « d'en haut » recevez-vous ?
- Qui vous informe le mieux ?
- Quels messages « d'en bas » avez-vous l'occasion de remonter ? Pensez-vous qu'ils cheminent bien vers le haut ?
- À quoi vous en rendez-vous compte ?
- Les problèmes terrain remontent-ils d'après vous ?
- La communication est-elle claire ?

7) Conditions « ergonomiques » de travail
- Quel est votre sentiment sur vos conditions de travail (bureau, éclairage, etc.) ?
- Qu'est-ce qui est pénible dans votre travail ?
- Quelles améliorations (techniques, humaines, etc.) seraient nécessaires ?
  Temps de trajet pour lui
  Temps de trajet pour les autres

8) Évaluation de votre travail et reconnaissance

a) Entretien annuel
- Avez-vous un entretien annuel ?
- Est-ce un exercice obligé ou un véritable moment de rencontre ?
- Aspects positifs et négatifs :

b) Reconnaissance financière : comment vous sentez-vous reconnu financièrement ?

c) Reconnaissance symbolique
- Et symboliquement ?
- Comment ?
- Qu'est-ce qui est bien aujourd'hui (exemples) ?
- Qu'est-ce qui pourrait être amélioré ou mis en place ?

d) Autres
- Pensez-vous que les salariés de l'entreprise sont traités de manière équitable ?
- Qu'est-ce qui vous paraît être le plus important pour vous sentir motivé ?
- Que pourriez-vous faire vous-même ?
- Citez (spontanément) l'événement au travail le plus agréable pour vous au cours de ces derniers mois ?
- Et le plus désagréable ?

e) Motivation intrinsèque
- Vous sentez-vous en ce moment motivé ?
- Traversez-vous un « creux » ? Si oui, pourquoi ? Et qu'est-ce qui pourrait vous aider à dépasser cela ?

- Quelles seraient pour vous les conditions de l'engagement ?
- Si nécessaire : vous sentez-vous dans un climat de confiance (ou pas) ?

9) Équilibre de vie
- Êtes-vous satisfait actuellement de l'équilibre de vos activités ?
- Que pourriez-vous faire le cas échéant pour l'améliorer ?
- Pensez-vous que vos horaires de travail sont corrects ?
- Vous sentez-vous éloigné de votre domicile ?
- Pensez-vous que les emplois évoluent dans les grandes villes ?

10) Accompagnement des changements
- Quels sont les derniers changements importants ?
- Ont-ils été bien expliqués ? Bien accompagnés ?
- Que diriez-vous sur la manière de mener les changements ?
- Quelles sont les améliorations possibles ?

10 bis) La place des femmes dans l'entreprise[1]

11) L'évolution de votre travail et de votre parcours
- Êtes-vous satisfait de votre évolution de carrière jusqu'à présent ?
- Si oui, qu'est-ce qui vous a permis d'évoluer ?
- Que pensez-vous de vos perspectives d'évolution ?
- Que pourriez-vous faire (le cas échéant) ?
- Bénéficiez-vous de programmes de formation dans le cadre de votre travail ?
- Si oui, sont-ils suffisants d'après vous ?
- Quels seraient vos besoins et vos suggestions sur cet aspect ?

12) L'évolution de l'entreprise
- Est-ce une source d'inquiétude ?
- Si oui, en quoi ?
- Êtes-vous (plutôt) serein par rapport à l'avenir de la société ?
- Si oui ou non, pourquoi ?
- Êtes-vous (plutôt) serein par rapport à votre avenir dans la société ?
- Si oui ou non, pourquoi ?
- (Si non-manager) Qu'aimeriez-vous mieux comprendre ?
- (Si manager) Quelle visibilité avez-vous sur les nouvelles orientations stratégiques ?

13) Avez-vous l'occasion d'observer des situations de tension autour de vous ?
- Si oui, lesquelles (en restant anonyme, mais faire préciser les positions des personnes concernées : manager/non-manager/sexe, âge et ancienneté) ?
- Ces situations sont-elles fréquentes ?
- Leur fréquence a-t-elle augmenté récemment ?
- Comment concrètement auraient-elles pu être évitées ?
- Observez-vous des services où cela se passe mal, sur le plan humain ?

---

1. C'est un autre thème que l'on peut aborder, mais non détaillé ici.

- Si cela se passe mal, vers qui vous tourneriez-vous ?
- Les représentants du personnel sont-ils une aide ?
- (Si non-manager) Les chefs d'équipe sont-ils un appui pour les collaborateurs ?
- (Si manager) Quels sont vos appuis ?

14) Intégration des nouveaux collaborateurs
- Cela se passe-t-il bien concrètement ?
- Viennent-ils de l'extérieur ? De l'intérieur ?
- Quel est leur programme d'intégration quand ils viennent de l'extérieur ?
- Et quand ils viennent de l'interne ?
- Qu'auriez-vous à dire sur l'intégration des jeunes ?
- Et sur l'intégration des seniors ?
- Et celle des « moins » (moindres) potentiels ?

15) Points positifs/Ressources
- Quelles sont les bonnes pratiques internes ?
- Quelles sont les meilleures pratiques de lutte contre le stress : stratégies d'ajustement ? Ressources ? Entraide ?

16) Êtes-vous attaché à X ou à ses marques ?
- Qu'est-ce qui fait que vous l'êtes ou pas ?
- Existe-t-il une fierté d'appartenance ou pas (marques, entreprise) ?
- Pensez-vous faire partie d'une grande famille ?
- Avez-vous le sentiment de contribuer activement à la réussite de l'entreprise ?
- Avez-vous le sentiment d'être utile à l'entreprise ?
- Votre activité a-t-elle du sens ?
- Vous sentez-vous, ou pas, un ambassadeur (des marques) de X ?
- Êtes-vous en accord avec la valeur plaisir que portent les marques et l'entreprise ?

17) Que diriez-vous de l'ambiance au travail sous l'angle des conditions de travail au sens pratique ?
- Qu'est-ce qui est bien aujourd'hui ?
- Qu'est-ce qui pourrait être amélioré du point de vue des conditions qui faciliteraient concrètement la vie au travail (cadre, activités culturelles, services, bien-être dans son ensemble) ?

18) Et pour résumer
- Pensez-vous que nous avons fait le tour de la question ou souhaitez-vous aborder un nouveau thème ?
- Si vous deviez résumer cet entretien, quels seraient les points clés du message que vous voudriez faire passer ?
- Qu'est-ce qui est bien fait aujourd'hui dans votre entreprise ?
- Qu'est-ce qui mérite d'être amélioré ?
- Quelles sont vos idées ?
- Et les sources de stress les plus importantes ?

S'en tenir aux « sources de stress » repérées scientifiquement par les questionnaires standardisés

Un mouvement important, nous l'avons mentionné dans le chapitre précédent, consiste à repérer les risques psychosociaux – en l'occurrence plus spécifiquement le stress – à travers des questionnaires bien connus, étalonnés depuis longtemps, et validés scientifiquement.

Or, nous avons vu que, même s'ils ont le mérite de tenter de cerner des phénomènes de tension dans l'entreprise, ils sont loin de vouloir embrasser la question des tensions autres que purement psychologiques, pesant sur les collaborateurs.

Ces questionnaires manquent ainsi leur objet par rapport à un univers d'entreprise vivant, mouvant, polymorphe, très complexe, et rentrant rarement dans des cases préexistantes. Leur grand mérite est cependant de permettre à une première discussion de s'installer sur le sujet. Il sera de toute façon nécessaire par la suite d'effectuer nombre d'entretiens semi-directifs sur le terrain afin d'être en mesure de réellement préciser et qualifier certaines sources de tension, qui peuvent rester « génériques » au stade du questionnaire ; et également d'avoir des idées plus précises sur le plan d'action à mettre en œuvre.

Repérer les risques psychosociaux en « groupe »

Certaines entreprises organisent des « tables rondes » de collaborateurs censés représenter les diverses populations de l'entreprise, ou bien effectuent leur repérage au sein même du groupe de travail, par interactions entre les participants.

C'est ignorer les règles de base de toute dynamique de groupe : un leader implicite ou explicite prend l'ascendant lors du repérage ; de plus, chacun se sent plus ou moins tenu par sa position d'acteur dans l'entreprise et donc par les postures qui y sont attachées en matière de risques psychosociaux. Un pseudo-consensus rapide ou au contraire de forts clivages peuvent se mettre en place de manière automatique, empêchant une réflexion approfondie sur les sources de tension intrinsèques de l'entreprise.

Le repérage devient donc la résultante d'un compromis mal taillé, entre des représentations d'acteurs sociaux soucieux de conserver leur posture. Le diagnostic ne permet pas de faire un point objectif sur ces risques.

Notons qu'il existe entre toutes ces possibilités des situations intermédiaires. Ainsi, nous avons pu observer des entreprises qui se situent vraisemblablement entre l'étape 1 et 2, et qui font repérer les risques par le corps social lui-même. Concrètement, des collaborateurs volontaires, managers, non-managers, membres du CHSCT, etc., sont formés à l'écoute et chargés d'une part d'écouter toute personne désireuse de se confier sur ses problématiques personnelles et professionnelles et, d'autre part, de repérer de manière proactive des sources de tension existantes au sein des collectifs.

Vous trouverez dans le chapitre 4 un exemple de trame de questions utilisée pour une entreprise précise, et bâtie après la phase de prédiagnostic. Voici à présent une première approche de la méthode que vous allez sélectionner…

Exemple de questionnaire standardisé

S1 – Je suis constamment pressé(e) par le temps à cause d'une forte charge de travail.	pas d'accord d'accord	__ __	1	2	3	4
S2 – Je suis fréquemment interrompu(e) et dérangé(e) dans mon travail.	pas d'accord d'accord	__ __	1	2	3	4
S3 – J'ai beaucoup de responsabilités à mon travail.	pas d'accord d'accord	__ __	1	2	3	4
S4 – Je suis souvent contraint(e) de faire des heures supplémentaires.	pas d'accord d'accord	__ __	1	2	3	4
S5 – Mon travail exige des efforts physiques.	pas d'accord d'accord	__ __	1	2	3	4
S6 – Au cours des dernières années, mon travail est devenu plus exigeant.	pas d'accord d'accord	__ __	1	2	3	4
S7 – Je reçois le respect que je mérite de mes supérieurs.	pas d'accord d'accord	__ __	1	2	3	4
S8 – Je reçois le respect que je mérite de mes collègues.	pas d'accord d'accord	__ __	1	2	3	4
S9 – Au travail, je bénéficie d'un soutien satisfaisant dans les situations difficiles.	pas d'accord d'accord	__ __	1	2	3	4
S10 – On me traite injustement à mon travail.	pas d'accord d'accord	__ __	1	2	3	4
S11 – Je suis en train de vivre une période ou je m'attends à vivre un changement indésirable dans ma situation de travail.	pas d'accord d'accord	__ __	1	2	3	4
S12 – Mes perspectives de promotion sont faibles.	pas d'accord d'accord	__ __	1	2	3	4
S13 – Ma sécurité d'emploi est menacée.	pas d'accord d'accord	__ __	1	2	3	4

S14 – Ma position professionnelle actuelle correspond bien à ma formation.	pas d'accord d'accord	__ __	1	2	3	4
S15 – Vu tous mes efforts, je reçois le respect et l'estime que je mérite à mon travail.	pas d'accord d'accord	__ __	1	2	3	4
S16 – Vu tous mes efforts, mes perspectives de promotion sont satisfaisantes.	pas d'accord d'accord	__ __	1	2	3	4
S17 – Vu tous mes efforts, mon salaire est satisfaisant.	pas d'accord d'accord	__ __	1	2	3	4

La qualité de vie au travail : un bilan des risques psychosociaux pour la prévention des problèmes de santé mentale au travail

➠ **Gilles Dupuis, professeur titulaire au département Psychologie de l'UQAM[1]**

Introduction

Les risques psychosociaux réfèrent aux aspects de l'organisation du travail et de la gestion, ainsi qu'au contexte social et environnemental, qui sont susceptibles de nuire sur le plan social, psychologique et physique (Cox, Griffiths et Rial-Gonzales, 2000, p. 61). Ces risques, s'ils ne sont pas pris en compte adéquatement, ont des conséquences telles que : problèmes de santé mentale (épuisement professionnel, détresse psychologique, dépression, suicide, etc.), stress au travail (déséquilibre entre les capacités de l'individu et les exigences de son environnement de travail (Aldwin, 1994 ; Lazarus & Folkman, 1984), violence, harcèlement psychologique, perte de productivité générale, absentéisme, présentéisme, faible rétention du personnel (turnover), détérioration de la qualité de vie globale des employés (déséquilibre travail/vie personnelle, entre autres), etc. Il faut donc avoir une attitude préventive tant par l'identification de ces facteurs que par des actions concrètes qui peuvent en réduire les effets négatifs (Dupuis *et al.*, 2009).

Les mesures de stress au travail et de santé mentale au travail sont souvent utilisées comme indicateurs de la présence de risques psychosociaux dans l'environnement. Nous les considérons plutôt comme des conséquences d'une mauvaise gestion des risques psychosociaux tels que définis ci-dessus. De plus, ces mesures de santé mentale ne sont malheureusement pas utilisées de façon préventive et ne sont pas nécessairement mises en relation avec des indicateurs organisationnels de risques psychosociaux. Un passage du rapport sur la détermination, la mesure et le suivi des risques psychosociaux au travail (Nasse et Légeron, 2008) appuie cette constatation : « *Les chercheurs, dans diverses disciplines, ont, en effet, développé de nombreux outils pour tenter de mesurer le stress ou, plus exactement, certains aspects ou dimensions du stress au travail. Très souvent, ils ont cherché à construire des outils au service d'un modèle particulier, sans rechercher une vision complète et globale de la problématique du stress au travail. Il en résulte que la plupart des questionnaires existants sont d'excellents outils de recherche, mais souvent de faibles indicateurs globaux de stress* » (p. 13). « *Au surplus, il n'existe pas "d'indicateur global" observant simultanément et l'état de santé mental des personnes concernées, et celui de leurs conditions sociales de travail* » (p. 25).

---

1. Université de Québec à Montréal.

L'objectif de la présente démarche est donc de fournir un exemple de mise en lien d'une mesure des risques psychosociaux *via* la qualité de vie au travail (QVT) fournissant un bilan des risques psychosociaux organisationnels, avec des mesures d'épuisement professionnel et de détresse psychologique.

Outils

L'inventaire systémique de qualité de vie au travail (ISQVT©) repose sur la définition suivante : « *La qualité de vie au travail, à un temps donné, correspond au niveau atteint par l'individu dans la poursuite dynamique de ses buts hiérarchisés à l'intérieur des domaines de son travail où la réduction de l'écart séparant l'individu de ses objectifs se traduit par un impact positif sur la qualité de vie générale de l'individu, sur la performance organisationnelle et, par conséquent, sur le fonctionnement global de la société* » (Martel et Dupuis, 2006). Selon Royuela *et al.* (2008), cette définition semblerait celle qui permet une évaluation claire et opérationnelle de la qualité de vie. Cette définition est basée sur le modèle des systèmes de contrôle et en utilise les caractéristiques centrales, c'est-à-dire la mesure des buts de l'individu (score de buts), sa condition vécue par rapport à ses buts (score de qualité de vie) et de la hiérarchie (score de rang d'importance) des domaines de vie, tout en tenant compte du processus dynamique de rapprochement ou d'éloignement (score de vitesse d'amélioration/détérioration) par rapport aux buts (Bertalanffy : 1973, Ashby : 1956, Weiner : 1948, Powers : 1973, Dupuis *et al.* : 1989, Dupuis *et al.* : 2000, Martel et Dupuis : 2006, Dupuis, 2008). Il postule que tout individu se fixe des objectifs et que les comportements qu'il pose le sont en vue d'atteindre ces objectifs.

L'ISQVT© comporte trente-quatre items regroupés en huit sous-échelles : rémunération, cheminement professionnel, horaire de travail, climat avec les collègues, climat avec les supérieurs, caractéristiques de l'environnement physique, facteurs qui influencent l'appréciation de la tâche, soutien offert à l'employé. De plus, un module de six questions peut être ajouté afin de mieux répondre aux spécificités des organisations. Le diagnostic organisationnel qui en découle permet de cibler directement les domaines de vie au travail qui représentent des facteurs de risque de crise (écart grand et vitesse de détérioration dans les domaines jugés prioritaires par les employés) et qui demanderaient des changements afin de prévenir ces crises. Il est complété en ligne à http://qualitedevie.ca. L'outil donne aussi des informations sur l'importance que les individus accordent à chaque domaine de vie au travail ainsi que sur le niveau de leurs objectifs. Ainsi, un groupe d'individus qui présente des niveaux bas d'importance et des niveaux bas d'objectifs renvoie l'information qu'il est démobilisé et démotivé, car les différentes sphères de vie au travail ne sont pas importantes et, de plus, le groupe n'entretient plus d'attentes par rapport au travail.

Procédure d'évaluation

Des travailleurs (N = 87) de vingt et un organismes communautaires œuvrant auprès de clientèles défavorisées de la rue ont participé à cette étude. Ils ont été évalués avec l'ISQVT© ainsi qu'avec l'Oldenberg Burnout Inventory (épuisement émotionnel et désengagement) et le Psychiatric Symptoms Index (Ilfeld) pour la détresse psychologique. Les mesures de détresse, d'épuisement et de désengagement ont été considérées cliniquement significatives lorsqu'elles se situent à un écart type de la moyenne du groupe. Le vingt-cinquième centile, par rapport à une population référentielle de trois mille travailleurs, a été considéré comme le critère indiquant une mauvaise qualité de vie au travail (QVT).

Résultats

Les participants ayant un score sous le vingt-cinquième centile pour la QVT avaient 6,9 fois plus de risque de présenter de l'épuisement émotionnel, 4,7 fois plus de risque de manifester du désengagement, et 7,23 fois plus de risque d'éprouver de la détresse psychologique. De plus, des indices de QVT détériorés ainsi que des indices de buts bas étaient associés à de la détresse, de l'épuisement et du désengagement. Enfin, parmi les différentes sous-échelles de l'ISQVT© associées à de la détresse psychologique, du désengagement et de l'épuisement émotionnel, on trouve les résultats suivants. Les domaines de vie relevant de l'appréciation des tâches (efficacité au travail, temps pour tâche, correspondance entre compétence et travail, autonomie, diversité des tâches, charge émotive, clarté du rôle, exigences physiques et participation aux décisions) sont liés à la détresse psychologique. Par ailleurs, au niveau du désengagement, c'est le climat avec les supérieurs (relations avec le supérieur, relations avec les employés, relations avec l'employeur, commentaires et évaluation, communication de l'information) et le climat avec les collègues (sentiment d'appartenance, compétitivité, relation avec les collègues de travail, conflit de rôle), alors que pour l'épuisement, il n'y a que le climat avec les supérieurs.

Conclusion

En plus de fournir un diagnostic organisationnel des RPS, l'ISQVT© permet d'obtenir de l'information sur les problèmes de santé mentale présents dans l'entreprise. En effet, plus le score de QVT est faible, plus le risque de détresse psychologique, d'épuisement émotionnel et de désengagement augmente. Des buts bas sont associés à des scores plus élevés sur les trois indices de santé mentale. Dans cet échantillon, les scores de mise en rang des domaines de vie au travail étaient tous assez élevés, ce qui a empêché de trouver une relation entre cet indice de rang et les indices de santé mentale. Enfin, il est très important de noter que si la détresse psychologique est associée à des facteurs relevant de l'appréciation des tâches, il en va différemment pour le désengagement et l'épuisement émotionnel, où ce sont des facteurs relationnels reliés aux interactions avec les supérieurs et avec les collègues.

Bibliographie

Aldwin, C., *Stress, coping, and development : An integrative approach*, Guilford, 1994.

Ashby, W. R., *Design for a Brain*, John Wiley, 1952.

Bertalanffy, L., *Théorie générale des systèmes*, Dunod, 1973.

Cox, T., Griffiths, A., Rial-Gonzalez, E., *Research on work-related stress* Luxembourg : Office for Official Publications of the European Communities, 2000, ISBN 92-828-9255-7.

Demerouti, E., Bakker, A.B., Nachreiner, F., Schaufeli, W.B., « The Job demands-ressources model of burnout », *Journal of Applied Psychology*, 86, 499-512, 2001.

Dupuis, G., « Le risque psychosocial : pourquoi et comment s'en préoccuper », 2008 (www.artelieconseil.com).

Dupuis, G., Perrault, J., Lamban, M.-C., Kennedy, E., David, P., *A New Tool to Assess Quality of Life : The Quality of Life Systemic Inventory : Quality of Life and Cardiovascular Care* 5, 1989, p. 36-45.

Dupuis, G., Taillefer, M.-C., Étienne, A.-M., Fontaine, O., Boivin, S., Von Turk, A., « Measurement of quality of life in cardiac rehabilitation », *in* Jobin, J., Maltais, F., Leblanc, P. (dir.), *Advances in cardiopulmonary rehabilitation* (Human Kinetics Publishers, Champaign), 2000, p. 247-273.

Dupuis, G., Martel, J.-P., Voirol, C., Bibeau, L., Hébert-Bonneville, N, *La Qualité de vie au travail. Bilan des connaissances*, 2009 (www.clipp.ca/?q=node/162#bilans).

Ilfeld, F. W. Jr., « Further validation of a psychiatric symptom index in a normal population », *Psychological Reports*, 39, 1215-1228, 1976.

Lazarus, R. S., Folkman, S., *Stress, Appraisal, and Coping*, Springer, 1984.

Nasse, P., Légeron, P., « Rapport sur la détermination, la mesure et le suivi des risques psychosociaux au travail » remis à Xavier Bertrand, ministre du Travail, des Relations sociales et de la Solidarité, 2008.

Royuela, V., López-Tamayo, J., Suriñach, J., « The institutional vs. the academic definition of the quality of work life. What is the focus of the European Commission ? », *Social Indicators Research*, vol. 86, n° 3, p. 401-415, 2008.

Le stress au travail, les problèmes de santé mentale, la violence, le harcèlement psychologique, la perte de productivité générale, l'absentéisme, la faible rétention du personnel (turnover) et la détérioration de la qualité de vie globale des employés sont des conséquences d'une mauvaise gestion des risques psychosociaux en milieu de travail.

Le moteur de nos comportements, dans notre vie personnelle ou dans notre vie au travail, réside dans la poursuite de nos objectifs de vie. L'écart qui nous sépare de nos objectifs représente ce qui nous fait agir pour réduire cet écart. Plus l'écart est grand dans certains domaines de vie, moins la personne a de contrôle sur ces domaines, avec les conséquences qui en découlent : anxiété, frustration, colère, dépression, stress, etc.

Il faut considérer que les domaines de vie au travail pour lesquels l'écart est petit constituent des facteurs de protection alors que ceux pour lesquels l'écart est grand constituent des facteurs de risque. La QVT globale est une question d'équilibre entre les deux.

À *retenir*

Il existe nécessairement des risques psychosociaux dans votre entreprise, car ils sont inhérents à la mise en œuvre d'une stratégie, mettant nécessairement sous tension, positive dans le meilleur des cas, les collaborateurs.

Le repérage des risques humains dépend d'un terrain spécifique d'entreprise, avec ses enjeux propres, son contexte, son histoire, etc.

Il ne faut pas se cantonner aux indicateurs classiques, qui font état essentiellement de « symptômes », donc déjà avérés, ni même aux questionnaires, qui ont également tendance à standardiser et simplifier le repérage des situations de tension.

Nous vous conseillons d'opter pour des techniques mixtes utilisées en complémentarité, donnant des résultats très intéressants : dans ce cas, nous recommandons de commencer par la phase terrain, qui permet de mettre au jour les risques, puis de continuer par l'audit en ligne composé de questions sur mesure, issues du premier travail et non standardisées.

Deuxième partie

Les pratiques des entreprises

Chapitre 4

À chaque entreprise son projet

Nous avons vu dans le chapitre qui évoquait les facteurs clés de succès qu'une des premières questions à se poser, avant de s'engager, était, pour une direction : qu'attendons-nous exactement du projet ? Quels sont nos enjeux réels ? Jusqu'à quel type de remise en cause, modulation pouvons-nous éventuellement aller ? Quelles sont nos réelles marges de manœuvre pour réussir ?

Un projet nécessairement sur mesure

L'entreprise ne sait pas ou ne peut pas agir sur tous les facteurs de stress[1].

Une fois votre diagnostic établi, vous allez nécessairement vous poser la question suivante : la situation est-elle grave ? Comment en juger ? Quels sont les thèmes importants à prendre en compte ?

Nous intégrons − entre autres paramètres non exhaustifs − les éléments suivants, pour évaluer la gravité. Tout dépend :

- De votre *business model* et de celui des entreprises de votre secteur, directement concurrentes. Quels sont les niveaux de tension généralement exercés ? Comment ces tensions se matérialisent-elles dans ces secteurs ?
- Du contrat psychologique qui lie les collaborateurs à l'entreprise.

Ainsi, dans telle entreprise de conseil en stratégie, les collaborateurs s'attendent nécessairement à être sous tension ; les « jeunes recrues » s'attendent à ne pas toutes y faire leur carrière et donc acceptent d'être particulièrement sous pression le temps de se former. Dans telle entreprise de télécoms semi-publique, il peut y avoir des contrats psychologiques différents, expliquant que les collaborateurs ne vivent pas les changements de la même manière. Les collaborateurs ayant un contrat de droit privé s'attendent à devoir changer de poste, évoluer, et ceux de droit public s'attendent à une certaine stabilité.

---

1. Albert, É., Saunder, L., *op. cit.*, p. 97.

Tout dépend également :

– Du degré d'acceptation du risque par le corps social, de ses caractéristiques intrinsèques : population ayant de l'ancienneté, l'employabilité, le degré de flexibilité, les enjeux immédiats, la capacité à relever les nouveaux défis stratégiques à venir, etc. ;

– De l'analyse stratégique et systémique que vous aurez faite au préalable. Dans notre approche, nous avons établi un classement en termes d'importances des thèmes – non exhaustifs – par rapport au *business model* :

* stratégie,
* organisation,
* management,

* situations de travail,
* GRH,
* culture, communication, etc.

Après, au sein de ces thèmes, certains sont plus urgents à traiter que d'autres (se reporter à l'exemple 2 du chapitre 6, qui accorde des couleurs différentes en fonction de l'urgence de leur mise en place) ;

– Des indicateurs sélectionnés : s'ils sont au rouge, c'est qu'ils convergent vers des situations de tension avérées. Même si elles peuvent être passagères et non intrinsèquement liées à la stratégie de l'entreprise, elles se doivent d'être prises en compte, car ayant engendré une situation délétère.

Les différentes attitudes observées

L'entreprise n'a pas à poser sur une même échelle de valeurs le respect de l'intégrité psychique et physique de ses salariés et le coût qu'impliquerait ce respect[1].

Une fois ces différents paramètres réunis, pesés, arbitrés, nous allons entrer dans la variété, la diversité des différents projets mis en place. Les développements qui suivent sont à titre indicatif, car aucun projet ne peut ni ne doit ressembler à un autre, pour les raisons précédemment évoquées. Nous voulons également attirer votre attention sur le point suivant : une même technique de diagnostic peut conduire à des résultats et des types d'action totalement différents. Tout dépend de la qualité des intervenants, de leur habitude du sujet et de leur intention initiale. En effet, de même que dans les matières scientifiques, on ne trouve généralement que ce que l'on cherche. Garder une vision ouverte, « naïve », c'est-à-dire sans préjugés, et systémique de l'entreprise, est une lutte de tous les instants.

Notons que de nombreux projets d'entreprise figurent dans le chapitre 6 de cet ouvrage. Nous vous invitons à les compulser.

---

1. Combalbert, N., *op. cit.*, p. 77.

Un classement des entreprises

Notre expérience du terrain nous permet de classer les pratiques et surtout les intentions des entreprises, en plusieurs catégories. Pour simplifier, nous avons donné des noms à ces réalisations. Il n'y a, bien sûr, pas de profils « purs », mais très souvent mixtes.

L'implication des entreprises en matière
de risques humains

Nom du classement	Description synthétique
Les ambitieuses	- Entreprises désireuses de faire un lien entre risques psychosociaux et stratégie, autant dans le diagnostic que pour les mesures palliatives. - Entreprises se positionnant comme « chefs de file » sur ce plan-là et souhaitant être reconnues comme telles.
Les « bonnes volontés »	Sociétés mettant en place, après une phase de diagnostic, des mesures relatives à l'organisation, au management, à la communication, aux parcours professionnels, etc., actions souvent « de bon sens », mais pas nécessairement reliées à des enjeux stratégiques. L'effet de levier est donc *a priori* moins notable.
Les politiques	Entreprises abordant le projet sous l'angle du « dialogue social » uniquement. La détection des risques psychosociaux est donc issue d'un rapport de force devenu consensuel.
Les légalistes	Entreprises se contentant d'observer les obligations légales.
Les recycleuses	Entreprises voulant ne pas s'engager réellement dans un projet sur les risques psychosociaux et démontrant que leurs actions actuelles (formations au management, Charte, etc.) sont palliatives. Elles « recyclent » ainsi leurs actions déjà existantes, en affirmant que ce sont des mesures pour traiter les risques psychosociaux.
Les cosmétiques	Traitent la question en superficialité ; beaucoup d'effets d'annonce, notamment à la presse. Les salariés en interne ne perçoivent pas les effets concrets des mesures évoquées.
Les « tout » dans l'image	Entreprises développant des actions de marketing social vis-à-vis de leurs parties prenantes et de leurs collaborateurs, sans réelle action substantielle derrière.
Les socialement correctes	Sociétés se rendant compte qu'un projet sur les risques psychosociaux est « de bon ton », mais ne souhaitant pas s'engager dans une réflexion de fond. Les messages du président y font référence depuis quelques mois.

Nom du classement	Description synthétique
Les « un coup »	Connaissant actuellement une problématique lourde relative aux risques psychosociaux, elles ne souhaitent cependant pas réfléchir plus largement de manière systémique aux origines des tensions et aux plans d'action.
Les « démarrons doucement »	- Ayant peur de s'engager dans la partie « psychosociale » relative à la santé des collaborateurs, elles préfèrent dans un premier temps mettre en œuvre des mesures ayant trait à l'ergonomie, aux TMS, aux mutuelles santé, aux aménagements de postes, etc. - Sociétés sensibilisant leur comité de direction aux risques psychosociaux, pour voir comment il va réagir et décider ou non d'agir.

Sous la pression gouvernementale, française notamment, quelques entreprises ont signé des accords sur le stress (voir aussi chapitre 1, « Les conséquences politiques des risques psychosociaux »).

Une quinzaine d'accords pour alimenter une « réflexion opérationnelle »

Une « bonne » convention répond au besoin et à la culture de l'entreprise dans laquelle elle s'applique. Les accords succinctement présentés ici ne sont pas « meilleurs » que les centaines d'autres déjà signés. Ils sont juste facilement accessibles ; ils offrent tous une forme d'originalité susceptible d'alimenter la réflexion et de susciter des « idées opérationnelles ».

L'un porte sur la méthode ; un autre sur un cadre général à décliner ; certains abordent les incivilités des clients ; un petit nombre s'intègre explicitement dans une politique globale (seniors, femmes, équilibre de vie, relations sociales, etc.) ; tel ou tel ne peut être compris hors de la réorganisation en cours de l'entreprise ; quelques-uns marquent une novation profonde pour la société.

Tous s'efforcent de :

- préciser des principes d'action ;
- s'accorder sur les concepts ;
- décrire et articuler le rôle des différentes parties prenantes (parfois spécialement créées) ;
- plus ou moins détailler les méthodes de mesure ou d'évaluation des risques ;
- définir, avec précision parfois, des indicateurs pertinents ;
- formuler les initiatives de portée individuelle ou collective par lesquelles l'entreprise va s'efforcer de prévenir les risques et de remédier aux troubles.

Les accords d'entreprise en bref

Accord Entreprise	Intitulé	Syndicats	Finalité	Structure de l'accord
ANI juillet 2008	Accord national interprofessionnel sur le stress au travail	CFDT CGC CFTC FO	Transposer l'accord européen de 2004 - Accélérer la prise de conscience - Accroître l'attention - Fournir un cadre de détection, prévention, traitement	Introduction - Objet - Description du stress et du stress au travail - Identification des problèmes de stress au travail - Responsabilité des employeurs et des travailleurs - Prévenir, éliminer et, à défaut, réduire les problèmes de stress au travail - Mise en œuvre et suivi
ANI mars 2010	Accord sur le harcèlement et la violence au travail	CFDT CGC CFTC CGT FO	Transposer l'accord européen de 2006 - Compléter l'accord de 2008 - Identifier, prévenir, gérer deux aspects spécifiques des risques psychosociaux : harcèlement et violence au travail	Préambule - Objectif - Définition, description et identification - Engagement des employeurs et des salariés - Prévention, identification et gestion des problèmes - Sanctions et mesures d'accompagnement - Promotion de l'accord, suivi et évaluation
ARKEMA FRANCE mai 2010	Accord sur la prévention du stress au travail	CGC CFTC CFDT FO	Construire un dispositif collectif garantissant la prévention du stress au travail	Actions de prévention collective - Actions de repérage des terrains à risques/indicateurs - Analyse de facteurs de stress explicatifs des terrains à risques - Observatoire Arkema
CAISSES d'ÉPARGNE juillet 2009	Accord collectif national sur la mesure et la prévention du stress au travail	CFDT CFTC CGT FO CGC UNSA SUD	Mettre en œuvre une démarche commune de diagnostic débouchant sur des actions adaptées	Champ - Objet - Démarche - Choix des organismes externes - Commission de suivi - Dispositions finales

Accord Entreprise	Intitulé	Syndicats	Finalité	Structure de l'accord
CEGETEL avant fusion octobre 2003	Accord sur les conditions de vie professionnelle		Développer une culture de prévention dans le contexte professionnel des nouvelles technologies	Préambule - Les acteurs - Les situations d'accident et de maladie - Prévention des risques professionnels - Le stress - Le harcèlement - Aménagement des conditions de travail - La maternité, conditions générales
CSF FRANCE mai 2009	Accord sur la santé au travail au sein de CSF France	CFDT CGC CFTC CGT FO	Volonté commune d'améliorer la prévention des risques en matière de santé au travail	Préambule - Diagnostic - Prévenir les risques : évaluation, acteurs, formations, communication, conditions de travail, prévention des troubles psychologiques - Dispositions générales
DANONE mars 2010	Accord-cadre France sur le stress et les risques psychosociaux	CFDT CFTC CGC FO CGT	Cadre général pour prévenir, détecter, éviter et traiter les cas de stress au travail	Objet - Description du stress - Description des risques psychosociaux - Identification des sources de stress au travail (liste non exhaustive) – Actions : mesure du stress, équilibre de vie, organisation du travail, évolution du management, formation des acteurs et vigilance collective, gestion des carrières - Responsabilités - Commission de suivi
DASSAULT Aviation juin 2010	Accord relatif à l'évaluation et à la prévention du stress en entreprise	CFDT CGC CFTC FO	Définir le cadre de référence d'une politique de prévention du stress dans la continuité d'une démarche entreprise depuis 2007	Préambule - Historique de la démarche - Définitions et conséquences du stress - Acteurs de la prévention et de l'évaluation - Expression des salariés - Identification et évaluation des facteurs de stress - Formation - Situations d'urgence - Organisation et commission de suivi - Communication - Calendrier - Facteurs de stress en annexe

Accord Entreprise	Intitulé	Syndicats	Finalité	Structure de l'accord
EADS avril 2010	Accord de Groupe sur la prévention du stress au travail	CGT CFDT CFTC CGC FO	Organiser et structurer la lutte contre le stress au travail au sein du Groupe EADS en France	Préambule - Prévention et sensibilisation au stress - Détection et évaluation du stress - Traitement du stress individuel, collectif - Situation particulière des petites entités - Divers (prestataires de service, etc.)
FRANCE TÉLÉCOM mai 2010	Accord sur l'évaluation et la prévention des risques liés aux risques psychosociaux au travail	CFDT CGC CFTC SUD	Contribuer ensemble à la construction d'une démarche de prévention efficace et mobiliser les différents acteurs au groupe	Définition du stress - Responsabilité de l'employeur - Ambition et premiers objectifs du Groupe - Méthodologie d'évaluation et de prévention - Mobiliser et coordonner tous les acteurs - L'accompagnement individuel - Responsabilité sociale de l'employeur - Modalités de mise en œuvre - Formalités - Annexe : principaux facteurs de stress
GDF SUEZ février 2010	Accord Groupe France sur la prévention des risques psychosociaux par l'amélioration de la qualité de vie au travail	CFDT CGC CFTC CGT FO	Cadre de référence du groupe pour prévenir les risques psychosociaux en améliorant conditions de travail et qualité de vie au travail. Il doit être décliné dans toutes les entreprises du groupe en France	Préambule - Périmètre et objectif - Démarche de prévention - Moyens - Calendrier et suivi - Dispositions finales - Annexe : facteurs de risque - indicateurs
LCL juillet 2007	Accord relatif au phénomène des incivilités et des violences émanant de la clientèle	CFDT CFTC CGT FO SNB	Une meilleure prévention des incivilités et un véritable accompagnement des salariés qui en font l'objet	Champ (agressions verbales, comportementales, physiques) - Mesures de prévention - Accompagnement des victimes - Recensement et analyse

Accord Entreprise	Intitulé	Syndicats	Finalité	Structure de l'accord
PARIS HABITAT juin 2010	Accord visant à résoudre les situations de stress et de souffrance au travail	CFDT CFTC CGC FO	Déterminer une stratégie afin de remédier aux situations de stress, mais également de souffrance au travail	Raisons de la démarche - Définition - Identification ou diagnostic des facteurs de stress - Définition des mesures de prévention : suivi, importance du rôle des différents intervenants, d'une assistance psychologique et juridique - Enquête annuelle de mesure - Améliorer l'accompagnement des salariés (reprise de poste) - Visibilité de l'organisation - Accompagnement des « encadrants » - Renforcement des formations - Assouplissement des conditions de travail - Document unique - Entretiens annuels
PSA PEUGEOT CITROËN septembre 2009	Accord sur le dispositif d'évaluation et de prévention du stress professionnel	CFDT CGT CGC FO CFTC GSEA	Intégrer les risques psychosociaux parmi les risques professionnels Politique santé d'entreprise par la voie du dialogue social	Préambule - Prévenir les stress professionnels : engagement, définitions, facteurs de stress, conséquences - Démarche commune d'évaluation - Dispositif d'évaluation et de suivi du stress professionnel (DESSP) - Conduite des actions collectives - Accompagnement individuel - Mobiliser et coordonner
RHODIA janvier 2010	Accord de méthode sur l'évaluation et l'analyse des risques psychosociaux chez Rhodia	CFDT CGC CFTC CGT FO	Méthode pour contractualiser à terme un dispositif afin que tous les salariés puissent bénéficier d'une même méthodologie	Préambule - Champ - Objet - Durée - Champ
THALES juillet 2009	Accord sur la qualité de vie au travail au sein du groupe Thales	CFDT CGC CFTC CGT FO	Améliorer le dispositif d'identification et de prévention des risques professionnels	Préambule - Prévention - Acteurs - Aménagement des conditions de travail - Prévenir et agir sur les risques psychosociaux - Document unique d'évaluation - Dispositions générales - Indicateurs

Les éléments saillants des accords d'entreprise

Accord Entreprise	À noter dans l'accord	Verbatim
ANI juillet 2008	Équilibre vies professionnelle, familiale et personnelle Tous les lieux de travail et tous les travailleurs ne sont pas nécessairement affectés (par le stress) Rôle pivot du médecin du travail Rappel du secret médical Mesures collectives ou individuelles	« Toute manifestation du stress au travail ne doit pas être considérée comme du stress lié au travail. » « Le stress (…) peut être provoqué par (…) le contenu et l'organisation du travail, l'environnement du travail, une mauvaise communication, etc. » « L'amélioration de la prévention du stress est un facteur positif qui contribue à une meilleure santé des travailleurs et à une plus grande efficacité de l'entreprise. »
ANI mars 2010	Salariés en contact avec le public Violences faites aux femmes Mesures de protection collective Environnement physique et psychologique	« Employeurs et salariés ont un intérêt mutuel… » « Conséquences graves pour les personnes ainsi que (…) coûts sociaux et économiques. » « Les employeurs qui laissent les incivilités s'installer (…) favorisent l'émergence d'actes plus graves… »
ARKEMA FRANCE mai 2010	Prise de fonction : suivi spécifique Indicateurs de terrains à risques Création d'un Observatoire du stress Lien avec la Charte Sécurité, Santé, Environnement, Qualité	« Offrir à chacun de ses salariés un cadre de vie lui assurant un bien-être au travail. » « Le rôle de l'Observatoire s'inscrit dans la durée »
CAISSES d'ÉPARGNE juillet 2009	Évaluation du stress via questionnaire et entretiens par organisme référencé au niveau national, choisi après appel d'offres, éventuellement sur vote	« La volonté convergente des parties d'associer tous les acteurs. » « La DRH pilote la (…) démarche au sein de l'entreprise. » « Pour garantir la neutralité du diagnostic et sa crédibilité (…), le recours à un intervenant externe (…) est nécessaire. »

Accord Entreprise	À noter dans l'accord	Verbatim
CEGETEL avant fusion octobre 2003	S'inscrit dans le cadre des directives sur la santé et la sécurité au travail de l'ANI de 2000 Accompagnement formalisé du changement Apprentissage des techniques de relaxation « Carnet de bord du harcelé »	« L'encadrement, par son implication quotidienne auprès des collaborateurs, joue un rôle primordial dans la prévention et le traitement des cas de harcèlement. » « La mise en œuvre d'un système de médiation confère un droit d'appel aux collaborateurs. »
CSF FRANCE mai 2009	Évocation du document unique et méthode de mise à jour Formation des managers de rayon Accueil des nouveaux Commission harcèlement Formation « gérer les conflits avec clients »	« (...) tout dispositif visant à protéger la santé au travail doit être conçu comme une démarche constante de progrès, adaptée et réactualisée. »
DANONE mars 2010	Aboutir à une convention mondiale IRP et médecin du travail : ressources pour identifier le stress Création d'un Observatoire du stress Équilibre vies professionnelle/privée Étude d'impact humain avant réorganisation Renforcement du médecin du travail (indépendance, secret) Vigilance collective plutôt que numéro vert	« La santé des salariés est d'abord l'affaire des managers. » « La direction du groupe Danone reconnaît sa responsabilité et son obligation d'agir face aux cas de stress (...) liés au travail. » « La responsabilité de déterminer les mesures appropriées incombe à l'employeur et aux IRP. » « Danone n'ayant pas la culture de présentéisme... » « Redonner toute sa place au salarié dans son travail » « (...) s'engagent à faire confiance à la personne (...) » « Enrichir les mécanismes de reconnaissance (...) en s'adressant à la personne et pas seulement à la fonction. »
DASSAULT Aviation juin 2010	Considère sous-traitants et intérimaires Réunions régulières des équipes sur conditions, environnement de travail et projets impactant les équipes Auto-évaluation par salariés *via* le médecin du travail Garanties statistiques de confidentialité Traitement des situations d'urgence Aboutir à un plan d'action prévu en 2011	« Depuis la fin de l'année 2007, (...) engagée dans une démarche d'identification et de prévention du stress... » « (...) toute réflexion, évaluation et action sur ce sujet doit nécessairement associer les représentants du personnel... » « ...(stress)... très grande complexité, échappe aux outils classiques de mesure et d'intervention... »

Accord Entreprise	À noter dans l'accord	Verbatim
EADS avril 2010	Institution de « capteurs » officiels gérés par les RH Projets de changement : évaluation des risques et plan d'action soumis aux IRP Commission de la prévention du stress par établissement supérieur à 500 salariés Détection du stress fondée sur des indicateurs collectifs et individuels : trois niveaux de vigilance croissante Diagnostic approfondi quand une situation spécifique le requiert : plan en dix étapes Petites sociétés spécifiquement évoquées	« La lutte contre le stress passe nécessairement par la prévention. La responsabilité de la prévention repose sur la hiérarchie. » « Le secteur fait l'objet d'une vigilance renforcée lorsqu'en l'absence de tout cas individuel de stress enregistré par les médecins du travail depuis le pré-diagnostic précédent, l'analyse des indicateurs généraux RH et des données de l'enquête EVREST fait apparaître que plus de la moitié d'entre eux sont supérieurs à la moyenne... »
FRANCE TÉLÉCOM mai 2010	Lien entre traitement des risques psychosociaux et négociations, fonctionnement des IRP Comité national de prévention du stress Évaluation périodique par cabinet indépendant Volonté de renforcer le rôle du CHSCT Favoriser l'expression des salariés Responsabilité sociale : traitement raisonnable des fournisseurs (surveillance, exigences)	« Le nouveau contrat social que le Groupe (...) souhaite mettre en place s'inscrit dans le cadre de sa responsabilité sociale. Il s'agit de mettre l'humain au cœur de l'organisation, de donner aux salariés les moyens de s'épanouir dans leur travail et d'exercer leur métier dans les meilleures conditions... Une exigence absolue pour le Groupe... »
GDF SUEZ février 2010	Utilisation des thèmes ANACT, des facteurs ANI, des indicateurs INRS Distinguo selon l'effectif de l'entité (+/- 500) Préparation aux situations d'urgence ou de crise	« L'expression sera favorisée par la tenue de réunions régulières au plus près des équipes de travail. »

Accord Entreprise	À noter dans l'accord	Verbatim
LCL juillet 2007	Énumération des types d'agression Lié à la qualité de service au client : respect et information Lié à la formation du personnel Appui du salarié qui porte plainte : financier, association à son action	« On constate l'émergence d'une nouvelle forme de violence, celle des incivilités de la clientèle à l'encontre des salariés, qui s'inscrit dans un contexte de dégradation générale des comportements dans la société. »
PARIS HABITAT juin 2010	Création d'une direction de la qualité de vie au travail avec deux services : conditions de travail et sécurité, bien-être Évocation explicite du document unique Formalisation de l'accompagnement à la reprise de poste Répertoire « Qui fait quoi ? » Information spécifique des salariés lors de réorganisations	« Une attention toute particulière sera portée aux entretiens annuels (...) moments privilégiés d'échange (...) entre le salarié et son supérieur hiérarchique. Le salarié pourra ainsi signaler s'il estime subir une pression particulièrement forte et anormale dans la tenue de son poste de travail et (...) alerter sa hiérarchie N+ 2. »
PSA PEUGEOT CITROËN septembre 2009	Évaluation sectorielle du stress au travail en 2007/2008 Questionnaire rempli lors de la visite médicale Vingt-neuf domaines d'action potentiels (clarté de rôle, charge mentale, perspectives d'évolution, etc.) Boîte aux lettres « harcèlement » Cellules de veille	« Les partenaires sociaux (...) ont souhaité une contractualisation du dispositif mis en place. » « Des facteurs de stress prépondérants ont été identifiés tels que le niveau d'exigence, l'adaptation aux changements, la nature de l'activité et l'insuffisance de reconnaissance. »
RHODIA janvier 2010	Accord de méthode Instance HSE du comité de groupe désignée comme groupe de travail préparatoire avec une composition élargie Calendrier pour un bilan mi-2010	« Les partenaires sociaux souhaitent aborder le thème des risques psychosociaux en deux phases (...) : évaluation et analyse des risques (...) identifier les facteurs de stress (...) les leviers de progrès ; construction d'un plan d'actions correctrices. »
THALES juillet 2009	Instauration d'un médecin conseil/coordinateur Groupe Commission centrale de la qualité de vie Lien avec le Code d'éthique Évaluation annuelle dans un cadre pas exclusivement individuel	« Assurer une bonne adéquation entre objectifs fixés, périmètre de l'activité et charges de travail. »

Analyse critique des pratiques d'entreprise

Le premier classement que nous vous avons proposé permettait une première approche panoramique, et en surface, des pratiques des entreprises. Nous allons ici rentrer plus dans le détail, afin de vous donner envie de vous lancer dans un projet lié aux risques psychosociaux, et pourquoi pas, d'être ambitieux ! Les entreprises qui l'ont été ne l'ont pas regretté, car elles ont bien compris l'effet de levier formidable que cela pouvait générer. Les équipes de direction sont désormais acquises à cette cause.

Pour les pratiques de détection et de repérage des symptômes, nous vous renvoyons au chapitre 3. Nous nous consacrons ici aux modes d'action tentant de s'attaquer aux sources de tensions. Et il n'existe pas de manière unique de s'y prendre.

Certaines entreprises envisagent des mesures visant directement la source des tensions : elles entraînent nécessairement des remises en cause profondes… Mais abordées dans une perspective systémique, elles permettent de faire réellement effet de levier. Les autres actions visent davantage à apporter une réponse immédiate, dans un esprit souvent curatif.

Les actions s'attaquant aux sources des tensions

L'entreprise décide ici d'avoir une vision systémique et d'engager en même temps, suite au diagnostic, des projets ayant trait à la stratégie, à l'organisation, au management, aux parcours de collaborateurs, etc., et tout thème ayant émergé comme « structurant » dans l'analyse. Vous trouverez plus loin des exemples de thèmes ayant permis par la suite d'élaborer des recommandations concrètes et précises pour une entreprise de distribution dotée d'un site de quatre cents collaborateurs (voir plus bas).

Les actions envisagées sont donc très variées. Elles dépendent réellement de la situation précise de l'entreprise et de son *business model*. Une sélection sera faite par la direction, parmi toutes les actions envisagées, pour se mettre d'accord et se focaliser sur les actions à mettre en place concrètement.

Certaines entreprises, parmi certaines mesures, se sont davantage focalisées sur les pratiques de management. Elles ont décidé, par exemple, de lancer des audits réguliers tous les deux ans pour comprendre si les sites du groupe étaient bien alignés selon des standards convenus. Vous en trouverez des exemples dans l'annexe consacrée aux pratiques d'entreprises. D'autres encore ont fait un travail approfondi sur leurs « valeurs », en les déclinant très opérationnellement en « résultats attendus ».

Les actions visant davantage les symptômes

Certaines entreprises déploient des mesures que l'on peut qualifier d'« isolées ». Ainsi, par exemple, nombre de sociétés ont mis en place des formations destinées à leurs collaborateurs, relatives à la gestion du stress. Même si ces séminaires permettent aux participants d'acquérir quelques outils et d'échanger entre eux, l'entreprise fait reposer sur eux la charge d'une remise en cause de leurs pratiques, manières de faire, etc. Or, c'est à la société en premier de bien repérer ce qui, dans la mise en œuvre opérationnelle de sa stratégie, est une source possible de tensions.

D'autres mettent en place des portails Internet interactifs d'*e-learning*, d'autres encore approchent le sujet dans une vision purement médicale et offrent des consultations pour améliorer le bien-être et réduire les sources de tension personnelles… D'autres mettent en place des lignes vertes que les collaborateurs peuvent utiliser, pour gérer des problématiques professionnelles ou personnelles. Certaines enfin ont instauré un médiateur ou un déontologue, pour régler au cas par cas des situations de risques psychosociaux.

Prenons un exemple d'action s'attaquant aux sources de tensions. Voici quelques thèmes non exhaustifs de recommandations pour une entreprise de distribution (extraits). Ces thèmes ont bien sûr été déclinés dans un second temps en recommandations concrètes et opérationnelles, assorties d'un délai, d'une personne en charge, d'un budget, etc. Leur valeur ajoutée essentielle réside dans le fait que ces thèmes sont alignés sur le *business model* (analysé préalablement).

Des exemples de risques identifiés, en ligne avec le business model de l'entreprise

Domaine	Dysfonctionnements identifiés	Risque potentiel - Description	Priorité
Stratégie	*Interrogations sur la vision et la stratégie* quant au devenir de la société (66 % d'avis négatifs, 22 % positifs, 13 % modérés)	Direction perçue comme potentiellement dépassée par les enjeux, sans ligne directrice, ayant une faible réactivité	
Stratégie	*Gestion collective* : volume permanent/précaire ; recours peut-être excessif à la précarité et fondé sur un seul type de ressources (intérimaires) (en l'absence d'un référentiel de procédures suffisamment consolidé)	Déficit de capitalisation du savoir-faire. Surcharge de formation (compagnonnage) et de récupération des défauts qualité par le personnel de production	
Communication	Absence de communication globale	Manque complet d'information quant à la stratégie de l'entreprise, défaut de transparence. Information *via* affichage et e-mails non efficiente. Information non redescendue par le management	
Communication	Pas de lisibilité sur l'arrêt de la mission d'un cabinet spécialisé dans le management et l'organisation	Incompréhensions qui obèrent la remise en question de certains modes de fonctionnement, ainsi que l'intervention de conseil externes	
Communication	Inquiétude structurelle sur l'évolution du marché	Impact de nouveaux produits arrivés sur le marché, départ d'éditeurs, dépendance vis-à-vis de X	
GRH	Déficit de formation au management	Formations proposées orientées « outils », sans véritable cursus d'accompagnement pour les chefs d'équipe (hormis quelques coachings pour chefs de service)	

Domaine	Dysfonctionnements identifiés	Risque potentiel - Description	Priorité
GRH	*Absentéisme* entre 7 et 10 %	Absentéisme globalement élevé à rapprocher des formes de retrait du travail	
GRH	*Politique RH insuffisamment liée à la stratégie* et la gestion de l'organisation et la gestion individuelle	RH principalement focalisées sur les relations sociales, l'administratif et les sanctions	
GRH	*Gestion individuelle* : pas de véritable gestion de carrière	50 % des employés souhaitent évoluer, mais la vision est majoritairement pessimiste quant aux possibilités d'évolution. La résignation/évolution est le fait de magasiniers (3/5), de départs imminents à la retraite (2) ou de la croyance qu'il n'est pas possible d'évoluer (employés)	
GRH	Qualité des relations sociales	Les pré-requis sont en place pour favoriser l'évolution du positionnement des RH (en cohérence avec la stratégie) ainsi qu'une politique à long terme de prévention des risques psychosociaux	
Management	Interrogations sur l'autorité	Direction perçue comme potentiellement dépassée par les enjeux, sans ligne directrice, ayant une faible réactivité, incapable d'imposer des solutions	
Management	*Implication* : styles de management et formes d'engagement (laxisme *vs.* mobilisation) très disparates	Certains chefs d'équipe en appui et en retour d'information, d'autres en « mode flicage » et réflexions désagréables	

Domaine	Dysfonctionnements identifiés	Risque potentiel - Description	Priorité
Management	Déficit de reconnaissance symbolique. Principalement financière (50 % des salariés interrogés sur les formes de reconnaissance mentionnent en premier lieu la reconnaissance financière ; 65 % d'opinions négatives)	Les marques de reconnaissance symbolique dispensées par le management sont majoritairement négatives. Or, elles contribuent à alimenter la fonction expressive du travail, ce qui permet à l'individu de s'exprimer et d'être satisfait de sa performance	
Management	Disponibilité. Chefs de service saturés et pas assez disponibles	Difficulté à retransmettre l'information vers le bas. Incapacité à traiter un certain nombre de problèmes d'organisation ou de relations interpersonnelles	
Management	Déficit de communication collective orientée vers la résolution des difficultés des situations de travail	Sentiment d'être des pions, d'assister à des réunions où l'on ne peut parler des difficultés concrètes	
Management	Inégalité dans la répartition des tâches	Impression de laxisme vis-à-vis des salariés qui en font le moins ou qui refusent certaines affectations ou rotations de poste	
Management	Déficit de communication individuelle régulière entre les collaborateurs et leur hiérarchie. Entretiens d'appréciation non systématiques et non suivis	Sentiment d'un désintérêt de la part de l'entreprise. Renforce la perception de gratifications (primes, évolutions) à la tête du client. Déficit de vision sur les possibilités d'évolution. Incompréhension par rapport à l'octroi d'augmentations et de primes	
Management	Décalage entre les intitulés de poste et les fonctions réelles	Sentiment d'en faire plus que ce que la fonction requiert, sans contrepartie. Quelques personnes en situation « statutaire » peu claire (par exemple, chefs adjoints redevenus employés)	

Domaine	Dysfonctionnements identifiés	Risque potentiel - Description	Priorité
Management	Encadrement de proximité apprécié (pour certaines personnes)	Constitue (sauf exception) un recours en cas de difficultés et un soutien dans le travail quotidien. Présence de quelques managers de référence	
Organisation	Constat d'un déficit d'organisation et de cadre structurant	Cloisonnement entre services. Interfaces fragiles et manque de coordination entre divers services ([clients/compta clients] ; [Saisie/Relations Éditeurs] ; etc.)	
Situation du travail	*Pénibilité du travail* accrue avec l'ancienneté	Postures, déplacement, charge de travail. Accessibilité des nouveaux stocks anciennement en réserve. Ressenti général : « Ils ne se rendent pas compte » de la difficulté à tenir le poste. Risque d'augmentation des TMS	
Situation du travail	*Usure professionnelle* et population vieillissante	Travail monotone et sans intérêt. Manque d'évolution envisageable pour certaines opératrices sur chaîne motivées. Variété et polyvalence envisagées comme un privilège. Risque d'augmentation des TMS	
Situation du travail	Culture de l'urgence et de la débrouillardise (en décalage par rapport au professionnalisme des personnes nouvelles)	Dans les services supports (Direction des Systèmes d'information (DSI)) faible capacité à anticiper les évolutions. Difficulté à élaborer des cahiers des charges. Inquiétude sur les changements qui restent à surmonter	
Situation du travail	Possibilités d'évolution	Plusieurs témoignages de salariés ayant eu des opportunités d'évolution et ayant en partie défini les périmètres de leur poste	

Domaine	Dysfonctionnements identifiés	Risque potentiel - Description	Priorité
Typologie de population à risque	Population de production (employés et chefs d'équipe) soumise à des objectifs quantifiables et affectée à des postes pénibles. Risques psychosociaux en rapport avec l'intensification du travail et l'âge (risque d'épidémie de TMS et absentéisme)	Risque accentué par la personnalisation possible des performances. Exacerbation des questions d'équité dans la répartition du travail. Besoin important de reconnaissance symbolique humaine insuffisamment satisfait	
Typologie de population à risque	Population soumise à des objectifs de type « pile journalière » ou discrétionnaire. Grande autonomie, faible présence de l'encadrement. Reconnaissance attendue principalement au plan financier. Peu de volonté d'évolution	Risque de perte de sens du travail et de désengagement. Stratégies de résignation. Passivité et problématique d'addictions éventuelles	
Culture interne	*Attachement des salariés à l'entreprise et à ses évolutions si elles sont expliquées*	Dimension humaine, fierté de branche, relations globalement conviviale	
	Dirigeant récent, apprécié, qui garde tout son crédit		

Qualification du risque :

FORT

MOYEN

FAIBLE

SATISFAISANT

La médiation : un outil adapté à la résolution des conflits en entreprise

➠ **Charlotte Hammelrath, avocat au barreau de Paris spécialisée en droit social et associée au sein de la SCP Coblence**

Définition

La médiation est un processus amiable de résolution des conflits tout à fait adapté au monde du travail et qui va permettre de trouver un accord sur un désaccord. Les désaccords sont nombreux dans le monde de l'entreprise et, souvent, c'est tout un service qui est alors paralysé.

Les conflits en entreprise, surtout sur des thèmes relatifs à la discrimination ou le harcèlement, sont contre-productifs à tous les niveaux et la médiation est l'outil qui me paraît le plus adapté pour résoudre ces différends, lesquels à l'origine sont souvent bénins et prennent des proportions impressionnantes quand ils n'ont pas su être gérés ou découverts à temps.

L'objectif de la médiation est de proposer aux parties en difficultés l'intervention d'un tiers indépendant et impartial formé à la médiation, qui les aide à parvenir à une solution négociée optimale et, en tout cas, conforme à leurs intérêts respectifs, mettant fin au litige.

Le médiateur n'est investi d'aucune autorité autre que celle résultant de la confiance que les parties lui témoignent. Le médiateur n'est en effet ni un juge ni un arbitre, mais un « pacificateur » dont la mission est de faciliter les négociations entre les parties, afin de les aider à trouver elles-mêmes une solution à leur différend.

Il n'a donc pas vocation à trancher le litige et ne donne, en principe, son avis que dans le cas où cela lui est unanimement demandé. L'organisation d'une médiation repose essentiellement sur la commune volonté des parties de rechercher, de bonne foi, une issue amiable à un désaccord. Ainsi, dans la loyauté et le souci du respect des intérêts de chacune des parties, le médiateur est maître des modalités d'exécution de sa mission.

Le déroulement d'une médiation

La médiation peut être mise en place spontanément de façon conventionnelle ou sur proposition du tribunal, mais elle n'a pas vocation à être imposée aux parties. Pour organiser sa mission, le médiateur prend contact avec les parties dans les meilleurs délais à compter de l'acceptation de sa mission.

Il me paraît indispensable de recevoir, dans un premier temps, les parties en entretien individuel séparé, ce qui ainsi va permettre d'instaurer un climat de confiance.

Le médiateur s'engage à respecter un équilibre entre les parties. Il analyse avec chaque partie sa position dans le litige et s'assure de la parfaite compréhension par chacune d'elles de la position de l'autre. Il permet ainsi également de lever des malentendus et des préjugés. Puis les parties se retrouvent en séance plénière afin de garantir le respect des droits fondamentaux des parties et de les amener à élaborer ensemble les aménagements raisonnables et les accommodements nécessaires pour mettre fin aux effets du différend, ce en toute confidentialité.

À cette fin, le médiateur peut suggérer des pistes de réflexion, mais en aucun cas il ne doit chercher à imposer une solution, en particulier à une partie manifestement en situation de faiblesse. Il tient compte, dans sa démarche, de l'équité, mais aussi de l'attente des parties au regard des conventions conclues.

En cas de succès de sa mission, le médiateur invite les parties à formaliser leur accord par écrit. Il ne signe pas ce document dont il n'est pas lui-même partie. Toutefois, à la demande des parties, il peut apposer sa signature pour attester la matérialité de l'accord. Il fait alors précéder sa signature de la mention « en présence de X, médiateur ».

Le médiateur est tenu au secret dans le cadre du litige qui lui a été soumis, qu'il s'agisse de l'existence ou de tout autre aspect de la médiation. Le secret est général, absolu et illimité dans le temps. Le médiateur ne peut en être relevé que dans les conditions prévues par la loi.

Le médiateur s'interdit d'entretenir des relations d'intérêt professionnel avec l'une ou l'autre des parties pendant l'année qui suit l'achèvement de sa mission. Une fois l'accord signé ou l'échec constaté, la mission du médiateur s'achève. À partir de cette date, le médiateur ne peut intervenir à quelque titre que ce soit relativement au litige ou à sa résolution, sauf à la demande de toutes les parties.

Conclusion

La médiation en toute impartialité et dans le respect de la dignité des parties offre une issue rapide au conflit dans l'entreprise, ce qui est psychologiquement important aussi bien pour le réclamant que pour le mis en cause et évite ainsi le traumatisme d'une décision de tribunal qui, pour rendre un jugement, sera obligé de trancher et de donner raison à l'une ou l'autre des parties et ainsi n'offrira pas aux parties leur solution.

Cas pratique

Madame X se dit harcelée par son supérieur hiérarchique et saisit le CHSCT de cette difficulté. Le DRH propose alors une médiation à Madame X qui accepte. Un médiateur extérieur à l'entreprise est donc nommé. Il rencontre une fois les parties séparément, puis ensemble. Il réussit à désamorcer le conflit, né en réalité, car une collègue de Madame X avait été nommée au poste qu'elle briguait, ce alors même qu'elle avait beaucoup moins d'ancienneté qu'elle. Par le biais de la médiation, Madame X a finalement compris les raisons de cette nomination et la solution trouvée par les parties avec l'aide du médiateur a consisté à confier une nouvelle tâche à Madame X, laquelle a pu ainsi être valorisée au sein de son équipe.

Une vision systémique du climat relationnel au sein des équipes (collectifs) de travail : percevoir la pointe de l'iceberg et agir sur la partie cachée !

➡ Lucie Legault, consultante à l'ASSTSAS[1]

Plusieurs organisations s'intéressent uniquement à la question du climat de travail lorsqu'il devient problématique (tensions, conflits interpersonnels) au point d'affecter son efficacité. Quand une demande de soutien à l'amélioration du climat de travail nous est adressée, est-il judicieux d'agir uniquement au plan psychosocial ?

À l'ASSTSAS, nous développons ces dernières années une approche qui propose une vision systémique du contexte de travail en avançant l'hypothèse que l'amélioration du climat relationnel au sein des collectifs (équipes ou organisations) est souvent facilitée par la transformation des éléments structuraux des conditions d'exercice du travail (leadership, clarté des rôles, gestion de la charge, environnement, équipements, etc.).

À travers diverses expériences d'intervention alliant les méthodes de la psychologie organisationnelle et de l'ergonomie – approche de type psycho-socio-technique – nous avons pu constater qu'en agissant sur les conditions organisationnelles et techniques du travail, il était possible d'améliorer significativement l'état de santé et de bien-être physique et psychologique des équipes de travail. Nous assistons alors à une harmonisation des rapports qui conditionnent les situations de travail. Les conflits de nature strictement personnelle, s'ils s'en trouvent encore, sont alors bien circonscrits et traités spécifiquement.

Étude de cas n° 1 : un « système » de travail (une structure, des processus, des interactions humaines) à recadrer

Une équipe de travail en difficulté demande une intervention pour régler les problèmes de conflits interpersonnels à l'origine, selon elle, du climat malsain et des problèmes de fonctionnement que l'équipe vit depuis plusieurs années. Des démarches de médiation auprès de certaines personnes jugées plus problématiques auront été vaines.

Après diagnostic, l'intervention proposée s'est centrée sur la consolidation de composantes fondamentales d'une organisation du travail au sein d'une équipe : clarifier la mission, la vision, les valeurs ; préciser les rôles et responsabilités de chacun (tâches à accomplir, zones de pouvoir et d'imputabilité) ; adapter le leadership du gestionnaire et améliorer l'efficacité du travail interdisciplinaire en définissant mieux les besoins et les attentes des uns à l'égard des autres ; établir des règles précises de fonctionnement (la prise de décision, les personnes responsables et les mécanismes de traitement des problèmes selon leur nature,

---

1. Association pour la santé et la sécurité du travail du secteur des affaires sociales (Québec).

etc.) ; préciser les savoir-faire (compétences) et le savoir être (attitudes et comportements) attendus de chacun. À travers cette démarche, l'équipe a retrouvé un climat harmonieux et un fonctionnement efficace.

Certes, plusieurs conditions de succès d'une telle démarche reposent sur des facteurs humains, sur les attitudes et comportements (le savoir être) de chacun :

- l'engagement soutenu de l'ensemble des membres de l'équipe, leur participation, leur ouverture d'esprit à changer les choses et leur courage pour expérimenter des nouvelles façons de faire ;
- la confiance et le soutien témoignés par le comité paritaire mis sur pied pour l'encadrement de ce mandat ;
- une démarche concertée où chaque personne a pu s'exprimer et s'impliquer tout au long de l'intervention.

Mais l'originalité d'une vision systémique du climat relationnel au sein des équipes de travail est de chercher à harmoniser les éléments structuraux et techniques du travail aux dimensions humaines et de les utiliser comme levier pour agir de façon indirecte sur les facteurs psychosociaux, sur les « savoir être ». Il s'agit de créer un environnement de travail qui favorise l'émergence du « meilleur » chez l'humain.

Étude de cas n° 2 : quand un environnement matériel et physique blesse… psychologiquement !

Imaginez un laboratoire à espace très restreint où une biologiste partage, avec deux techniciennes, une table à cartes, laquelle se trouve juste en avant d'une hotte non sécuritaire, où un trou au mur attend l'arrivée d'un appareil fort utile, mais qui repose au sous-sol de l'établissement en attendant les 2 000 dollars canadiens nécessaires à son installation, où une technicienne s'applique à mettre des linges à vaisselle autour de la porte d'une salle où un taux d'humidité doit être maintenu, et qu'elle doive se battre avec une bouilloire électrique qui a le malheur de s'arrêter toute seule pour tenter d'amener et de préserver ce taux d'humidité recherché dans cette salle. Imaginez cette même équipe de travail qui doit modifier ses heures de travail et se répartir des plages de travail différentes (certaines travaillent de midi à 20 heures le soir plutôt que de 8 heures à 16 heures) pour pallier un manque de microscopes fonctionnels – un microscope sur trois fonctionne… On dit que cette équipe vit de très gros problèmes de conflits interpersonnels.

Opteriez-vous, dans un premier temps, pour une intervention de consolidation d'équipe ou pour une amélioration des équipements et de l'environnement physique de travail ?

Les conditions physiques et matérielles d'exercice du travail font partie des facteurs déterminants pour la santé psychologique au travail et peuvent être à l'origine de bien des maux d'équipe ou de sources d'aggravation. Entendons-nous, une équipe de travail en excellente santé psychologique et possédant de bons atouts sur le plan relationnel peut « absorber » de façon positive et constructive presque toutes les situations, mais est-ce le rôle et l'objectif premiers d'un milieu de travail de mettre au défi les habiletés psychologiques et relationnelles d'une personne ?

Conclusion

Quand des problèmes psychosociaux font surface et perdurent au travail, ce n'est souvent que la pointe de l'iceberg d'une organisation en difficulté où le leadership, les modèles de gestion, les conditions techniques et organisationnelles peuvent être à revoir. Il faut s'attarder sur la partie cachée de l'iceberg, le système sociotechnique, pour renverser la vapeur et transformer positivement une situation dégradée.

Le Cercle de l'humain

➠ **Isabelle Hennebelle, journaliste à *L'Expansion***

Pionnier de la presse magazine économique en France, le magazine *L'Expansion* est depuis 1967 au service des cadres et dirigeants. Sa vocation est de repérer et de décrypter les évolutions déterminantes pour la vie et l'avenir des entreprises. L'observation des communautés professionnelles et des relations de travail représente l'un de ses principaux champs d'investigation. C'est dans cet esprit que *L'Expansion* a prêté depuis plusieurs années une attention toute particulière aux questions suscitées par la violence au travail, s'affirmant comme le média le plus en pointe sur ces enjeux.

Face aux implications sans cesse plus lourdes et complexes du stress dans les entreprises, *L'Expansion* avait publié dès octobre 2008 un dossier de « Une » intitulé « Stop à la violence au travail ». Un manifeste avec vingt propositions d'experts incitait à repenser les méthodes de management et l'organisation du travail.

Afin d'aller plus loin dans son rôle de médiateur, sous l'impulsion d'Isabelle Hennebelle, journaliste spécialisée dans les ressources humaines, *L'Expansion* a créé « Le Cercle de l'humain ». Observatoire des tendances et laboratoire d'idées, attentif aux mouvements de fond comme aux phénomènes émergents, le Cercle de l'humain favorise la confrontation des idées et le partage de solutions innovantes en faveur du bien-être, de la santé et de l'efficacité dans l'entreprise, en France et à l'international.

Les conférences, axe fort du Cercle de l'humain, associent des témoignages de DRH, de dirigeants, et des pratiques d'experts, qu'ils soient psychiatres, avocats, anthropologues, économistes, sociologues, théologiens, professeurs de management, éthologues, médecins, géopoliticiens, etc.

L'importance des enjeux a aussi conduit le Cercle de l'humain à multiplier les partenariats autour de ces questions qui concernent tous les acteurs de la vie économique.

Depuis 2009, le Cercle de l'humain est partenaire du Congrès HR, lequel réunit deux fois par an à Paris quelque six cents DRH et experts en ressources humaines. Aboutissement logique de son engagement, le Cercle de l'humain a co-organisé avec le ministère du Travail, de la Solidarité et de la Fonction publique, entre avril et novembre 2010, une série de quatre conférences à Lyon, Bordeaux, Nantes et Paris. Ces événements ont rassemblé DRH, partenaires sociaux, CHSCT, médecins du travail et experts du ministère. Ils croisent leur regard et leur expérience sur les stratégies réussies de prévention du stress au travail.

Le Cercle de l'humain est accessible sur www.lexpansion.com.

--------------------------- **À retenir** ---------------------------

Les entreprises les plus ambitieuses adoptent une vision systémique de l'entreprise et mettent en place un diagnostic qui envisagera les aspects ayant trait à la stratégie, à l'organisation, au management, aux parcours de collaborateurs, etc., et tout thème ayant émergé comme « structurant » dans l'analyse.

Les actions envisagées sont très variées. Elles dépendent réellement de la situation précise de l'entreprise et de son *business model*. Une sélection sera faite par la direction parmi toutes les actions envisagées, pour se mettre d'accord et se focaliser sur les actions à mettre en place concrètement.

Chapitre 5

Paroles d'entreprises

De nombreux DRH ont accepté de témoigner de leurs pratiques en matière de prévention et de traitement des risques humains en entreprise. Ces différentes expériences participent d'un échange de bonnes pratiques. Voilà une étape indispensable pour faire progresser les entreprises dans leur ensemble sur cette voie encore peu empruntée.

Écouter et agir : une démarche de progrès au service du management

** Elizabeth Valenza, responsable développement marque employeur, Carrefour**

Le Groupe Carrefour, septième employeur privé dans le monde, a développé et mis en œuvre dès 1989 en France, et 2002 dans de nombreux autres pays, une méthodologie innovante dite d'« Écoute du personnel ». L'objectif est d'offrir à des groupes de huit à douze salariés, dans un même établissement, la possibilité de s'exprimer anonymement sur différents thèmes ayant trait à leur travail et à leurs conditions de vie dans l'entreprise. Cette démarche originale permet de connaître à un moment donné l'état d'esprit, les perceptions et les commentaires du personnel et, également, d'aider le management à identifier les dysfonctionnements éventuels afin de pouvoir proposer des actions d'amélioration. Les résultats, restitués à tous les collaborateurs, mettent ainsi en avant les situations positives à pérenniser et identifient les points de progrès qui donnent lieu à l'élaboration d'un plan d'action. La mise en œuvre de ce plan d'action est suivie et son efficacité pourra être ainsi évaluée lors d'une prochaine « écoute ». C'est pour les collaborateurs une marque de reconnaissance importante qui leur donne la possibilité d'exprimer leurs idées pour améliorer leur bien-être au travail.

Les objectifs poursuivis

Carrefour a défini plusieurs enjeux, propices à la création d'une dynamique d'entreprise :

- Au niveau local, dans l'établissement, l'« Écoute du personnel » permet d'évaluer la qualité du management, plus particulièrement de la communication, des formations, de l'organisation du travail, de l'évaluation des compétences. Cet outil permet également d'apprécier la perception de l'image de l'entreprise ainsi que le climat social, par activité, métier et fonction. De ces constats naît un plan d'action à mener rapidement.
- Au niveau national, l'« Écoute du personnel » fait fonction de baromètre. Elle mesure la portée de la politique d'entreprise et l'étendue des progrès réalisés. Dans une démarche comparative, sa visée est d'étendre les succès d'une unité à d'autres sites.
- Au niveau international, il s'agit d'étudier non seulement le climat social à travers l'adhésion des salariés à la culture, à la stratégie et aux valeurs de l'entreprise, mais également leurs attentes. Il apparaît ainsi possible de comparer les différentes pratiques de management et de gestion RH.

Une démarche globale

Chaque étude est préparée en amont : l'animateur rencontre le directeur de magasin pour identifier ses spécificités, constituer les groupes tirés au sort et organiser la séance.

La réunion se déroule en trois temps. Elle débute par un questionnaire auquel chaque participant répond anonymement grâce à un boîtier électronique. Le questionnaire comprend des questions répertoriées en huit thèmes (image de l'entreprise, image du magasin, formation, travail, management, social, actualité, local). Par exemple : « Je suis fier de travailler chez Carrefour », « J'ai au moins une fois par an un entretien avec mon responsable », « Je suis félicité pour mon travail quand il est bien fait ».

Les résultats du questionnaire sont ensuite présentés au groupe qui a la possibilité de réagir par des commentaires, propositions, notés par l'animateur.

Le dernier temps de la réunion permet d'approfondir certains sujets plus spécifiques, à travers les « métaquestions », sur lesquels le groupe émettra son avis. Par exemple : « conseils, remarques, suggestions pour votre responsable hiérarchique », « idées, suggestions pour améliorer la communication interne ».

L'équipe de direction du magasin est également mise à contribution : elle doit répondre aux questions en se mettant à la place des employés, ceci dans le but d'estimer leur connaissance des réalités du terrain. Ce qui permet de mettre en évidence les points sur lesquels l'équipe de direction est optimiste ou pessimiste. C'est aussi à elle que l'animateur restitue les résultats à chaud, au terme de l'étude. Il pointe les aspects positifs et les points sensibles en proposant des actions de vigilance.

L'animateur fournit le rapport complet d'analyse de l'« Écoute du personnel » au directeur de magasin. Il s'agit d'une analyse globale pour le magasin, mais aussi par groupe pour aider le manager le plus proche de l'équipe. Il l'assiste dans la communication des résultats et dans la mise en place des actions d'amélioration. Par exemple : mettre en place les entretiens individuels à tous les niveaux, animer des réunions d'équipe, fêter les victoires, etc.

Les facteurs clés de la réussite du projet

Le bon fonctionnement de l'« Écoute du personnel » repose sur plusieurs facteurs clés :

- l'anonymat des participants lors des réunions et des restitutions ;
- la transparence : les commentaires notés par l'animateur sont visibles de tous et validés par les participants ;
- le tirage au sort des participants : les tirés au sort représentent 30 à 35 % des effectifs du magasin ;
- l'absence de rapport hiérarchique au sein du groupe ;
- la communication des résultats présentés à l'ensemble des salariés ;
- la mise en place de plans d'action et d'un suivi.

Dans cette dynamique, l'« Écoute du personnel » se place avant tout dans une démarche de progrès et non simplement de contrôle et ne doit en aucun cas se détourner de cet objectif. C'est un outil de management, un outil de progrès. C'est pourquoi, au vu des attentes créées lors de l'étude, il est nécessaire d'utiliser et de présenter les résultats à l'ensemble des collaborateurs afin d'apporter des axes d'amélioration.

Bilan et principales conclusions

Parmi les thèmes positifs exprimés au sein de l'entreprise apparaissent l'intérêt du travail, la fierté d'appartenance, l'évaluation annuelle des performances, la qualité de la formation, la confiance et le respect des engagements par la hiérarchie. Les points de vigilance concernent le matériel (l'état et le manque de matériel), le besoin de suivi de formation, le manque de feed-back positif (la reconnaissance du travail), etc.

Chaque année, les résultats consolidés et les évolutions sont présentés au comité de direction du Groupe Carrefour, ainsi qu'au Comité d'Information et de Concertation Européen Carrefour.

Les magasins sont « écoutés » tous les trois ans, ce qui offre la possibilité d'évaluer l'efficacité des plans d'action et de dresser le bilan des interventions qui marchent.

Par sa nature, sa régularité et le nombre important et représentatif de collaborateurs « écoutés », le système de l'« Écoute du personnel » présente un réel intérêt dans la prévention des risques psychosociaux. En effet, il permet dans un premier temps au salarié de s'exprimer, puis, de manière objective, d'identifier les points à améliorer qui nécessiteront la mise en œuvre des mesures concrètes assemblées dans le plan d'action.

La sécurité, la santé et le bien-être de chaque collaborateur, priorités clés de l'entreprise et de sa politique RH

➠ **Bruno Fournet, Directeur Santé et Sécurité au Travail, Disneyland Paris**

Disneyland Paris est une destination touristique complète qui a accueilli plus de deux cent quinze millions de visiteurs depuis son ouverture en 1992. Ses activités sont très variées (deux parcs à thème, sept hôtels, deux centres de congrès, un golf, etc.). Notre équipe est composée d'environ quatorze mille (87 % en CDI), issus de cent nationalités et exerçant plus de cinq cents métiers sur un site de près de deux mille hectares.

Dans notre entreprise de spectacle et de service, l'Humain est au cœur de notre stratégie

Dès l'ouverture du premier parc à thème en 1955, Walt Disney avait placé la sécurité au premier rang de nos standards d'entreprise. La sécurité, la santé et le bien-être de chaque collaborateur sont des priorités clés de l'entreprise et de sa politique de Ressources Humaines, notamment parce que le bien-être au travail bénéficie à tous :

* au collaborateur, qui, bien dans son travail, peut aller bien dans sa vie privée ;
* aux équipes de travail, qui s'entendent mieux, où les choses sont facilitées ;
* à l'expérience de nos visiteurs, qui peuvent être accueillis chaleureusement par des collaborateurs qui se sentent bien.

Disneyland Paris s'est engagé à la prévention des risques psychosociaux pour éviter leur survenue

Depuis la création de la société à la fin des années 1980, l'entreprise propose un vaste programme de formation continue à destination de l'encadrement (délégation, communication, animation, etc.) et des salariés (affirmation de soi, gestion du stress, gestion des conflits, communication non-violente, etc.). Ces formations permettent de transmettre de bons référentiels de management ainsi que de sensibiliser nombre de salariés sur les bons comportements à adopter pour réduire les risques psychosociaux.

En parallèle, de nombreux interlocuteurs de proximité (représentants du personnel, responsables ressources humaines, infirmières et médecins de notre service autonome de santé au travail, etc.) sont à l'écoute des salariés, alertent voire conseillent l'encadrement sur des actions précoces de prévention.

Face à des salariés en souffrance psychologique, quelle qu'en soit l'origine, ces mêmes interlocuteurs, ainsi que les services de premiers soins internes, offrent une écoute, prodiguent des conseils et orientent les salariés si nécessaire vers des spécialistes.

Depuis 1999, Disneyland Paris s'est doté d'un programme baptisé CastMemberland, afin d'améliorer les conditions de vie des salariés dans l'entreprise et de faire des coulisses des parcs un endroit où il fait bon vivre. À travers ce programme sont coordonnées des actions aussi diverses que l'amélioration de la restauration d'entreprise, la réfection de salles de repos, des animations culturelles ou sportives, etc.

En 2003, Disneyland Paris choisissait d'améliorer son dispositif d'écoute et d'aide aux salariés en difficulté sociale en créant un service social, composé d'assistantes sociales diplômées, en lien avec les structures extérieures (services publics, groupes médico-sociaux, associations, etc.).

En 2005, Disneyland Paris opte pour une démarche innovante de prévention des risques psychosociaux et se fait accompagner par Stimulus, cabinet spécialisé dans le domaine

Des groupes de travail pluridisciplinaires (chef d'établissement, responsable ressources humaines, médecin du travail, chargé de prévention hygiène et sécurité du travail, membres du CHSCT et délégués du personnel) ont été créés dans chaque établissement avec pour mission de piloter une démarche locale de prévention des risques psychosociaux, en quatre phases :
• identifier les indicateurs d'alerte ;
• analyser les causes et les facteurs de risques ;
• définir les plans d'action et les mettre en œuvre ;
• évaluer les actions et conduire les réajustements éventuels.

Depuis, les salariés ont été sensibilisés aux risques psychosociaux, notamment par des sessions dédiées aux membres des CHSCT et à l'encadrement.

Cette démarche d'amélioration de proximité a permis de mettre en place nombre d'actions correctives, en termes de conditions de travail, d'organisation du travail, de communication, etc. (Depuis 2007, l'entreprise a investi près de 30 millions d'euros pour l'amélioration des conditions d'hygiène et de sécurité au travail de ses équipes.)

À l'instar de nombreuses grandes sociétés soucieuses de créer un environnement de travail positif pour leurs salariés, l'entreprise a mis en place un Code de déontologie professionnelle, qui formalise les comportements attendus sur le lieu de travail tout en apportant une aide adaptée aux salariés lorsque ceux-ci se trouvent confrontés à une situation difficile.

En complément, Disneyland Paris a créé un dispositif d'alerte sociale, en concertation avec les organisations syndicales. Ce dispositif permet que les situations inhabituelles soient prises en charge par une équipe pluridisciplinaire, qui fait appel si nécessaire à des spécialistes extérieurs.

Enfin, l'entreprise propose les services – gratuits et anonymes – de psychologues, soit grâce à une ligne téléphonique d'accompagnement psychologique, H24, soit grâce à des consultations d'un psychologue sur site. Ces deux dispositifs sont assurés par le cabinet PSYA, spécialiste reconnu en la matière.

Début 2009, la direction générale va encore plus loin en créant la direction Santé & Sécurité au travail

Cette direction regroupe depuis les différents services concourant à la préservation de la santé physique, psychologique et sociale des salariés (médecine du travail, service social, services de premiers soins, chargés de prévention en hygiène et sécurité au travail, formateurs, ergonomes, etc.).

Composée d'une centaine de collaborateurs, la direction santé & sécurité au travail représente un budget annuel de 7 millions d'euros. Chaque année, elle réalise dix-huit mille visites médicales et accueille soixante-quatorze mille patients en premiers soins (dont 50 % sont salariés de l'entreprise).

Mettant en synergie ces différents acteurs, la direction santé & sécurité au travail a depuis développé la politique de Disneyland Paris en matière de santé et de sécurité au travail avec comme axes stratégiques majeurs la mobilisation de l'encadrement et la sensibilisation des salariés aux enjeux et aux bonnes pratiques en termes de sécurité et de santé au travail, et notamment en ce qui concerne les risques psychosociaux.

En 2010, Disneyland Paris améliore encore le dispositif de prévention des risques psychosociaux, lors d'une négociation sur le stress avec les organisations syndicales

Dans un contexte extérieur souvent anxiogène et pour faire face aux défis de l'entreprise, il nous est apparu nécessaire de compléter notre démarche de prévention des RPS sur six thèmes de travail :

• améliorer nos dispositifs de mesure des risques psychosociaux pour avoir une vision plus dynamique des risques et de l'état de santé psychologique de nos équipes ;
• intégrer la maîtrise des risques psychosociaux à notre démarche normale de gestion des autres risques professionnels avec évaluation, programme d'amélioration et bilan annuels, partagés en CHSCT ;
• développer encore les compétences des acteurs clés dans le domaine, au premier rang desquels se situe l'encadrement de proximité, qui doit mieux appréhender les facteurs de risques et les dispositifs de protection à mettre en œuvre ;
• sensibiliser davantage les salariés sur le thème pour leur permettre de mieux le comprendre et d'avoir les bons réflexes collectifs et individuels ;
• développer nos dispositifs de prise en charge des salariés en souffrance pour offrir une aide adaptée dans des conditions encore plus facilitées ;
• mieux accompagner les changements d'ampleur dans l'entreprise (nouvelle organisation, nouveaux outils informatiques, etc.).

Ces progrès devant passer par une construction commune entre direction, encadrement de proximité, organisations syndicales, responsables ressources humaines, experts internes voire externes, ces pistes de travail sont à l'agenda de la négociation sur le stress, actuellement en cours.

Lors de cette négociation, des ateliers spécifiques sont prévus sur ces six thèmes afin de recueillir les avis et les propositions de chacun et d'aboutir à un plan d'améliorations ciblées pour l'avenir.

Notre projet « Mieux vivre au travail » : de la volonté au développement d'un état d'esprit puis d'une culture

➡ **José-Maria Aulotte, DRH Arc International**

Arc International vit une profonde mutation depuis une dizaine d'années : nouvelles organisations importantes de ses différents services, révisions des process et plan de sauvegarde de l'emploi contribuant à la diminution des effectifs : de onze mille personnes en 2003 à sept mille aujourd'hui.

Double objectif

L'objectif de la démarche « Mieux vivre au travail » est double :
- gérer et accompagner ses profondes mutations ;
- assurer et préserver durablement la santé de ses collaborateurs.

Rapidement, une démarche curative a été mise en place au travers d'une commission de suivi composée des différents acteurs de l'entreprise (partenaires sociaux, médecins du travail, assistantes sociales, RH) qui ont tenté d'apporter des solutions opérationnelles : livret « Comment mieux vivre les situations difficiles au travail ? », mise en place de vacations hebdomadaires d'une psychologue du travail, séances de sophrologie.

Quatre étapes

Aujourd'hui, grâce à l'appui d'un cabinet conseil et la mise en place d'un comité de pilotage, le projet « Mieux vivre au travail » s'articule autour de quatre étapes :
- la lettre d'engagement de la direction ;
- une enquête quantitative ;
- une enquête qualitative ;
- la mise en œuvre des propositions d'amélioration par un plan d'action.

Parallèlement, une formation aux risques psychosociaux a été lancée pour l'ensemble des membres CHSCT, comité de pilotage, RRH, service santé au travail et assistantes sociales.

Les principales difficultés rencontrées sont :
- la mobilisation des salariés pour répondre à l'enquête ;
- un sujet qui, malgré son apparence, peut parfois avoir d'énormes difficultés à trouver un consensus entre la direction, les membres CHSCT et la santé au travail ;
- trouver rapidement des mesures concrètes et opérationnelles répondant aux attentes d'une population très hétérogène.

Les prochaines étapes

Il s'agit de l'enquête qualitative en cours en juin 2010, du rapport final fin septembre 2010 et de la mise en place d'actions concrètes en octobre 2010 telles que :

- fonction de préventeur ;
- sensibilisation des managers : formations ;
- audit des conditions de travail pour le personnel de production ;
- budget spécifique pour l'amélioration des conditions de travail au quotidien : petites réparations, mise à disposition d'outils, de matériel, etc.

Une démarche participative contre le stress

➠ Virginie Coindreau, directrice des Ressources Humaines de Foncière des Régions

En 2009, le comité d'entreprise de Foncière des Régions a eu l'occasion de remonter à plusieurs reprises auprès de la direction des situations délicates de salariés ressentant un stress nuisant à la qualité de leur confort de travail (inadéquation des outils, charge de travail importante, manque d'écoute du management, etc.).

Les échanges sur ces sujets ont rapidement trouvé leurs limites dans le cadre du comité d'entreprise, les représentants du personnel n'étant pas habilités à traiter en détail ces sujets afin de préserver l'anonymat des personnes qui les avaient saisis. La direction ne pouvait par conséquent pas prendre de mesures concrètes, faute de visibilité précise sur le sujet.

Les partenaires sociaux ont alors décidé d'entamer des discussions pour aboutir à un accord de prévention et de lutte contre le stress.

Un accord et des indicateurs

Cet accord signé en octobre 2009 a mis en place un volet préventif, avec notamment la création d'un suivi d'indicateurs permettant de mieux anticiper des situations pouvant donner lieu à un cadre de travail stressant :

- nombre de saisines de tout organe interne sur des sujets liés au stress : institutions représentatives du personnel, instance de direction, DRH, médecin du travail, etc. ;
- niveau d'absentéisme, notamment de courte durée ;
- taux de rotation du personnel, en particulier fondée sur des démissions, des conflits personnels ou des plaintes de la part des collaborateurs ;
- nombre de visites spontanées au service médical ;
- nombre de salariés n'ayant pas pris l'intégralité de leurs congés dans l'année ;
- nombre d'entretiens annuels d'évaluation lors desquels est évoqué un problème lié au stress.

Mise en place d'un volet préventif

Cet examen sera réalisé chaque année par la DRH et présenté en février au CHSCT. Si l'examen de ces indicateurs met en évidence une situation pouvant générer des problèmes de stress, la DRH s'attachera à effectuer une analyse de cette situation, en examinant notamment tous les facteurs potentiels suivants :

1) Facteurs liés à la tâche ou liés au contenu même du travail à effectuer :
   - fortes exigences quantitatives (charge de travail, rendement, pression temporelle, masse d'informations à traiter, etc.) ;
   - fortes exigences qualitatives (précision, qualité, vigilance, etc.) ;

- difficultés liées à la tâche (monotonie, absence d'autonomie, répétition, fragmentation, etc.) ;
- risques inhérents à l'exécution même de la tâche.

2) Facteurs liés à l'organisation du travail :
- absence de contrôle sur la répartition et la planification des tâches ;
- imprécision des missions confiées (qu'attend-on de moi ? Comment dois-je m'y prendre ? Sur quelle base serai-je évalué ?).

3) Contradiction entre les exigences du poste :
- inadaptation de certains horaires de travail à la vie sociale et familiale ;
- nouveaux modes d'organisation (flux tendu, polyvalence, etc.) ;
- instabilité de certains postes (baisse d'activité, etc.).

4) Facteurs liés aux relations de travail :
- manque d'aide de la part des collègues et/ou des supérieurs hiérarchiques ;
- management peu participatif ou autoritaire, voire déficient ;
- absence ou faible reconnaissance du travail accompli ;
- insuffisance de la communication (incertitude quant à ce qui est attendu au travail, perspectives d'emploi, changement à venir, mauvaise communication concernant les orientations et les objectifs de l'entreprise, communication difficile entre les acteurs, etc.) ;
- pressions émotionnelles et sociales, impression de ne pouvoir faire face à la situation.

5) Facteurs liés à l'environnement physique :
- nuisances physiques ;
- mauvaise conception des lieux et/ou des postes de travail (manque d'espace, éclairage inadapté, etc.).

6) Facteurs liés à l'environnement socio-économique de l'entreprise :
- environnement économique fragilisé (crise) ;
- surenchère à la compétitivité sur le plan national, voire en interne.

Si, au vu de l'analyse évoquée ci-dessus, il apparaît qu'un facteur de stress au travail est identifié, une action corrective devra être entreprise pour le prévenir, l'éliminer ou à défaut le réduire. La responsabilité de déterminer les mesures appropriées incombe à l'employeur. Les institutions représentatives du personnel et le médecin du travail seront associés à la mise en œuvre de ces mesures lors des réunions CHSCT et des délégués du personnel.

Un volet curatif

L'accord a aussi décidé de créer, dans un volet « curatif », une commission de lutte contre le stress, qui servirait d'une part de cellule d'écoute pour les salariés estimant vivre une situation de stress et d'autre part de lien avec la direction pour remonter les cas existants et, le cas échéant, émettre des propositions d'amélioration...

Cette commission a été composée de deux salariés désignés par la direction, un salarié désigné par le comité d'entreprise, un membre des délégués du personnel et un membre du CHSCT, avec l'appui du médecin du travail.

Début 2010, la commission a sollicité la DRH pour traiter le cas d'une équipe qui connaissait une situation difficile en termes d'outils, d'organisation et de charge de travail. Cette équipe était en particulier soumise à de nombreuses sollicitations de la part de clients et ne parvenait pas avec l'organisation et les outils en place à y faire face. L'approche des membres de la commission a été extrêmement pragmatique. Outre l'écoute qu'elle a pu offrir aux salariés concernés, elle a aussi pu, dans un cadre serein, proposer à la direction des pistes d'amélioration de la situation existante.

Ces pistes concernaient plusieurs registres : investissement dans du matériel de téléphonie permettant aux collaborateurs de l'équipe de recevoir leurs messages en temps réel, organisation en binômes des équipes permettant un meilleur suivi clients, instauration d'échanges avec l'équipe sur les sujets d'organisation, etc.

Elle a aussi permis de remettre le management de l'équipe concernée en situation de réintroduire un dialogue constructif permettant de traiter les sujets au sein même de la ligne hiérarchique, avec en particulier l'implication directe du directeur de la société.

Il est bien sûr trop tôt pour dresser un bilan du fonctionnement de l'accord et de la commission. Il semble néanmoins que l'approche du sujet se révèle pragmatique et positive, du fait du retour exprimé par les salariés et le directeur.

Il est aussi apparu qu'il était très délicat pour les membres de la commission de faire la part des choses entre le ressenti des salariés et les explications du management sur les contraintes vécues. Nul doute qu'il faudra également mettre en place un accompagnement du management pour parvenir à maintenir un dialogue constant avec l'équipe.

La prochaine étape doit consister à dresser un premier bilan du fonctionnement de l'accord, et à vérifier en particulier si tous les indicateurs préventifs listés ci-dessus sont orientés dans le bon sens.

Le stress au travail des éducateurs des centres de l'Établissement public d'insertion de la défense (ÉPIDE)

➠ **Martine Dobiecki et Jacques Descamps, Direction des Ressources Humaines de l'ÉPIDE**

Une mission d'insertion professionnelle et une pédagogie originale

L'ÉPIDE a été créé en 2005. Disposant de vingt centres répartis en France, il a pour rôle de permettre à des jeunes majeurs âgés au plus de 25 ans, en difficulté scolaire et sociale, souvent en voie de marginalisation, de s'insérer dans la société en en comprenant les règles et de trouver un emploi.

Le cadre pédagogique général posé par l'ÉPIDE est inspiré de celui des armées. On y retrouve une organisation et des coutumes proches de celles des écoles militaires.

Ce cadre très solide est l'opportunité, pour l'encadrement des centres ÉPIDE, de développer avec les jeunes une pédagogie fondée sur l'instauration d'une relation d'aide. Celle-ci a pour objectif de les rendre autonomes, c'est-à-dire capables de faire des choix fondamentaux en toute liberté de pensée. Le parcours individualisé d'évolution qui leur est proposé vise à développer chez eux une confiance en soi et une estime de soi suffisantes malgré un parcours de vie accumulant souvent les échecs.

Éducateur, un métier particulièrement exposé au stress

La levée des freins à l'emploi, notamment psychiques, est un exercice difficile qui ne peut se faire sans être accompagné. La clé de la réussite d'une telle pédagogie, fondée sur l'aide et la confiance, est de parvenir à maintenir entre le jeune et l'encadrant une distance relationnelle juste et suffisante. Seule cette distance permettra au jeune de faire valoir sa liberté de choix et à l'éducateur de contrôler ses propres émotions issues des contacts avec ces jeunes, qui, peu à peu, quittent leurs masques, évacuent les pressions rentrées en profitant de l'écoute qui, souvent pour la première fois, leur est véritablement offerte en dehors de tout jugement.

L'extrême difficulté de garder une juste distance

Il est en effet antinomique, dans un monde où la société est présentée comme une mère dévouée, de parvenir à mettre en place une relation bienveillante et de faire en même temps des efforts pour que cette relation ne rende pas le bénéficiaire affectivement dépendant. Cette imperfection naturelle nous place en effet en permanence entre le trop près et le trop loin, créant chez les individus un stress plus ou moins grand, qui à terme les mènera à l'épuisement moral et physique si un dispositif d'analyse des pratiques n'est pas mis en place à leur profit.

Lutter contre le stress par des séances d'analyse des pratiques menées par des psychologues

Rapidement conscient de ce danger, l'ÉPIDE a créé, dès sa première année d'existence, un réseau de psychologues vacataires, à raison d'un par centre ÉPIDE, chargés d'aider les éducateurs à mieux comprendre la pédagogie demandée mais aussi et surtout leur rôle et ses enjeux. Il leur a également et surtout été demandé de mettre en place des espaces de discussion libre entre les agents d'un même métier dans le but de créer une dynamique de groupe permettant à chacun de se sentir soutenu et de pouvoir ainsi évacuer les tensions que procure inévitablement la relation éducative avec un public en difficulté sociale et professionnelle.

En lien avec le directeur du centre, le psychologue favorise chez le personnel d'encadrement une prise de recul en mettant en évidence la logique comportementale du jeune grâce à des approches théoriques, systémiques, analytiques et parfois comportementalistes.

À l'écoute, disponible, il anime des séances d'analyse des pratiques pour le personnel d'encadrement sur des thèmes liés purement à l'exercice du métier. Au rythme d'une réunion par mois, ces séances, qui ne durent jamais plus de deux heures, créent un espace de confiance, où les formateurs peuvent échanger, se stabiliser et évacuer une partie de leur stress pour pouvoir continuer de mener à bien leur action quotidienne d'accompagnement et ainsi, progressivement, développer une démarche de qualité dans le suivi des volontaires.

À travers cette pratique, le psychologue développe des indicateurs (la pertinence, l'accessibilité, la continuité, la globalité, l'efficience, l'efficacité, la sécurité et la satisfaction) qui permettront au directeur d'apprécier la qualité des engagements pris par l'équipe éducative de son centre.

Dans ce contexte général, les missions du psychologue sont les suivantes :
- aider les directeurs à la mise en place du projet pédagogique ;
- aider le personnel de contact à s'approprier son rôle dans le cadre de la relation d'aide (distance et accompagnement) dans un objectif général d'autonomisation ;
- à partir des expériences individuelles et des cas concrets amenés par les cadres, favoriser la mutualisation des bonnes pratiques dans un esprit de communauté éducative.

Pour qu'une telle action soit efficace, il faut que le personnel s'y engage sans contrainte et sans crainte. Une phase préalable d'explication et de préparation a ainsi été nécessaire de la part des managers de l'ÉPIDE pour que le personnel reconnaisse que son travail générait du stress et des tensions qui pouvaient le fragiliser et que ce ressenti était lu par la direction comme normal et inhérent au métier, et non comme une faiblesse ou un manque de compétences.

Cette présence des psychologues a donné des résultats. On a noté dans les centres une ambiance générale plus conviviale, la capacité du personnel à régler des divergences en évitant les conflits, une communication interpersonnelle plus aisée et plus fluide, une liberté de parole plus grande.

Deux années ont été nécessaires pour mettre en place ce dispositif dans les centres et le rendre efficient. Aujourd'hui, le bien-fondé de cette pratique est reconnu par les éducateurs comme par les managers et la demande est de bonne qualité, permettant de prévenir une partie des épuisements individuels, des crises de confiance des équipes et des conflits interpersonnels ayant jalonné les premiers temps de notre fonctionnement.

Lutter contre le stress par un management adapté

Il a également été utile de travailler le rôle des managers pour qu'ils soient porteurs des ressources matérielles et morales nécessaires à leurs collaborateurs. Il s'agit de permettre à ces derniers de garder une confiance en eux suffisante malgré la remise en cause permanente de leurs compétences professionnelles, en reconnaissant leur place et l'importance de leur rôle dans le fonctionnement de l'établissement.

La posture des managers importe de manière majeure. La confiance réciproque, la disponibilité et une capacité d'écoute bienveillante dénuée de jugement et de projection sont les fondamentaux du management que l'ÉPIDE s'est efforcé de construire. En d'autres termes, il s'est agi de mettre en place autour des éducateurs une aide technique et psychique de même nature que celle mise en place autour des jeunes dont ils s'occupent quotidiennement.

Cette démarche passe par l'adoption d'une technique d'évaluation des agents adaptée et par un pilotage opérationnel qui ne soit pas uniquement fondé sur les résultats, mais aussi sur l'engagement des personnes malgré la pression liée à l'atteinte d'objectifs d'insertion professionnelle dus au pourcentage de jeunes réellement mis au travail avec un contrat en poche.

Conclusion

Le stress au travail des éducateurs de l'ÉPIDE peut être prévenu en agissant conjointement sur la pratique professionnelle des collaborateurs et sur la relation instaurée par les managers. Cette double action paraît ainsi poser les fondamentaux constitutifs du plan de prévention de ce domaine.

Renforcement de la culture de prévention des risques psychosociaux mise en place depuis 2007

⟹ **Docteur Alain Acker, directeur médical, Groupe Areva**

Areva, un groupe leader sur le marché de l'énergie nucléaire engagé dans la protection de la santé

Numéro 1 du nucléaire mondial, le Groupe Areva s'est doté, fin 2007, d'une politique santé déployée sur l'ensemble de son périmètre national et international mise en œuvre par la direction médicale du groupe.

Cette direction est une direction fonctionnelle au sein de la direction Sûreté, Santé, Sécurité. Elle est chargée de :
- proposer au directoire les politiques du groupe dans le domaine de la santé et de la sécurité ;
- contrôler leur mise en œuvre ;
- animer l'ensemble du réseau santé, sécurité du groupe.

La direction médicale est composée de trois médecins et d'un psychologue du travail.

Les entités opérationnelles du groupe, regroupées au sein des « Business Groups », sont chargées de mettre en œuvre les objectifs de la politique santé au travers de plan d'action et à partir de référentiels qui sont diffusés par la direction médicale.

Une politique santé volontariste avec un engagement de la direction générale

En 2007, la politique santé du groupe s'appuyait sur trois engagements :
- contribuer à améliorer sans cesse la santé des salariés et des sous-traitants ;
- promouvoir des actions de santé publique dans nos différents pays d'implantation ;
- développer des actions visant à améliorer les conditions de vie au travail.

Ces engagements, validés au niveau du comité exécutif du groupe, sont accompagnés d'objectifs précis triennaux et ont permis d'ancrer la culture de prévention du groupe dans tous les champs de son activité pour les salariés, les sous-traitants et les populations riveraines.

En 2010, l'évolution de l'organisation du groupe va permettre de proposer une politique intégrée dans le domaine de la santé et de la sécurité, en mutualisant les ressources du groupe dédiées à la santé et à la sécurité.

Les objectifs prioritaires seront :
- la protection de la santé et de la sécurité des salariés et des sous-traitants ;
- la protection de la santé des populations riveraines ;
- l'élaboration d'une politique concernant la qualité de vie au travail.

Une prise en compte très forte de la santé psychologique des salariés

Dès 2007, l'engagement concernant l'amélioration des conditions de vie au travail a permis d'élaborer une stratégie de prévention des risques psychosociaux et du stress pour les sites français les plus importants. Les outils mis en place comportent :

- des dispositifs d'écoute et d'accompagnement qui regroupent les médecins du travail, les infirmières, les assistantes sociales, des managers RH, les membres des CHSCT ;
- un consultant-écoutant externe qui assure l'accueil des salariés en difficulté ;
- le médecin du travail qui anime ces dispositifs ;
- une charte de fonctionnement rédigée pour préserver la confidentialité des données et l'anonymat des salariés bénéficiant de ce dispositif.

À ce jour, la moitié des salariés du groupe, périmètre France, bénéficie d'un accès à ce type de dispositif. Il est prévu de le généraliser pour l'ensemble des salariés, avant fin 2011.

Des enquêtes d'études des conditions de vie au travail ont démarré sur une dizaine de sites environ. Elles sont pilotées par un groupe composé de managers, d'opérationnels, de médecins, d'infirmiers, de membres des CHSCT. Leur exploitation donne lieu à des plans d'action qui sont déployés au travers de groupes de co-développement avec recherche de solutions collectives portant sur l'efficacité relationnelle, la clarté du management et, à plus long terme, la politique sociale de l'entreprise. Ces enquêtes vont être déployées sur l'ensemble du périmètre France avant la fin de l'année 2011.

Une formation de managers a débuté au niveau de chaque site concerné par les enquêtes et les dispositifs d'écoute et doit se concrétiser par un modèle destiné aux cadres dirigeants puis à l'ensemble des cadres, piloté au sein des programmes de l'Université Areva.

Dans les prochains mois, l'animation de l'ensemble du dispositif de prévention des risques psychosociaux va évoluer de la façon suivante : des réunions bisannuelles avec un représentant RH et un représentant santé de chaque site seront organisées pour échanger sur des thèmes concernant la santé psychologique au travail et pour faire le retour d'expérience de la mise en œuvre des dispositifs de prévention. Parallèlement, depuis début 2010, une négociation est entamée avec les partenaires sociaux sur le sujet de la qualité de vie au travail, qui comporte, bien entendu, la prévention des risques psychosociaux.

Un groupe de travail national avec les représentants syndicaux de l'entreprise, les représentants de la fonction corporate RH, les représentants de la fonction corporate santé, sécurité a entamé une réflexion sur les thèmes qui seront abordés dans la politique qualité de vie du groupe. Cette réflexion s'appuie sur les propositions de groupes de travail régionaux et par métiers, qui relèvent des bonnes pratiques, et sur les axes à améliorer. Un accord doit être signé entre le groupe et les coordonnateurs syndicaux fixant le cadre de cette politique qualité de vie au travail intégrant la prévention des risques psychosociaux et du stress.

Et pourquoi pas créer une association ?

➠ Christian Lurson, Directeur des Ressources Humaines, Sodexo France

Trente mille collaborateurs sur trois mille sites... Comment être en veille, capter, anticiper, agir, réagir aux risques psychosociaux ? Ce sujet n'est pas nouveau, ce qui est nouveau, c'est la pression, légitime ou pas, qui est mise sur les corps sociaux de prendre en compte et d'éviter les risques psychosociaux. Pour l'entreprise, le drame humain se déroulant dans le cadre de ce sujet interpelle ou, au minimum, doit interpeller. Parallèlement, la réaction sous la pression n'est pas bonne conseillère.

Créer un nouveau réseau

Lors d'un dîner avec un parlementaire spécialisé dans les dossiers sociaux, j'évoquai avec lui mon projet d'écrire un livre sur le stress du DRH. « *Bonne idée*, me répondit-il, *j'écrirai la préface.* » Pas de commentaire : nous étions en pleine période des listes verte, orange, rouge, validées par le même parlementaire. C'est pourtant souvent une alerte grave qui fait agir. On peut se dire en première analyse que cela ne peut pas se passer chez nous, puis que ce n'est pas à cause de nous, enfin que nous sommes suffisamment équipés pour répondre. Partant du postulat que le réseau humain au sein d'une même communauté est le meilleur moyen d'agir et de réagir, il nous a fallu réfléchir à être plus performants sur ce sujet.

Dans une société de services dans laquelle la qualité des relations entre les collaborateurs, et entre les collaborateurs et les clients, est l'une des clés de l'amélioration de la performance, l'idée de l'externalisation à l'une ou l'autre des excellentes sociétés qui mettent un numéro vert à disposition a vite été abandonnée. C'est donc l'idée de créer un nouveau réseau hors hiérarchie et fonctions traditionnelles en charge de « régler » ces sujets (fonction Ressources Humaines bien souvent) qui est apparue.

Très vite, des collaborateurs se sont manifestés pour rejoindre ce réseau ; mais très vite également, la nécessité de professionnaliser cette démarche est apparue en même temps que le besoin d'encadrer celle-ci. « Ni dedans – ni dehors » : c'est autour de ce principe que nous avons créé une association « Écoute et Vigilance », afin de garantir la confidentialité sur demande mais aussi de pouvoir agir en interne sur demande contraire.

Quinze vigies[1], cadres, agents de maîtrise et employés, ont été formées à l'écoute active par l'association Astrée et la présidence d'Écoute et Vigilance, confiée à Bénédicte Haubold.

Toutes ces démarches ont été effectuées avec une relative facilité, de même que la communication sur nos trois mille sites.

---

1. « Homme de veille placé en observation à bord d'un navire » (définition Dictionnaire Larousse).

Quel fonctionnement ?

Les collaborateurs de Sodexo disposent d'un « flyer » qui comporte le nom, le prénom et le numéro de téléphone des vigies (portable afin que la vigie puisse s'isoler), mais pas la fonction. Le (ou la) collaborateur(trice) prend contact avec une vigie et expose sa situation, sous couvert ou non d'anonymat.

Lorsque l'appelant souhaite décliner son identité, la vigie l'informe que sa situation sera exposée au bureau de l'association, qui pourra prendre des mesures et déclencher les actions nécessaires à la résolution des difficultés exposées (contact avec la hiérarchie, la fonction RH, le service social, etc. ; dans la plupart des situations un appel se transforme en trois ou quatre situations d'écoute).

Le bureau de l'association se réunit autant que nécessaire, les situations sont exposées par le directeur de la prévention au travail, qui est par ailleurs secrétaire de l'association.

Chaque situation est répertoriée (sous forme anonyme ou non) permettant ainsi d'enrichir le diagnostic des risques psychosociaux qui est porté à la connaissance de la DRH et du Comité exécutif de Sodexo France.

Ce sont, nous ne l'avions pas suffisamment anticipé, certaines organisations syndicales qui ont mal réagi à cette initiative. Elles voyaient dans ce nouveau réseau un concurrent potentiel. Les associer davantage en amont du projet aurait été préférable, mais la proposition qui leur a été faite de siéger au conseil d'administration s'est révélée bénéfique.

Mieux participer à la qualité de vie de ses collaborateurs doit désormais guider les pratiques managériales de nos entreprises. Cette initiative peut être une des solutions permettant de capter les alertes et de les résoudre. On constate du reste qu'une personne sur deux résout elle-même ses difficultés par la qualité de l'écoute qu'elle obtient. Les quinze vigies, salariés, volontaires, bénévoles, formées sont ainsi au service des collaborateurs en situation de mal-être.

Ce réseau vient compléter des dispositifs existants, managers de proximité, responsables Ressources Humaines de proximité, assistantes sociales d'entreprise, partenaires sociaux. C'est par la multiplication des réseaux, notre capacité à mettre les collaborateurs en relation les uns avec les autres, le courage de l'entreprise de connaître et de reconnaître l'existence des risques psychosociaux que les collaborateurs pourront bénéficier d'une meilleure qualité de vie au travail.

La relation au cœur du bien-être

➠ **Djelloul Belbachir, délégué national, et Denis Léandri, responsable pédagogique, Astrée**

Astrée en quelques mots…

Agir face à la souffrance, telle est la vocation que l'association Astrée, présidée par Bertrand Collomb, relève depuis 1987. D'abord centrée sur l'accompagnement individualisé de personnes en difficulté (trente mille personnes accompagnées) et la formation de bénévoles, Astrée très rapidement étend son action en déclinant son savoir-faire aux problématiques rencontrées dans les organisations de travail. Ainsi, avec ses mécènes, ses bénévoles et ses permanents salariés, Astrée est à la croisée de l'économique et de l'humanitaire, dans une veille sociale d'analyse des grands problèmes d'aujourd'hui.

Agir dans la cité

La souffrance est parfois criante, souvent plus diffuse. Elle s'étend aux différentes sphères de notre vie, intime, sociale, professionnelle. Beaucoup d'entre nous sont concernés (82 % des Français disent avoir rencontré récemment dans leur entourage des personnes confrontées à des difficultés personnelles ou professionnelles). Pour y répondre, une approche mettant au cœur de l'action la qualité de la relation et tenant compte de la réalité des personnes et des situations s'avère essentielle.

Cette approche dite compréhensive repose sur une démarche d'écoute relationnelle et une expertise de l'environnement social construite à partir de la résolution et de la capitalisation de milliers de problématiques concrètes rencontrées au fil des ans (de santé, professionnelles, difficultés matérielles, violences, ruptures familiales, isolement, etc.).

Les moyens mis en œuvre

- L'accompagnement relationnel : aider directement des personnes fragilisées
  Qu'est-ce que l'accompagnement relationnel ? Au sein d'Astrée, c'est avant tout créer les conditions de rencontre entre une personne en situation de fragilité sociale, personnelle ou professionnelle avec un bénévole qui va lui apporter du soutien. Celui-ci repose sur la capacité d'accueil de l'accompagnateur, sa disponibilité et son attention. Son attitude d'écoute favorise l'expression libre de la personne en difficulté, sa valorisation et sa reconnaissance.
  Petit à petit, dans un cadre sécurisé à périodicité régulière (une heure et demie par semaine), la relation créée facilite la mobilisation des ressources et des compétences de la personne accompagnée. Celle-ci est alors en capacité de s'inscrire dans un processus de changement.

- La formation : aider le grand public à « Agir face à la souffrance ! »

Soixante-seize pour cent des Français[1] ont déjà eu envie d'aider quelqu'un en souffrance, mais sans savoir comment faire. Pourtant, comme il existe des gestes largement diffusés pour les premiers secours, il existe également des paroles et des comportements qui allègent la souffrance morale.

Soixante-six pour cent des Français étant prêts à se former, Astrée propose « Agir face à la souffrance ! », une journée de formation pour apprendre au grand public à repérer les signes de souffrance et apporter les premiers soutiens relationnels pour des personnes fragilisées.

- Partenariats et projets spécifiques : donner des réponses adaptées aux enjeux de notre société

Quelques exemples : aide aux aidants naturels (personnes confrontées à un proche malade), accompagnement en milieu hospitalier et en post-hospitalisation, encadrement d'élèves médiateurs en milieu scolaire, etc.

- Agir dans les organisations de travail

L'organisation de travail est le lieu où la plupart d'entre nous passent l'essentiel de leur vie active. Elle n'est ni plus ni moins génératrice de stress ou de souffrance que les autres lieux de vie. Néanmoins, la souffrance au travail, quelle que soit son origine, familiale, psychologique, physique, professionnelle, etc., peut générer des dysfonctionnements dommageables pour l'entreprise, et avoir des impacts sociaux et financiers importants. En revanche, l'organisation de travail est un espace de socialisation et de contacts essentiel à l'épanouissement de la personne. Elle peut être un lieu où s'exerce la solidarité entre les salariés, soit dans un mode individuel, soit de manière collective.

Les dispositifs en place

Pour mettre ou remettre du lien à tous les niveaux, Astrée propose différents types de dispositifs. Ceux-ci peuvent être combinés pour prendre en compte la souffrance existante et au-delà favoriser le bien-être au travail :

- La formation des managers

Premier interlocuteur des collaborateurs, le management doit être informé et sensibilisé pour repérer les situations à risque, mais également être capable de les éviter. Des formations sont ainsi proposées sur les risques psychosociaux, avec selon la demande une spécificité autour de la question du harcèlement, de la discrimination ou du stress.

- Les lignes dédiées

Destinées aux collaborateurs pour leur permettre d'exprimer un mal-être au travail, elles sont soit organisées autour d'une problématique définie (harcèlement, par exemple), soit ouvertes à des souffrances personnelles et professionnelles. Concrètement, des permanences sont réalisées avec une méthodologie d'entretien visant à aider à l'action. Un reporting est fait auprès de la DRH permettant dans de nombreuses situations d'arriver à une gestion amiable de la situation.

---

1. Source : enquête Sociovision pour Astrée, avril 2010.

- Les formations des relais internes
  Collaborateurs volontaires de l'entreprise, les relais internes, rendus légitimes du fait du volontariat et non d'un statut particulier (représentant du personnel, RH, etc.), contribuent à démultiplier les opportunités d'être aidé en cas de besoin. La démarche proposée consiste à permettre d'identifier, de capter les signaux faibles, d'adopter la bonne stratégie de contact et d'avoir les moyens de mener un entretien à visée opérationnelle : la personne en difficulté doit être accompagnée pour se comporter de telle ou telle façon. La journée de formation permet à la personne volontaire d'apporter les premiers soutiens décisifs. Il s'agit bien entendu d'une action ponctuelle et en aucun cas d'un processus d'accompagnement dans la durée.

- Intégration dans le plan de formation
  Par leur proximité, les collègues de travail pressentent ou constatent plus facilement la détresse de leurs voisins. Ceux qui souhaiteraient leur venir en aide sont la plupart du temps inhibés : ils ne savent pas comment s'y prendre, craignent de faire des erreurs d'appréciation, risquent d'aggraver le problème, ne savent pas comment y répondre. Certaines entreprises ont donc décidé d'aller plus loin et ouvrent le module de découverte à toute personne souhaitant aider un collègue.

Les effets pour l'entreprise

Suite à la mise en œuvre de tout ou partie de ces dispositifs, les effets suivants ont été constatés par les entreprises partenaires :
- baisse de la judiciarisation (des procès ont été évités) ;
- après la formation, une nouvelle dynamique se met en place pour gérer les tensions (libération de la parole ; par exemple) ;
- modification des pratiques managériales (anticipation des situations à risque de conflit, meilleure régulation en amont) ;
- amélioration de la productivité ;
- baisse de l'absentéisme.

Des entreprises du CAC 40 qui montrent l'exemple...

➠ **Charles-Henri Besseyre des Horts, professeur au sein du groupe HEC, et Guillaume d'Argenlieu, Michael Page**

Confrontées à une concurrence mondiale, les entreprises du CAC 40 sont connues pour générer des conditions de travail sources de stress pour leurs collaborateurs, conduisant ces entreprises à être de plus en plus sensibles à la montée des risques psychosociaux susceptibles d'avoir un impact sur leur capital de réputation auprès des principales parties prenantes : collaborateurs actuels et futurs, représentants du personnel, investisseurs, clients, administrations, collectivités locales, etc. Dans cette perspective, les initiatives prises dans plusieurs entreprises du CAC 40 – ayant participé au Trophée du Capital Humain[1] 2010 – pour répondre à ces défis méritent d'être rapportées ici pour illustrer l'attention croissante portée par ces entreprises à la question des risques psychosociaux.

Alcatel-Lucent France

Alcatel-Lucent France a engagé, depuis fin 2008, une large réflexion sur la gestion du stress et des risques psychosociaux qui a donné lieu à la création du projet « Des Stress et Vous ? ». Une session de formation pilote a été lancée en septembre 2008 avec les quarante principaux managers d'Alcatel-Lucent France et le soutien du Comex. Les partenaires sociaux, médecins du travail, assistantes sociales et la fonction Ressources Humaines ont ensuite été associés et ont participé à une deuxième session. Cette action a fait partie des sujets centraux de 2009 et donné lieu à la mise en place de groupes de travail, composés de représentants de la fonction Ressources Humaines et de correspondants CHSCT. Une des volontés des groupes de travail a été d'effectuer des conférences relatives au stress auprès des managers et des salariés. Les premières se sont tenues au cours des troisième et quatrième trimestres 2009 et se sont poursuivies en 2010. Par ailleurs, des réunions ont été organisées auprès des managers en 2009 et 2010 et un module spécifique de gestion du stress a d'ores et déjà été intégré dans les formations. Ces réunions ont, entre autres, pour objectif d'analyser les causes éventuelles de stress dans les équipes, d'identifier des recommandations ou des solutions pour y remédier. Enfin, Alcatel-Lucent France a mis en place des réseaux d'alerte interne et externe pour comprendre et répondre à des symptômes de stress tels que les maux de tête, le mal de dos, les difficultés à dormir, une hypersensibilité, des retards fréquents ou, à l'inverse, un temps excessif passé sur le lieu de travail... Depuis décembre 2009, cette entreprise, en partenariat avec un cabinet extérieur de psychologues du travail, a mis à disposition des salariés un service d'écoute et d'accompagnement psychologique, anonyme et confidentiel.

---

1. www.tropheeducapitalhumain.com.

BNP-Paribas

Chez BNP-Paribas, le stress, compte tenu de sa prévalence comme deuxième pathologie professionnelle après les TMS, fait l'objet d'un dispositif dédié avec l'Observatoire médical du stress, de l'anxiété et de la dépression (OMSAD), en collaboration avec l'Institut français d'action sur le stress (IFAS) à Paris et à Lyon. Lors de la visite médicale périodique, le collaborateur peut remplir en début de visite un questionnaire anonyme et confidentiel immédiatement analysé et commenté par le médecin du travail en vue d'un diagnostic personnel. Les données sont ensuite compilées et traitées par l'IFAS, cabinet indépendant, qui restitue les résultats à BNP-Paribas. Ils mesurent le niveau de stress, localisent les populations à risques pour mettre en place des actions préventives. Fin 2009, près de sept mille collaborateurs ont renseigné ce questionnaire.

Carrefour

Carrefour entend évaluer et prévenir les risques psychosociaux pouvant résulter d'agressivité et d'incivilités de la part de tiers. En vertu d'une convention signée avec l'Institut national d'aide aux victimes et de médiation (INAVEM), les magasins peuvent faire appel, si nécessaire, à une cellule de soutien psychologique. Un module de formation spécifique (SOS conflits) a été développé dans les hypermarchés et supermarchés de France : cette formation permet aux hôtes et hôtesses de caisse de gérer les relations difficiles avec les clients, du simple mécontentement à l'agression verbale, physique ou même au braquage. Huit mille trois cent cinquante salariés des hypermarchés et supermarchés ont ainsi été formés en France en 2007 et 2008. Un accord « Santé au Travail » a été signé pour les supermarchés de France en mai 2009, dont une partie est consacrée aux risques psychosociaux et au stress au travail avec les points suivants : la prévention du harcèlement sexuel et moral, l'accompagnement des risques d'incivilité, l'accompagnement des salariés victimes d'agressions graves et le stress au travail. Par ailleurs, Carrefour s'est engagé à réaliser des études sur les causes du stress et à mettre en œuvre des plans d'action, comme le montrent les exemples des études déjà réalisées en 2007 dans quatre hypermarchés en France et en 2010 dans quatre autres magasins, conduisant notamment l'entreprise à créer une nouvelle formation sur la gestion du stress en milieu professionnel en 2009 et 2010. Enfin, une sous-commission risques psychosociaux a été créée en juin 2009 dans le cadre de la commission nationale santé et sécurité au travail.

Renault

Confronté aux drames des suicides au technopole de Guyancourt, Renault a placé en tête des priorités la prévention des risques psychosociaux. Les actions de prévention des facteurs de stress s'inscrivent dans la politique santé, sécurité et conditions de travail du groupe. Ainsi, la médecine du travail, dans le cadre de l'Observatoire médical du stress, de l'anxiété et de la dépression mis en place depuis 1998, propose aux collaborateurs qui le désirent de passer un test permettant de poser un prédiagnostic individuel dans trois domaines (stress, anxiété et dépression). Cet observatoire a effectué à fin 2009 plus de quatre-vingt-un mille tests dans le cadre des visites médicales. Au plan collectif, une expertise avait été lancée en 2007 dans le cadre des CHSCT de Guyancourt avec le cabinet Technologia.

Cette mesure des facteurs de stress avait donné lieu à un plan d'action au niveau de chaque direction présente sur le site. En juin 2009 une seconde enquête a été lancée sur les établissements de la direction des ingénieries afin de mesurer l'avancement et l'efficacité des plans d'action. Également en juin 2009, le groupe Renault a décidé de lancer, dans un premier temps sur quatre établissements représentatifs des grands métiers de Renault, une autre enquête avec le cabinet Stimulus, destinée à mesurer les facteurs de stress, mais également leur impact sur les populations. Cette double mesure des facteurs et de leur impact est aujourd'hui enseignée et mise en œuvre dans des pays où la prévention du stress est très avancée, comme le Canada. Par ailleurs, plusieurs autres indicateurs sont utilisés au niveau collectif (enquête sur la qualité du management et l'engagement du personnel menée auprès de l'ensemble du personnel du groupe Renault, mesures de l'absentéisme et de l'accidentologie). Enfin, un certain nombre d'actions de prévention des risques psychosociaux ont été menées depuis plusieurs années, que ce soit au niveau individuel ou collectif : par exemple, la formation à la gestion du stress (managers et non-managers), la formation des acteurs de la prévention à l'évaluation des risques psychosociaux, les sessions de professionnalisation de la fonction RH sur la détection des personnes en difficulté, la formation des acteurs de santé au travail à la prévention du stress post-traumatique pour parer immédiatement à un éventuel choc psychologique.

Une question prioritaire

Ces quatre exemples d'entreprises du CAC 40, et d'autres ayant participé au Trophée du capital humain 2010, montrent à l'évidence que ces grandes entreprises considèrent désormais comme prioritaire la question de la gestion des risques psychosociaux, dans la mesure où l'attention portée par les parties prenantes (collaborateurs, représentants du personnel, investisseurs, clients, administrations, etc.) à cette question va en s'accroissant. La partie du capital immatériel représentée notamment par la réputation et plus généralement par la responsabilité sociale de l'entreprise va de plus en plus compter pour les décideurs, qu'ils soient internes ou externes. Au-delà de la dimension humaine des risques psychosociaux, c'est bien l'impact économique potentiel de ces risques qui fait bouger les entreprises. La question des risques psychosociaux illustre bien ce que Danone a depuis plus de quarante ans érigé en principe : que l'économique et le social sont intimement liés.

Les DRH face au défi des risques psychosociaux : comment concilier les exigences économiques de l'entreprise avec les attentes des collaborateurs en matière de bien-être au travail dans un contexte qui se durcit ?

➡ **Rita Mouawad, vice-présidente ressources humaines, CA Technologies**

CA Technologies est le plus important éditeur mondial de logiciels indépendant pour la gestion des systèmes d'information. Notre cœur de métier consiste à aider nos clients à gérer, sécuriser et gouverner leur infrastructure informatique. Nos solutions et nos services sont utilisés par les plus grandes entreprises en France comme à l'étranger (pour exemple : 90 % des entreprises du CAC 40 sont clientes de CA ainsi que les mille plus grandes entreprises mondiales). En France, nous pouvons citer des entreprises telles qu'Air Liquide, Air France, Auchan, Capgemini, Generali, Schneider Electric ou Veolia Environnement. CA Technologies développe son activité principalement auprès de grandes entreprises, pour un chiffre d'affaires de 4 353 M€.

DRH : une charnière entre les objectifs financiers de l'entreprise et les exigences de bien-être des employés

Le rôle des DRH se trouve aujourd'hui de plus en plus sous pression. L'accroissement des exigences des clients, l'accélération du temps, et la nécessité de toujours œuvrer pour la croissance de l'entreprise sont autant de facteurs qui se répercutent sur le personnel et peuvent se traduire en risques. Face à ce contexte toujours plus tendu, les DRH se doivent à la fois d'intégrer ces exigences économiques, mais également de répondre aux attentes des employés en termes de bien-être et d'équilibre. Ils se situent donc véritablement à la charnière de la stratégie économique de l'entreprise et de ses risques humains. Leur premier rôle est donc de réconcilier ce paradoxe et de trouver les conditions qui permettent de mettre en place un environnement psychosocial convenable pour les employés.

Des incertitudes qui augmentent dans un contexte d'exigences accrues

Les collaborateurs réagissent de manière différente aux incertitudes créées par la situation mouvante et instable de l'environnement économique. Les uns expriment leur inquiétude par une baisse de l'engagement envers leur emploi et d'autres qui sont moins vulnérables aux risques du changement rebondissent assez agressivement pour saisir les opportunités qui se présentent. Dans ce contexte, deux attitudes opposées sont en fait observées : une partie des collaborateurs se montre inquiète des évolutions qui lui sont demandées en termes de compétences, et manifeste une réticence certaine à se remettre en question, tandis qu'une autre est plus apte à accepter ces changements, se montre plus proactive et va jusqu'à solliciter les remises à niveau qu'elle sent nécessaires.

Sur le terrain, les risques varient selon le type de fonction et la vulnérabilité sur le marché de l'emploi. Les personnes des fonctions de « support » administratif tout d'abord vivent une incertitude liée aux évolutions économiques des dernières années, traduites par un recours de plus en plus répandu à la sous-traitance et à l'externalisation. En clair, on observe chez eux une crainte de disparaître de l'entreprise et que leurs fonctions soient déplacées dans d'autres pays. Ces personnes guettent donc les informations qui les concernent et cherchent à s'assurer que la stratégie les intègre et que leur place dans l'entreprise est maintenue. Une autre population sensible est celle des commerciaux. Leur principale source de pression vient de leurs objectifs de chiffre d'affaires, dans un contexte de demandes de plus en plus fortes des clients, notamment en termes de services et de délais.

Enfin, on observe aussi des disparités en fonction des tranches d'âge, les seniors aux alentours de la cinquantaine montrant une plus forte inquiétude que les autres.

Des actions de soutien et d'écoute devant impliquer fortement les managers

Afin de répondre à ces inquiétudes et de prévenir les risques qui en découlent, plusieurs actions doivent être menées. Elles concernent en premier lieu la mise en place de dispositifs d'écoute, qui favorisent des discussions véritablement ouvertes avec les collaborateurs, en repositionnant la direction de l'entreprise auprès de ceux-ci comme un interlocuteur de confiance. Or, en France cette confiance est culturellement faible, alors que les attentes auprès de cette hiérarchie, elles, sont fortes.

Concrètement, cela se traduit par des actions qui visent à favoriser de bonnes relations interpersonnelles et qui aident les collaborateurs à se connaître. Chaque collaborateur fait également l'objet d'un suivi personnalisé, traduit au travers d'un plan de développement annuel qui prend en compte à la fois ses attentes et les nécessités d'évolution de son poste. On travaille ainsi à mettre en cohérence les besoins de l'entreprise avec les attentes et les compétences des employés.

Enfin, on insiste de façon importante sur le rôle clé joué par les managers d'équipes, qui sont impliqués à la fois dans l'évaluation des équipes, la définition des objectifs et la mise en adéquation des ressources avec les besoins de l'activité. Ce rôle des managers, et en particulier des managers intermédiaires qui constituent le premier niveau hiérarchique des employés, constitue un point d'appui majeur du dispositif de prévention des risques psychosociaux. Il est en effet indispensable qu'ils comprennent la démarche menée, qu'ils y adhèrent et s'y impliquent pleinement. Le rôle de la DRH est par ailleurs de mettre les managers en capacité de créer un environnement favorable à l'écoute et de donner une première réponse aux personnes en prévention du risque. En cas de soupçon, la DRH reste à leur disposition pour résoudre ce problème selon les moyens disponibles. C'est une démarche complète d'accompagnement personnalisé sur les risques psychosociaux qui doit être mise en place vis-à-vis d'eux, afin que la politique RH puisse être déclinée efficacement dans l'ensemble de l'entreprise.

La prise en compte des risques psychosociaux dans l'accompagnement des projets de changement de l'entreprise

⟹ **Raoul Belot, responsable hygiène, sécurité et conditions de travail, Direction des relations sociales, Caisse des Dépôts et Consignations**

La Caisse des Dépôts et Consignations est une institution financière publique chargée de mettre en œuvre les missions d'intérêt général que lui confient l'État et les collectivités territoriales dans les domaines du logement social, du développement économique, des activités bancaires et financières, et de la gestion des retraites. Dans ce cadre, elle veille à la protection de l'épargne populaire et intervient en faveur de l'emploi, de la politique de la ville, de la lutte contre l'exclusion bancaire et financière, de la création d'entreprise et du développement durable. L'institution emploie un effectif de cinq mille deux cents personnes composé d'agents de statut public et de salariés placés sous le régime des conventions collectives.

La Caisse des Dépôts et Consignations a défini et mis en place les éléments essentiels d'un système de management de la sécurité et de la santé au travail qui se déclinent en termes d'organisation, de responsabilités et de programmes d'actions de prévention des risques professionnels. Ces programmes intègrent depuis quelques années les risques psychosociaux.

Prise de conscience des enjeux des risques psychosociaux pour la santé des salariés et les performances de l'entreprise

La Caisse des Dépôts et Consignations a pris progressivement conscience de l'importance des risques psychosociaux et de la nécessité de les traiter dans un dispositif de prévention concerté avec les partenaires sociaux. Cela a commencé en 2002, dans un contexte de changement lié à la mise en place d'un nouveau système d'information. On s'est aperçu à travers une enquête que ce projet avait généré beaucoup de tensions et du stress parmi les utilisateurs, ces derniers rencontrant des difficultés pour s'approprier l'outil, car il n'avait pas été suffisamment tenu compte de l'organisation et des processus de travail préexistants. Cette enquête a été reconduite en 2005 pour évaluer la situation qui était rentrée dans l'ordre suite aux ajustements de l'outil.

Les enquêtes sur le stress furent étendues à d'autres directions sans qu'elles correspondent toutefois à des situations aussi tendues. Une procédure de traitement des cas de harcèlement a été bâtie en 2006, permettant aux personnes victimes de telles situations de faire remonter leurs difficultés en toute sécurité. Par ailleurs, les collaborateurs de la Caisse des Dépôts et Consignations ont pu recourir à partir de 2008 à un centre d'appel sous-traité à un prestataire extérieur.

D'autres facteurs nous ont incités à approfondir notre réflexion sur les risques psychosociaux. Citons notamment l'accord interprofessionnel national sur le stress du 2 juillet 2008 et les évolutions de la jurisprudence, laquelle retient désormais une obligation de résultat en matière de protection de la santé.

Une démarche plus large pour intégrer les risques psychosociaux dans les processus de gestion courante et les projets de changement de l'entreprise

L'année 2009 a marqué un véritable tournant pour la Caisse des Dépôts et Consignations. Cette date marque en effet le début d'une vision commune, partagée entre l'employeur et les représentants du personnel, sur la question des risques psychosociaux. Il s'est agi, dans le cadre d'une démarche inspirée des principes de management de projet, de concevoir de nouveaux outils d'analyse de risques et des nouvelles procédures dans le but de renforcer les fondamentaux de la prévention primaire, en développant une approche pluridisciplinaire et en allant plus vers les métiers, sans délaisser pour autant les autres niveaux de prévention.

Cinq domaines de projet

1) Cartographie des risques : prenant appui sur les travaux de l'ANACT, l'outil a été élaboré pour faciliter l'analyse des liens entre les causes et les effets des risques psychosociaux dans le but de faciliter leur suivi. Nous avons également réalisé une grille d'auto-contrôle à destination des managers pour leur permettre de procéder à une évaluation sommaire des facteurs de risques dans leurs équipes. Enfin, une méthode de cotation des risques a été définie dans la perspective d'une mise à jour du document unique.

2) Indicateurs des risques psychosociaux : nous nous sommes appuyés pour cela sur les travaux de l'INRS, et avons rapproché ce référentiel des indicateurs disponibles dans le bilan social, le registre des plaintes, le système de gestion du temps, etc.

3) Optimisation des dispositifs de prévention : l'objectif était d'articuler dans un ensemble cohérent de procédures les trois niveaux de prévention. La procédure de traitement des cas de harcèlement a été adaptée pour pouvoir accueillir les droits d'alerte liés à l'organisation et aux conditions de travail. Une fonction de médiateur a été définie, ainsi qu'un SOS – Risques psychosociaux *via* notre Intranet.

4) Sensibilisation du management : une charte de l'encadrement ainsi que la mise en place d'actions de formation – à ce stade du projet, il s'agissait d'élaborer le cahier des charges pour le futur prestataire – devaient contribuer à l'amélioration de la prescription du travail et de la communication au sein des équipes.

5) Intégration de l'enjeu des conditions de travail dans les systèmes d'information (SI) : l'équipe dédiée a réalisé une grille de cotation des risques recensant trente-huit menaces potentielles dans les projets de SI ainsi qu'une charte des SI, l'objectif étant de permettre aux acteurs de mieux anticiper et gérer l'impact des SI sur l'organisation et les processus de travail, mais aussi les compétences et les conditions matérielles de travail.

Ces travaux ont été suivis par un comité de coordination des équipes de projet et un comité de pilotage auquel ont participé les membres du comité de direction de la Caisse des Dépôts et Consignations. Le comité de pilotage a validé les livrables des groupes de projet et fixé les priorités d'actions pour 2010. Autrement dit, le programme d'actions de cette année va permettre de mettre en œuvre les outils d'analyse des risques et les procédures définis en 2009.

Quatre axes

Le programme comprend quatre axes autour desquels s'articulent les actions. Le renforcement des supports d'identification et d'évaluation des risques dans une optique d'amélioration du pilotage des risques psychosociaux. Il s'agit tout d'abord de mettre définitivement au point une batterie d'indicateurs simplifiée adossée à une cartographie des risques opérationnelle. Ce premier axe retient également l'entrée en vigueur de la grille d'évaluation des risques psychosociaux dans le processus d'analyse des risques des projets de système d'information. Le processus associe les directeurs de projet et les représentants du personnel dans le cadre d'une évaluation contradictoire des risques psychosociaux. La dernière action prévoit de parachever la méthode de cotation des risques dans le prolongement de l'étude existante et de récupérer les résultats du baromètre social pour pouvoir intégrer les risques psychosociaux dans le document unique.

Le renforcement des dispositifs d'accompagnement des atteintes à la santé

Cela passe par la mise en œuvre de la procédure d'alerte mentionnée plus haut et par la création de la Mission interne pour les risques psychosociaux (« MIRPS ») qui est rattachée à la direction générale. Le programme d'actions prévoit aussi la mise en place d'un dispositif qui vise, dans le cadre de contrats de services et de commissions d'insertion, à mieux identifier et accompagner les agents nécessitant un suivi particulier en termes d'adaptation au poste de travail.

La prise en considération des impacts des changements importants sur la santé du personnel

Un guide des bonnes pratiques en matière de changement est en cours de réalisation sur ce point pour aider les managers à évaluer la faisabilité sociale de leur projet, c'est-à-dire les conséquences du changement sur les conditions de travail et le cadre de vie des personnes, et à communiquer avec leurs équipes avant, pendant et après les projets. Les projets peuvent concerner des réorganisations, des déménagements, des nouveaux produits, des systèmes d'information, etc.

La promotion des actions de prévention et la création d'un environnement favorable à la prise de conscience autour des risques psychosociaux

Des actions de communication sont prévues pour sensibiliser l'ensemble des collaborateurs à l'enjeu de protection de la santé au regard des facteurs de tensions au travail : diffusion d'une plaquette d'information, publications d'articles dans le journal d'entreprise (*CDScope*) et sur l'Intranet (CD Média) pour faire état des étapes clés de la démarche de prévention, création d'une rubrique « Qualité de vie au travail » dans l'intranet. Les salariés pourront suivre la journée de formation « Santé et sécurité au travail » qui doit leur être proposée prochainement. Des sessions de formation plus conséquentes, ciblées sur le personnel d'encadrement, vont être mises en place à partir du référentiel défini en 2009. Pour la Caisse des Dépôts et Consignations, le rôle des managers de proximité est considéré comme indispensable pour relayer les orientations de la direction auprès des équipes et donner du sens aux actions quotidiennes. Les compétences managériales devront intégrer la capacité à prévenir les risques psychosociaux et cette nouvelle compétence tiendra une place de plus en plus grande dans les critères d'évaluation des managers.

La Caisse des Dépôts et Consignations avance progressivement sur l'ensemble de ces points, avec pour objectif de déployer à partir de 2011 des plans d'action de prévention de plus en plus ciblés et cohérents par rapport aux risques réellement encourus. La volonté partagée par l'employeur et les représentants du personnel de privilégier la prévention primaire va permettre de sortir d'une logique de prévention individuelle pour s'orienter vers une prévention collective plus durable. Une telle évolution implique d'admettre, comme l'ont fait les juges du fond, que les conditions de travail et les organisations peuvent être « pathogènes », ce qui peut être perçu comme une menace pour les objectifs de performance. Par ailleurs, l'enjeu pour la santé que représentent les risques psychosociaux amène à dépasser les clivages des missions de chaque acteur de prévention en exigeant une coopération sans faille. L'engagement fort et constant de la direction apparaît donc essentiel pour écarter les freins d'ordre culturel.

Les actions en santé et management du stress mises en place par Schneider Electric

⇒ **Gilles Vermot-Desroches, Senior VP Développement Durable, Schneider Electric**

Schneider Electric, spécialiste mondial de la gestion de l'énergie, propose des solutions intégrées pour rendre l'énergie plus sûre, fiable, efficace et productive sur les marchés du résidentiel, des bâtiments, des centres de données et réseaux, de l'industrie et de l'énergie et des infrastructures. Avec un chiffre d'affaires de 17,3 milliards d'euros en 2007, les cent vingt mille collaborateurs du groupe sont répartis dans cent deux pays.

Une campagne mondiale

Une campagne mondiale sur la prévention de la santé a été lancée en avril 2008 par le président de Schneider Electric, pour inciter les managers et leurs équipes à mettre en place des actions qui permettent à chacun de bénéficier du meilleur état de santé susceptible d'être atteint. Le fil conducteur de cette campagne est la valorisation de la responsabilité collective et individuelle : chacun a un rôle à jouer dans la prévention des risques et pour sa propre santé.

Schneider Electric perd chaque mois près de deux mille jours de travail dus à des accidents au travail. Les deux engagements pris sont les suivants :
- diminuer de 20 %, chaque année, le nombre de jours perdus dus aux accidents ;
- s'assurer que 100 % des employés ont une couverture sociale de base.

Ces deux indicateurs sont en cohérence avec la définition de l'OMS, retenue comme référence par le groupe pour sa politique santé : « un état de complet bien-être physique, mental et social, ne consistant pas seulement en l'absence de maladie ou d'infirmité ».

Politique globale, initiatives locales

La politique engagée par le groupe vise à modifier les comportements. Cette politique globale se décline en initiatives locales précises. On peut citer, en Europe, les projets suivants :
- Au Danemark, un projet a démarré sur la santé et le management du stress : séminaire de formation pour tous les salariés et représentants du personnel avec apports théoriques, charte management du stress élaborée par les collaborateurs, bilan médical annuel individuel conduit par un cabinet externe visant à détecter les points de vigilance communs (par exemple, l'obésité), et destiné à illustrer l'état de santé global des salariés et orienter les actions menées par l'entreprise ;
- Dans tous les pays européens, déploiement du système de management santé sécurité suivant le référentiel du Bureau international du travail (BIT) avec la mise en place d'une organisation d'audits internes croisés entre les pays. Il

existe un volet concernant les risques psychosociaux et le stress. Trois facettes sont abordées : la qualité de l'environnement, les organisations de travail, et le fait d'avoir des relations de travail appropriées (respect, écoute, comportement au travail, être en capacité de gérer ses émotions). Chaque pays, en fonction du contexte culturel, illustre et déclinera ce volet en mettant en place des actions. En France : élaboration d'un kit d'information sur les risques psychosociaux dans les CHSCT et dans les comités de direction, élaboration d'indicateurs santé (et sécurité) prenant en compte les situations de stress (analyses individuelles de situations de travail à risque, alertes concernant les salariés) et les situations graves, outil associé au document unique ;

- Aux États-Unis : création d'un programme d'aide aux salariés (Employee Assistance Program), consistant en un numéro vert et plusieurs séances proposées à chaque salarié, gérées par un cabinet externe à l'entreprise, et fournissant de l'information, du conseil et de l'assistance sur des problèmes professionnels ou personnels ;
- Au Japon particulièrement et dans plusieurs pays : des programmes de promotion de la santé et du bien-être.

Le groupe va également lancer une enquête spécifique sur la santé mentale et l'équilibre de vie. Les aspects négatifs du stress seront eux aussi détectés. Cette enquête en ligne, élaborée par l'Institut Health and Well Being de l'université de Westminster, concerne les mille deux cents managers clés et les mille huit cents collaborateurs travaillant dans les centres d'appels clients. Les indicateurs sociaux des trois dernières années ne font pas état d'éléments marquants, mais il y a toutefois une volonté de comprendre l'impact des nouvelles organisations de travail, des nouvelles manières de travailler, et de la complexité croissante de la vie économique sur les collaborateurs. Les résultats seront suivis de recommandations concrètes.

Présentation de la démarche de Renault
en matière de risques psychosociaux

➠ **Jean-Jacques Ferchal, Catherine Thiefin, Groupe Renault**

Lorsque l'on parle de risques psychosociaux, on parle en réalité de plusieurs thèmes, qui font l'objet d'un consensus en France et en Europe, mais aussi à l'international :
- les violences (agressions, incivilités, etc.) ;
- le harcèlement moral et sexuel ;
- les conduites addictives au travail (drogue, alcool, médicaments) ;
- le sur-stress au travail.

Actions de prévention

Au sein de Renault, ces sujets font l'objet d'actions de prévention menées conjointement par les RH et les services Conditions de travail et santé au travail depuis plusieurs années, que ce soit au niveau de la direction des ressources humaines du groupe ou des établissements. Les actions de prévention du stress au travail s'inscrivent dans une politique « conditions de travail groupe » déclinée en dehors de la déclaration relative aux droits sociaux fondamentaux et qui fixe deux objectifs globaux :
- préserver la santé du personnel ;
- proposer des conditions de travail motivantes.

Elle exprime un certain nombre de valeurs :
- optimiser l'efficacité individuelle et collective par des conditions de travail motivantes pour favoriser la performance ;
- améliorer la sécurité et les conditions de travail dans le cadre du progrès continu ;
- s'assurer qu'aucune priorité ne s'exerce au détriment de l'intégrité physique, de la santé et des droits fondamentaux du personnel ;
- intégrer systématiquement les critères de santé, de sécurité et de conditions de travail dans les décisions de création ou d'évolution de produits, process, implantations, organisations et temps de travail ;
- respecter impérativement les législations nationales et considérer les exigences européennes comme références du groupe, afin de préserver l'intégrité physique, la santé et les droits sociaux fondamentaux du personnel.

Un référentiel en six chapitres

Les exigences applicables au sein du groupe sont définies dans le référentiel de management de la santé, de la sécurité, de l'ergonomie et des conditions de travail. Ce référentiel est applicable à tous les sites industriels, tertiaires ou d'ingénierie, et il est décliné aux activités du réseau commercial.

Il est organisé selon six chapitres :

1. Engagement, organisation et structure ;
2. Mise en œuvre ;
3. Information et communication ;
4. Compétence et formation ;
5. Suivi des résultats ;
6. Vérifications périodiques et registres obligatoires.

Il définit des exigences à respecter, notamment en matière d'organisation pour l'amélioration de la prévention des risques professionnels, d'identification et de maîtrise des risques, ainsi que des exigences spécifiques liées à l'activité de Renault. En fonction de l'analyse des risques menée au sein de chaque établissement par les acteurs de la prévention des risques professionnels (conditions de travail, santé au travail, CHSCT, RH, experts techniques, etc.), des plans d'action sont définis, et leur efficacité mesurée.

La mise en œuvre de ce système de management est auditée périodiquement (tous les trois ans) par la direction des ressources humaines du groupe, avec l'aide d'un organisme extérieur, sur la base du référentiel et du système de cotation associé. En fonction des résultats de l'audit, mais également des résultats d'accidentéisme, un label interne peut être délivré. Les actions de prévention du sur-stress peuvent être regroupées en quatre axes :

• actions sur l'organisation du travail (temps de travail, charge de travail, autonomie, structuration et animations des unités élémentaires de travail, etc.) ;
• actions sur le management (rôle, soutien, reconnaissance, pratiques managériales, etc.) ;
• actions sur l'environnement de travail (environnement du poste de travail, ambiances physiques – bruit, température, etc. –, implantations, etc.) ;
• actions avec l'individu (prise en compte des attentes, formations, compétences, comportement, accompagnement, etc.).

Des indicateurs collectifs et individuels

Plusieurs indicateurs sont disponibles au niveau collectif (enquête sur la qualité du management et l'engagement du personnel, menée auprès de l'ensemble du personnel du groupe Renault, absentéisme, accidentéisme, expertise sur les risques psychosociaux pour les établissements d'ingénierie), mais également individuel, comme l'Observatoire médical du stress, de l'anxiété et de la dépression.

L'Observatoire médical du stress, de l'anxiété et de la dépression est un exemple d'action menée par les services de santé au travail depuis 1998 dans le cadre de la visite médicale sur le périmètre Renault SAS.

Il est piloté par les médecins du travail lors de la visite médicale, et sur la base d'un questionnaire anonyme, informatisé, reposant sur le volontariat et restant confidentiel dans le cadre du secret médical. Il s'agit d'un questionnaire à choix multiples comprenant quatorze items pour l'anxiété et la dépression (échelle HAD) et dix items pour le stress (échelle de stress perçu). Le salarié a alors la possibilité d'échanger avec son médecin du travail à partir des résultats.

Cet outil a pour objectif de préserver la santé du personnel et l'efficacité de l'entreprise et de mesurer le phénomène pour analyser son impact. Au niveau individuel, il permet d'optimiser la détection des troubles anxieux et dépressifs et, dans certains cas, d'informer et d'accompagner le personnel dans une démarche volontaire (interne ou externe). Au niveau collectif, il permet de recueillir des données médicales objectives (non nominatives) sur le stress auprès des différents acteurs de l'entreprise, d'analyser et d'obtenir une visibilité sur le facteur stress, mais également de mettre en évidence les populations à risque et d'identifier les facteurs de risques spécifiques.

Des actions de prévention auprès des populations à risque peuvent ainsi être définies afin de diminuer les facteurs de stress et d'augmenter les capacités des personnes à mieux les appréhender. D'autres actions de prévention du stress au travail sont menées en parallèle au niveau de Renault, notamment la mise en œuvre de formations et la sensibilisation à la maîtrise du stress pour les managers et salariés, mais également des réflexions afin d'améliorer la détection et l'accompagnement des personnes en difficulté.

Plans d'action spécifiques

Des plans d'action spécifiques sont également mis en œuvre par chaque établissement, par exemple le plan d'amélioration des conditions de travail (PACTE) des établissements de Guyancourt et Rueil-Lardy, qui consiste à :

- créer une commission paritaire pour développer la concertation sur les conditions de vie et de travail dans les établissements ;
- poursuivre des actions d'amélioration du cadre de vie ;
- reconduire une Journée de l'équipe© ;
- repérer et accompagner les personnes en difficulté ;
- élaborer des plans d'action par la direction suite à l'enquête Technologia ;
- intégrer dans le document unique d'évaluation des risques professionnels avec les CHSCT.

Un groupe de travail pluridisciplinaire, composé de représentants de la direction des ressources humaines du groupe, d'ingénieurs conditions de travail, de médecins du travail, d'ergonomes, de responsables RH et de managers, est également constitué au niveau du groupe, afin de proposer des actions concrètes permettant de progresser de façon continue sur ce thème, au travers de la réalisation de benchmarks, d'analyse des expériences de chaque établissement, et par la définition d'outils standards (enquête, formations, etc.).

Les actions de gestion des risques psychosociaux engagées par Aéroports de Paris

➠ **Catherine Lemoine, Philippe Tellier et Tchibara Aletcheredji,
Direction des Ressources humaines, Aéroports de Paris**

Depuis de très nombreuses années, les risques psychosociaux font l'objet d'une attention particulière à Aéroports de Paris. Les différentes thématiques ci-dessous ont ainsi été tour à tour traitées.

Le risque alcool

C'est la plus ancienne des actions conduites dans le champ des risques psychosociaux. Démarrée en 1982 par une campagne d'information, la lutte contre l'alcoolisation a fait l'objet de nombreuses actions de sensibilisation et de formation. Un groupe pluridisciplinaire, mis en place en 2006, travaille actuellement à la formation de référents dans plusieurs secteurs, ainsi que sur les modalités d'objectivation et de contrôle du taux d'alcoolémie sur le lieu de travail.

Le harcèlement

C'est à la fin des années 1990 et sur la base d'une prise de conscience née de la sensibilisation par les médias et la littérature que la DRH lance la réflexion sur ce thème. En 2000, un groupe de travail est mis en place pour définir des actions de prévention. En juillet 2002, la direction diffuse aux managers et à l'ensemble du personnel un document dans lequel elle réaffirme sa position contre le harcèlement. Ce document rappelle le contexte, les devoirs de l'entreprise et le rôle des différents intervenants sur cette problématique. En 2003, une note introduite au manuel de gestion de l'entreprise rappelle les sanctions disciplinaires et pénales encourues.

Les violences au travail

Mue par la volonté de trouver des réponses cohérentes et harmonisées dans l'entreprise pour assurer la prévention des violences au travail, la DRH a initié une étude transversale, qui a été réalisée de juin 2004 à mars 2005 dans dix-neuf métiers différents répartis sur les aéroports de Paris – Charles-de-Gaulle et Paris-Orly. Cette étude a révélé – entre autres – le caractère largement sous-déclaré de ce phénomène. En effet, les victimes pouvaient considérer les agressions subies comme « une composante naturelle » de leur activité ou encore craindre que ces agressions ne soient interprétées comme un manque de compétences et de professionnalisme de leur part. Les victimes avaient également tendance à sous-évaluer les agressions verbales, dont on connaît la nocivité dès lors que leur survenance devient répétitive. En même temps qu'elle a analysé les modes de prise en charge des victimes, cette étude a donc permis de donner un statut à ces violences en les référant officiellement au contexte et à l'environnement de travail. Un groupe pluridisciplinaire mis en place dans ce cadre a ensuite permis d'assurer la valorisation des résultats de cette étude. Ce groupe a notamment élaboré un recueil de guides d'actions à l'intention des managers et des salariés pour assurer la prévention de ce risque et gérer, le cas échéant, les situations de tension. Un site Intranet dédié à la thématique a également été créé.

Le stress professionnel

Face à l'ampleur croissante de la notion de « santé mentale », consécutive à la loi de 2002 et à ses échos dans les médias, le directeur général décide en 2004, dans un contexte de profondes réorganisations à Aéroports de Paris, de conduire une action sur le stress professionnel. Il confie à la DRH la réalisation d'une étude transversale avec pour objectif d'établir un diagnostic sur l'intensité du stress et ses causes principales. En 2005, une première vague de l'étude est réalisée dans neuf métiers cibles avec des entretiens auprès de cent quatre-vingt-quatre personnes ainsi que des questionnaires diffusés à plus de deux mille personnes. Cette vague sera complétée en 2007 par une seconde étude auprès de trois cent cinquante assistantes de direction et quatre cent cinquante managers avec responsabilité d'équipe. Réalisée avec un outil de diagnostic standard (le WOCCQ, lire pages 78 et XX), cette analyse a permis, entre autres, à Aéroports de Paris de se situer par rapport à d'autres entreprises ou branches professionnelles dans lesquelles pareilles études avaient déjà été menées. L'étude a surtout permis d'identifier les métiers pour lesquels des actions prioritaires devaient être conduites. Elle a ainsi, par exemple, enrichi la réflexion qui était en cours concernant le métier d'agent commercial information. Cette réflexion a conduit à adopter le fait que l'activité information devait se faire désormais en partie en mode mobile pour permettre aux agents d'aller davantage au-devant des attentes des passagers. Ce fonctionnement actuellement mis en œuvre améliore considérablement la qualité de service ressentie par les clients, en même temps qu'il réduit en amont les risques de tension avec les clients. Les comptoirs information ont également été repensés pour prendre en compte ces évolutions.

Séminaire et groupe référent

C'est de manière volontariste – alors qu'aucun événement particulier ne nous y poussait – que toutes ces actions ont été engagées par Aéroports de Paris, qui les a d'emblée inscrites au registre de la prévention. Mais la prévention telle qu'elle est comprise ici est celle qui se donne pour objectif d'agir à la source sur les facteurs de risque. À ce titre, le séminaire de sensibilisation organisé respectivement les 17 et 19 octobre 2007 à Paris-Charles-de-Gaulle et Paris-Orly, de même que le groupe référent « Risques psychosociaux », qui a été créé sur décision du directeur des ressources humaines, marquent profondément un tournant.

À l'initiative du service Prévention des risques professionnels d'Aéroports de Paris, le séminaire « Prévention des risques psychosociaux », qui a vu la participation d'experts de renom, visait à permettre aux cadres dirigeants et cadres supérieurs auxquels il était destiné de mieux comprendre cette problématique et ses enjeux (économiques et financiers, juridiques, de bien-être au travail) et de disposer de repères pour conduire des actions de prévention dans leurs unités respectives. Ce séminaire a réuni plus d'une centaine de cadres.

Son intérêt tout particulier tient à ce qu'il permet de favoriser dans l'entreprise une large appropriation de cette problématique, jusqu'ici essentiellement portée par la direction des ressources humaines. C'est pour faciliter cette appropriation que le DRH a mis en place, le 27 février 2008, un groupe référent pluridisciplinaire « Risques psychosociaux », dont le pilotage a été confié à Catherine Lemoine, avec pour missions :

- d'assurer une meilleure compréhension au sein de l'entreprise de la problématique globale des risques psychosociaux ;
- d'assurer une plus grande lisibilité dans les actions préventives à entreprendre ;
- de définir, au regard des priorités de « terrain », les actions à conduire et d'en faire débuter la mise en œuvre dès 2008 ;
- d'assister les managers afin de contribuer à la connaissance et à la prise en compte du phénomène en organisant des actions de sensibilisation *ad hoc*.

Ce groupe, composé d'experts de la DRH, des directions des trois aéroports ainsi que de la secrétaire du CHSCT de coordination, compte s'appuyer sur l'ensemble des actions qui ont été conduites à Aéroports de Paris (alcool, harcèlement, violences au travail, stress professionnel) pour les fédérer, faciliter et accompagner leur appropriation par les acteurs des unités opérationnelles. Il s'agira notamment d'aider ces unités à articuler la problématique des risques psychosociaux avec les choix et orientations stratégiques de l'entreprise, d'une part, et leurs contraintes de fonctionnement au quotidien, d'autre part.

La santé, enjeu majeur

La santé, qui est plus que jamais au cœur des préoccupations des individus, devient un enjeu majeur pour notre entreprise. En effet, les actions engagées par Aéroports de Paris en ce qui concerne l'approfondissement des connaissances en matière de risques psychosociaux et le partage en interne de ces connaissances s'inscrivent dans une véritable démarche de santé durable au travail. Elles devraient nous conduire petit à petit à mieux prévenir ces risques émergents, et donc à en limiter encore davantage les conséquences accidentelles, tant pour nos salariés que pour l'entreprise.

Favoriser un climat d'écoute pour mieux prendre en compte les situations individuelles

⇒ François Wallach, DRH, SNCF

La SNCF est un des leaders mondiaux du transport. L'entreprise emploie aujourd'hui près de cent soixante mille personnes réparties dans cent vingt pays à travers le monde, pour un chiffre d'affaires de 24,9 milliards d'euros en 2009. Son activité s'organise autour de branches et domaines : Infrastructure, Proximités, Voyages, Geodis, Gares et Connexions, Matériel, Traction.

Adopter une approche qualitative basée sur les structures existantes de l'entreprise

Une première enquête réalisée en 2006 a révélé que 5 % du personnel souffrait d'un stress excessif, nécessitant, selon l'avis des médecins du travail, une prise en charge médicale. Pour répondre à ces situations, nous avons souhaité nous appuyer essentiellement sur les structures déjà existantes dans l'entreprise, et privilégier une approche qualitative plutôt que quantitative. En effet, nous ne voulions surtout pas créer de nouveaux indicateurs, alors que nous en avons déjà de très nombreux, et que les indicateurs traditionnels déjà disponibles nous permettent tout à fait de mesurer les progrès réalisés et les difficultés restantes.

Toutefois un observatoire centralisé de l'évolution des conditions de vie au travail a été créé en 2008 avec l'appui de l'ANACT, suite aux travaux réalisés cette année-là sur la pénibilité au travail. Il permettra de consolider les travaux réalisés localement, de repérer les points sur lesquels des actions transverses à tous les sites peuvent être mises en place et de relayer les bonnes pratiques.

Un dispositif d'abord à vocation locale

Le système de prévention que nous avons mis en place est structuré autour de trois thèmes :
- l'amélioration de la qualité des conditions de vie au travail. Les actions qui y sont liées sont plutôt de l'ordre du court terme ;
- le recentrage des managers sur le personnel, afin qu'à terme ils puissent consacrer 30 % de leur temps aux équipes terrain. Il s'agit là d'actions plutôt à moyen terme ;
- l'intégration des impacts sociaux dans la conduite du changement, ce qui constitue une démarche à long terme.

Notre souhait est de faire en sorte que, progressivement, l'évaluation des risques psychosociaux ne soit plus une affaire d'experts, mais que les managers puissent s'en saisir. Pour cela, nous développons un outil d'évaluation des risques psychosociaux, en partant de trois catégories de risques : les risques d'agression physique ou verbale, les risques de dysfonctionnement relationnel, et les risques de stress au travail, que l'on analyse à travers cinq thèmes : l'isolement, le management, le changement, la relation au travail et l'environnement (physique, géographique, le rythme de travail, etc.).

En mars 2010, nous avons élaboré un texte de référence, travaillé avec les organisations syndicales, pour poursuivre ces travaux. Ce texte s'articule autour de la reconnaissance du « risque stress » au sein de l'entreprise et de onze actions majeures à engager, venant compléter celles mentionnées plus haut :

• Suivre les indicateurs de situation à risques (absentéisme, accidents du travail, alertes du CHSCT, etc.), en étant particulièrement attentif aux convergences de plusieurs de ces indicateurs.

• Réaliser des diagnostics «Qualité de vie au travail » sur les sites. Nous nous sommes appuyés pour la réalisation de ces diagnostics sur les travaux de Michel Vézina et de l'Université Laval à Québec, en adaptant la grille proposée au contexte de la SNCF. Soixante diagnostics ont déjà été réalisés, auprès de groupes de quinze à vingt personnes. Ces diagnostics ont tous été effectués avec le médecin du travail compétent pour ce collectif de travail, sur la base d'une grille organisée autour de douze thèmes. Parmi ceux-ci, nous pouvons notamment citer : l'évolution de l'emploi, l'absentéisme, la santé au travail, la prise en charge des agents en difficulté, le soutien social des collègues, le soutien social de la hiérarchie, les pratiques managériales, etc.

• Réaliser des « enquêtes flash stress », sous l'égide de la cellule épidémiologie du service médical de la SNCF et du Comité médical national. Ces études initialisées en 2006, renouvelées en 2009, seront désormais reconduites tous les deux ans.

• Mettre au point des sessions d'information des acteurs et les sensibiliser à la question des risques psychosociaux, par des « dialogues stress ». On y réunit les managers de second rang pour les sensibiliser à partir de trois films présentant un cas de dépression, un cas de surmenage et un cas de stress réactionnel. La diffusion est suivie d'un dialogue avec les managers, régulé par un psychiatre, un médecin du travail et un manager. L'objectif ici est d'améliorer la vigilance des managers pour qu'ils détectent mieux les signaux faibles et qu'ils aient le réflexe d'en parler au médecin du travail. Cependant il faut prendre garde de ne pas augmenter ainsi la pression qu'on leur met sur les épaules !

• Soutenir médicalement les personnes en difficulté. Le médecin du travail joue bien sûr ici un rôle pivot, notamment pour remonter à la direction des ressources humaines à travers une « note d'ambiance » toutes les évolutions sensibles qu'il observe.

• Offrir un soutien professionnel et psychologique. Sur le volet psychologique, on constate que les managers ont plus de difficultés à faire appel à la cellule de soutien qui existe. Nous essayons, par exemple à travers les « dialogues stress », à les ouvrir à cette démarche afin qu'ils puissent mieux se faire aider.

• Appuyer le rôle de l'encadrement, par exemple par le rôle des managers lors de la fixation des objectifs, qui ne doivent pas conduire à des mises en cause personnelles ou à des rivalités. Enfin et surtout, nous voulons alléger la charge de travail des managers de proximité, afin de dégager 30 % de leur temps qu'ils pourront consacrer aux agents. Ce point nous paraît fondamental pour favoriser une meilleure détection des situations à risques.

• Donner de la visibilité aux équipes sur les changements à venir. Par exemple, lorsqu'un projet de changement est prévu, il nous faut communiquer clairement sur le périmètre des équipes concernées, afin que les autres ne vivent pas de tensions inutiles.

• Prendre en compte les impacts des changements dans la conduite des projets.

• Ouvrir des espaces et des temps d'échange pour les collectifs de travail, afin que ceux-ci puissent s'exprimer sur la qualité de leur vie au travail.

• Favoriser l'équilibre entre la vie familiale et la vie professionnelle.

Notons que nous ne voulons pas que ce programme soit mis en place aveuglément et de façon systématique. L'objet n'est pas de faire de la prévention pour la prévention. Si certains collectifs ne vivent pas de situations de stress, nul besoin d'y organiser un quelconque diagnostic. Au contraire, cela pourrait constituer un facteur de tension inutile. Pour l'instant, les deux premières actions engagées ont été la mise en place des « dialogues stress » et des diagnostics sur la qualité de vie au travail. Le point majeur pour les mois à venir est de travailler sur l'allégement du travail des managers de proximité afin de leur dégager du temps auprès des agents.

Ce dispositif est pour l'instant à vocation locale. Les diagnostics permettront dans un premier temps de mettre au point des plans d'action pour résoudre les difficultés des collectifs à leur niveau. Ce n'est qu'ensuite qu'ils pourront être capitalisés pour dégager des thèmes d'actions applicables à la SNCF, voire à l'ensemble du groupe.

Vécu au travail : l'approche stratégique d'Airbus

➠ Thierry Baril, Executive vice-président des Ressources Humaines, Franck Joly, responsable du projet, Marc Jouenne, directeur des Relations Sociales et de la Politique sociale, Airbus

Objectif de notre démarche

La démarche actuellement développée par Airbus porte le nom de « Management du vécu au travail ». « *Son but est d'intégrer dans la stratégie d'entreprise une démarche de prévention des risques psychosociaux permettant d'assurer l'efficience individuelle et collective* », explique Thierry Baril, Executive Vice Président des Ressources Humaines du Groupe Airbus. « *En effet, les troubles psychosociaux ont un impact sur la **motivation**, l'**engagement** des salariés et donc sur la **performance** et la **qualité*** », d'où la volonté de travailler sur la prévention primaire, c'est-à-dire le plus en amont possible des problèmes potentiels ou avérés.

La démarche est dans un premier temps développée et déployée sur les sites d'Airbus en France, mais le but est de la transposer en 2011 sur l'ensemble des sites d'Airbus. Elle intègre les dispositions de l'accord sur le stress signé le 8 avril 2010 par EADS, dont Airbus est filiale à 100 %, et les cinq organisations syndicales représentatives. Cet accord a pour objet de structurer la lutte contre le stress au travail, de façon à :
- prévenir les situations de stress et sensibiliser au stress ;
- intégrer l'évaluation des risques dans les projets structurants de changements nécessaires à l'évolution des sociétés du Groupe ;
- détecter et évaluer les situations de stress (individuelles ou collectives) ;
- traiter ces situations et aider les salariés qui pourraient être affectés ;
- apprécier l'efficacité des actions mises en place.

Outils mis en place

Selon Marc Jouenne, Directeur des Relations Sociales et de la Politique sociale du Groupe Airbus, « *il a fallu tenir compte de la taille d'Airbus. Ainsi, le "Management du vécu au travail" va s'appuyer en premier lieu sur un découpage sectoriel de l'entreprise, chaque secteur étant sous la responsabilité d'un délégataire de pouvoir en matière de santé, sécurité ayant la compétence, l'autorité et les moyens pour lancer en collaboration avec la médecine du travail, pivot du dispositif, et les experts désignés, les actions nécessaires dans le domaine des risques psychosociaux* ».

« *La volonté d'Airbus est de développer et de mettre à la disposition des managers deux méthodes sur les risques psychosociaux : une méthode rétrospective et une méthode prospective* », indique Franck Joly, responsable du projet.

1. La méthode rétrospective consiste à intervenir sur un secteur potentiellement à risque. À partir d'indicateurs d'alerte (absentéisme, turnover anormal, résultats EVREST), d'une plainte relayée auprès de la médecine du travail dont le

diagnostic médical laisse supposer que l'on est face à une situation de stress collectif, un groupe multidisciplinaire composé du médecin du travail, d'un représentant des ressources humaines et d'experts dans le domaine du facteur humain (psychologue, ergonome, préventeur, etc.) est mis en place à l'initiative du médecin du travail. Avec l'aval et le concours de la hiérarchie, ce groupe est chargé de réaliser un diagnostic approfondi, qui va consister à rechercher les causes sur le terrain, à identifier les voies d'amélioration possibles et à proposer le plan d'action correspondant. Le mode d'intervention est défini en fonction de la problématique identifiée par le médecin du travail et peut évoluer en fonction des constats faits sur le terrain.

2. La méthode prospective vise à évaluer le risque de stress lors de la mise en place de nouveaux projets (par exemple changement d'organisation, ou mise en place d'un nouvel outil). À partir d'une analyse de la population exposée, du contenu et du contexte de la tâche, il sera réalisé une évaluation des risques visant à prévenir ou à réduire les risques par la mise en place d'un plan d'action. L'objectif à terme est de fournir au manager un guide lui permettant de se poser « les bonnes questions » sur l'impact humain avant le lancement d'un projet. Il aura la possibilité pour les projets complexes de s'appuyer sur le groupe disciplinaire décrit plus haut.

Ces méthodes seront renforcées par des sensibilisations et des formations qui seront dispensées aux principaux acteurs du domaine des risques psychosociaux :

- les membres de l'équipe projet qui sont amenés à participer aux groupes multidisciplinaires ;
- les délégataires de pouvoir, c'est-à-dire les managers qui ont la responsabilité de la santé physique et mentale des salariés de leur secteur ;
- les capteurs, c'est-à-dire des salariés volontaires parmi les fonctions Ressources Humaines, Santé et Sécurité et parmi les membres du CHSCT ;
- les managers couvrant l'ensemble de la hiérarchie des différents secteurs sous les délégataires de pouvoir.

Franck Joly ajoute que, « *parallèlement au travail sur ces deux méthodes, des investigations sont en cours sur des actions à court ou moyen terme qui peuvent avoir un impact visible sur le travail au quotidien des salariés (utilisation de la messagerie, mode d'appropriation de nouveaux outils, travail en open space, etc.)* ». Une démarche sur la « qualité de vie au travail » est notamment en cours d'expérimentation sur le site d'Airbus Saint-Nazaire, dont le but est de travailler sur les cinq axes suivants :

- cohésion et confiance ;
- communication et écoute ;
- reconnaissance ;
- assistance et coopération ;
- bien-être et santé.

État d'avancement, difficultés rencontrées

Le mode de fonctionnement choisi consiste à travailler en parallèle sur la méthodologie et sur le terrain.

Ainsi, six groupes d'étude sont à présent constitués, en charge :

- de la communication ;
- de la formation ;
- des indicateurs ;
- de la méthode rétrospective ;
- de la méthode prospective ;
- du « thesaurus » (capitalisation des connaissances et des retours d'expérience).

Ces groupes sont complétés par des groupes pluridisciplinaires sous la responsabilité d'un médecin du travail qui interviennent sur des situations concrètes de manière à expérimenter et à corriger, en permanence et à partir des retours d'expérience, les orientations prises par les groupes d'étude. Dans une première phase, les études ont permis de bien avancer sur les points suivants :

1. Définition des indicateurs : nous savons désormais confirmer la réalité d'une situation de stress, mais nous ne savons pas encore détecter à partir d'indicateurs qu'un secteur de l'entreprise est en difficulté.
2. Description de la démarche rétrospective de l'alerte au diagnostic, ce qui passe notamment par le diagnostic médical, par la formalisation auprès du manager du niveau d'atteinte de son secteur et par la recherche dans le collectif et le travail des causes du problème.
3. Définition des objectifs pédagogiques des différentes formations.

Des actions concrètes ont été menées, notamment en matière de communication et de sensibilisation. Ainsi, Thierry Baril précise qu'il a écrit « *à l'ensemble des managers pour les informer du lancement de la démarche de la volonté d'Airbus de soutenir cette initiative au plus haut niveau* ». Un article dans le journal interne d'Airbus a permis d'informer les salariés de la mise en place de la démarche et les organisations syndicales sont régulièrement tenues informées de l'avancement du projet par l'intermédiaire du CE et du CHSCT. La deuxième phase du projet consistera à déployer progressivement la méthodologie sur l'ensemble d'Airbus.

« *Les difficultés rencontrées découlent principalement du fait que le travail de terrain a commencé alors que les méthodes d'intervention n'étaient encore qu'expérimentales* », explique Franck Joly. En particulier, la phase de restitution du diagnostic et du plan d'action peut s'avérer particulièrement complexe en raison des implications individuelles et collectives.

Personnes impliquées dans le projet

Marc Jouenne insiste sur le fait que « *le projet a été construit autour d'une équipe pluridisciplinaire à laquelle participent des managers, la médecine du travail, la prévention des risques, la psychologie du travail, l'ergonomie, les Ressources Humaines et le service social* ». Les organisations syndicales sont régulièrement informées de l'avancée de la démarche à travers des revues en CHSCT. Elles seront ensuite intégrées dans le dispositif à travers les commissions de prévention du stress issues du CHSCT.

Retour sur investissement (sur le plan des RPS, mais éventuellement d'un point de vue business : ressources de l'entreprise mieux exploitées)

Pour Franck Joly, « *il est prématuré à ce stade du projet de tirer des conclusions sur ce point. C'est cependant un élément qui fait partie des études réalisées sur les indicateurs, puisqu'il est prévu de sélectionner des indicateurs de performance des différents secteurs de l'entreprise pour apprécier dans le temps l'impact que pourra avoir la démarche sur les risques psychosociaux* ».

Prochaines étapes

Un travail important de formalisation reste à faire en vue de déployer la méthodologie en 2011. Entre-temps, des sensibilisations et des formations auront été lancées auprès des délégataires de pouvoir et des capteurs.

Quelle approche des risques psychosociaux par le *risk* management ?

➡ **Bruno Dunoyer de Segonzac, Directeur de l'Audit Interne et de la Gestion des Risques, Bouygues Telecom**

Compétence du *risk* management

Disons le tout net, le *risk* management n'a aucune compétence sur les risques eux-mêmes, pas plus les risques psychosociaux que les risques de sécurité informatique. Il est simplement le spécialiste de la méthodologie d'un processus interne appelé ERM (*enterprise risk management*), capable de structurer de façon homogène et transverse un exercice d'approche globale des risques d'une entreprise. À aucun moment le *risk* management ne se substituera aux professionnels métiers que pourrait être, par exemple, l'équipe RH pour gérer le risque psychosocial. Ceci étant dit, il n'y a pas de risque qui ne puisse être identifié par un ERM correctement structuré. S'il existe et porte potentiellement atteinte aux objectifs de l'entreprise, le risque psychosocial devra être identifié, quel que soit le nom sous lequel il apparaît. Il sera alors de la responsabilité du *risk* management d'opérer un reporting objectif de ce qu'il observe dans son champ d'investigation.

L'approche de Bouygues Telecom

Étant donné, d'une part, la complexité des systèmes technologiques interactifs nécessaires au fonctionnement d'un opérateur télécom s'adressant à un grand nombre de clients diffus et, d'autre part, l'environnement d'évolution permanente à la fois économique, technique, juridique, réglementaire et concurrentiel, le management de Bouygues Telecom a décidé de mettre en place un dispositif de gestion des risques.

Pour gérer un pilotage complexe, toutes les bonnes théories de management proposent qu'à l'instar de l'homme de Cro-Magnon souhaitant manger complètement son mammouth, il est préférable de le découper en tranches aussi fines que la capacité d'absorption de chaque jour et, donc, plus le « mammouth » est gros, plus il doit être découpé. Dans le cas d'une entreprise de télécoms, le « mammouth » est énorme et néanmoins véloce. Pour en digérer le pilotage, il est passablement découpé, à tel point que le « mammouth » n'est plus recomposable simplement pour en avoir une vision d'ensemble compréhensible. La crainte d'en oublier un morceau est souvent justifiée. En d'autres termes, les indicateurs de contrôle régulièrement observés par le management sont-ils les bons et sont-ils suffisants ? Dans cette optique, il devenait évident qu'un élément négatif apparaissant dans un secteur, même isolé du cœur de métier, avait une capacité à provoquer une réaction en chaîne, pouvant atteindre gravement les résultats de l'entreprise sans avoir été décelé par la métrologie traditionnelle.

Éléments méthodologiques

En installant la gestion des risques, la volonté du management de Bouygues Telecom n'était pas de voir tout en détail, mais bien de n'oublier aucun élément identifiable, susceptible de devenir un obstacle à la stratégie. D'où l'idée d'un exercice global ne laissant de côté aucune des organisations de l'entreprise, permettant un reporting régulier des risques majeurs, quelle qu'en soit l'origine, vers le management.

Dans la méthodologie mise en place par Bouygues Telecom, le *risk* management ne traque pas un risque en particulier, il traque le risque quel qu'il soit. Tel un médecin établissant son diagnostic, il ne demande pas à son patient s'il est porteur d'une maladie, il lui demande de décrire ce qu'il ressent, pour en déduire la présence éventuelle d'une maladie. L'investigation est basée sur un système de questionnement autour de la réalisation des objectifs de chaque organisation en partant du principe simple que la somme des objectifs de la totalité des organisations est propre à assurer le succès global de la stratégie de l'entreprise. L'exercice consiste donc à identifier l'événement susceptible d'empêcher l'atteinte de l'objectif. Concrètement, quels sont les « cauchemars » des responsables ? Quel niveau de maîtrise pensent-ils avoir selon les actions mises en œuvre pour contenir le risque ? Enfin, à quel moment estiment-ils la capacité du risque à survenir ? Le domaine de la perception, souvent peu exploré dans le monde de l'entreprise, est un révélateur efficace et sérieux, pour peu qu'il soit utilisé avec précaution.

Le système de questionnement prend toute sa valeur par le croisement des informations en provenance d'organisations indépendantes les unes des autres. Par exemple, concernant le risque psychosocial, deux types d'organisations au moins vont confronter leurs réponses : la DRH d'une part et les directions opérationnelles d'autre part. Si le risque n'est perçu en « cauchemar » ni dans les directions opérationnelles, ni à la DRH, il est fort probable qu'il soit faible, voire inexistant. Si en revanche un soupçon existe dans l'une des organisations, il convient d'aller plus loin dans l'analyse et d'en qualifier l'origine. S'il est corroboré par plusieurs organisations, il est urgent d'en faire une évaluation.

L'évaluation du risque

Le choix de Bouygues Telecom a été de réaliser des évaluations quantitatives en euros. Plus contraignantes que les évaluations qualitatives à échelle de valeur, elles exigent une construction justifiée des composants, plus précise que l'évaluation qualitative.

Ce sont les conséquences du risque qui doivent être chiffrées. Elles peuvent être directes ou indirectes. Par exemple, si l'on considère le présentéisme comme étant la conséquence directe du risque psychosocial, son chiffrage se calcule en appliquant le taux approché de façon statistique, sur le montant de la masse salariale. Du fait de la réputation négative de l'entreprise sur le marché du travail, il sera cumulé à la conséquence indirecte de la perte de compétence, ce qui se traduit, selon la zone atteinte dans l'entreprise, par un taux de productivité dégradé, une perte de ventes, des résiliations clients, la perte d'opportunité de l'innovation, le coût de l'augmentation du nombre de réclamations au service clients, etc. La valeur ainsi constituée est toujours discutable à la marge, mais assez peu contestable dans une fourchette raisonnable.

Traitement du risque

Le traitement d'un risque fait partie des actions préventives dont le calibrage est toujours délicat pour des organisations dont la motivation est sensibilisée par le retour sur investissement. Le coût du risque remonté au management permet l'échange rationnel entre les acteurs et la prise de décision d'un traitement justement équilibré en fonction du besoin et de la motivation que fait immanquablement naître l'évaluation chiffrée.

Conclusion

Par définition, un risque est un événement non encore survenu ; de ce fait, il n'est décelable que par la lecture de faibles signaux annonciateurs, d'autant plus complexes à identifier quand ils sont d'origine perceptive. Les risques psychosociaux sont des exemples types d'événements latents capables de passer les contrôles métrologiques habituels que sait construire une entreprise, pour éclater au grand jour quand il est largement trop tard, avec des conséquences dont les coûts, souvent considérables, n'ont pas été imaginés, parce que leurs enchaînements sont collatéraux aux flux financiers usuels. La mise en place d'un dispositif de gestion des risques nous semble une réponse adaptée, capable d'alerter en amont dans le respect de la responsabilité de chacun.

Les risques psychosociaux concernent chaque démarche de changement de l'entreprise

➤ **Laurent Geoffroy, directeur des ressources humaines, Coca-Cola Entreprise**

Coca-Cola en France repose sur deux entités distinctes : Coca-Cola Entreprise et Coca-Cola France. Coca-Cola Entreprise, filiale de Coca-Cola Entreprise Inc., est aujourd'hui le producteur et distributeur de boissons sans alcool en France. Le groupe fait travailler environ deux mille sept cents collaborateurs pour un chiffre d'affaires qui s'est élevé à 1, 9 milliard d'euros en 2009.

Des travaux d'abord axés sur le harcèlement et visant à développer l'écoute

La prise en compte des risques humains dans l'entreprise date de 2004, avec une première approche qui a été engagée à l'époque sur la prévention du harcèlement. Un plan a alors été élaboré, baptisé « À l'écoute des salariés ». Rapidement, ce plan a visé à aller au-delà du harcèlement, et à promouvoir en particulier l'écoute dans l'entreprise en tant qu'attitude managériale. C'est ainsi que nous avons mis sur pied une démarche impliquant plusieurs acteurs en en faisant des relais d'écoute en interne. Ceux-ci étaient des salariés ou des managers de premier niveau, souvent repérés en amont pour leurs capacités dans ce domaine, ainsi que des médecins du travail et des collaborateurs des ressources humaines. Pour compléter ce dispositif, un numéro d'écoute externe confidentiel a été proposé avec le partenariat de l'association Astrée. En parallèle, nous avons formé l'ensemble des managers de l'entreprise (et nous continuons à le faire pour tout nouveau manager), à tous les niveaux hiérarchiques.

Les objectifs de cette formation étaient les suivants :
- comprendre les mécanismes du harcèlement et de difficultés des salariés ;
- être capable d'évaluer les risques ;
- comprendre et adopter les comportements en ligne avec les objectifs et les valeurs de l'entreprise et les comportements hors jeu ;
- connaître la législation sur le harcèlement et le plan de prévention mis en œuvre par CCE ;
- connaître le rôle du manager dans ce dispositif.

L'élément notable et structurant de cette formation reposait sur les techniques d'écoute active, qui est selon moi une compétence intrinsèque d'un manager d'aujourd'hui. Nous en avons déjà d'excellents retours, nombreux étant les managers qui nous disent qu'il s'agit là de la meilleure formation qu'ils aient reçue, puisqu'elle sort du cadre des programmes de formation traditionnels. Cette initiative a été identifiée comme une bonne pratique par la Halde.

Or à l'usage on s'est aperçu que seulement 10 % des appels concernaient des suspicions de cas de harcèlement ; 50 % concernaient des difficultés personnelles

© Groupe Eyrolles

sans lien avec le travail (problèmes familiaux, surendettement, etc.), et 40 % concernaient des difficultés en lien avec le travail, mais qui n'étaient pas du harcèlement (conflits entre collègues, missions floues, etc.). C'est la raison pour laquelle nous souhaitons aujourd'hui élargir le plan « À l'écoute des salariés » dans le cadre d'une opération de plus grande envergure sur les risques psychosociaux de la société.

Une démarche plus étendue qui vise à mieux intégrer les risques psychosociaux dans les projets de changement de l'entreprise

Une démarche a été menée avec le cabinet Artélie Conseil, qui a consisté en une série d'entretiens individuels qui ont permis par la suite de bâtir un questionnaire très détaillé et transparent adressé à l'ensemble des salariés de l'entreprise. L'idée ici était en effet de pouvoir impliquer chaque salarié et de donner la possibilité à tout le monde de s'exprimer. Ce questionnaire est en cours de dépouillement [à l'heure où ces lignes sont écrites], et les premières actions pourront être mises en œuvre, nous l'espérons, dans le courant de l'année 2011, à l'issue des discussions que nous mènerons avec nos partenaires sociaux.

In fine, notre souhait est de pouvoir développer les bons réflexes en termes d'écoute et de prévention des risques psychosociaux. Il s'agit là notamment de pouvoir intégrer ces risques dans tout projet de changement, dès le démarrage des travaux. Les projets ne peuvent aboutir et être compris que si l'on intègre en amont leur dimension humaine, organisationnelle et culturelle. Nous avons par exemple effectué des mesures qui constatent, comme le montre la courbe du changement[1], qu'il existe une forte corrélation entre la compréhension et l'acceptation du changement par les salariés et la performance de l'entreprise. En bas de la courbe, lorsque les salariés sont au paroxysme du rejet du changement, la performance est la plus basse, alors que, lorsque la pratique et la compréhension progressent, on constate une acceptation du changement, voire une implication plus forte dont profite la performance de l'entreprise.

Nous souhaitons donc désormais intégrer dans toutes nos démarches de changement la problématique des risques psychosociaux et proposer un accompagnement robuste, du début du projet jusqu'à sa mise en œuvre finalisée. Pour cela, nous avons déjà agi sur certains paramètres : parallèlement au questionnaire sur les risques psychosociaux, un travail en profondeur sur la communication interne a d'ores et déjà été réalisé avec le comité de direction sous l'impulsion du P-DG de Coca-Cola Entreprise. En effet, nous avons traduit notre plan stratégique à trois ans de façon simple, reposant sur quatre dimensions : croissance, clients, collaborateurs, citoyenneté : les « 4C ». Cette démarche représente une étape importante, en cela qu'elle formalise, au-delà des objectifs business, la prise en compte au même niveau de ces 4 C, solidairement, comme vecteur de performance de l'entreprise. Cette approche a été matérialisée lors d'une convention auprès de l'ensemble des managers pour leur présenter ce plan de communication et faire en sorte qu'ils relaient cette vision auprès des équipes.

---

1. Cette courbe décrit les différentes étapes émotionnelles par lesquelles passent les personnes lorsqu'elles sont confrontées à un changement (voir le schéma p. 182).

Redonner du sens

Nous espérons par ces démarches complémentaires pouvoir renforcer le sens que les salariés trouvent dans leur travail. C'est pour cela que nous cherchons à être pédagogues dans la présentation des projets de l'entreprise et de son orientation, afin d'expliquer sa réalité, de raconter cette histoire en ayant les yeux grands ouverts. Pour cela, les managers de premier niveau constituent un maillon essentiel. Ce sont eux qui sont au contact de la réalité quotidienne des équipes, et qui peuvent leur transmettre leur connaissance de l'entreprise et de ses projets. Il faut s'appuyer sur eux pour diffuser cette vision et ce sens.

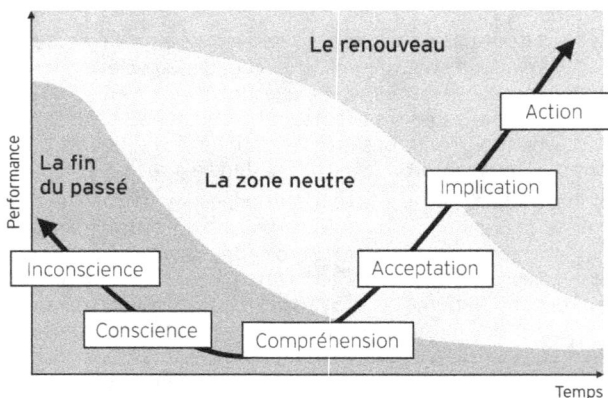

La courbe du changement

Transformer une contrainte en opportunité

➠ **Valérie Decaux, DRH, Groupe SAUR**

Dans un contexte de changements importants et multiples liés à l'évolution du marché français du traitement de l'eau et des déchets (concurrence exacerbée, exigences plus fortes des clients, etc.) et plus largement à un changement de modèle économique, le Groupe SAUR doit s'adapter. Dans la même période, de nouveaux dirigeants ont rejoint le groupe, accentuant le sentiment d'instabilité perçu par le corps social. « La vie n'est plus un long fleuve tranquille » pourrait illustrer la mutation à laquelle le groupe doit faire face.

En parallèle, la contrainte légale de mise en œuvre d'une négociation puis d'actions de prévention en matière de risques psychosociaux a conduit le Groupe SAUR à se mobiliser sur le sujet, tant pour mieux comprendre puis agir sur les inquiétudes légitimes des équipes dans cette période de changements que pour satisfaire aux obligations légales.

S'engager dans ce type de démarche n'est pas neutre, n'est pas pris à la légère par les dirigeants, au risque que le résultat soit pire que de ne rien faire. Les dirigeants doivent s'impliquer, assumer, accepter les critiques, tenir compte des remarques des salariés et, surtout, mettre en œuvre des actions.

Une démarche transparente et pragmatique, parfaitement adaptée aux problématiques de l'entreprise

Le Groupe SAUR a choisi, sur le conseil du cabinet Artélie, une démarche en deux temps. Le premier est un temps d'écoute d'un échantillon de collaborateurs : cent vingt-deux collaborateurs des différentes sociétés du groupe se sont exprimés lors d'un entretien individuel avec un consultant du cabinet Artélie. Cette première étape nous a permis de mieux comprendre les préoccupations, les inquiétudes des collaborateurs ainsi que les valeurs fondatrices de l'entreprise (stabilité, dimension relationnelle, etc.). Au cours de ces entretiens, les collaborateurs ont aussi fait émerger des propositions, reprises dans une synthèse réalisée par le cabinet et présentée en comité exécutif. La synthèse de ces entretiens est un « concentré » de SAUR, elle formule tout haut ce que chacun pense tout bas. Le second temps a consisté à élaborer un questionnaire « *ad hoc* » basé sur la compréhension des éléments préalablement recueillis lors des entretiens individuels. Ce questionnaire a été discuté en comité de pilotage – constitué des représentants du personnel, de salariés, du DG et de la DRH du groupe – qui a suivi toutes les étapes de la démarche.

Participation active

Sans l'implication du DG, cette démarche n'aurait jamais pu se faire. Les équipes RH se sont fortement mobilisées, d'abord auprès des partenaires sociaux pour les associer et les rendre acteurs de cette démarche (délégués syndicaux, comité d'entreprise et CHSCT), ensuite auprès des managers et des salariés en communiquant largement sur la démarche et sur la parole qui leur était donnée.

Le questionnaire mis en ligne est accessible depuis n'importe quel poste informatique, depuis le lieu de travail ou en dehors du lieu de travail. La confidentialité est évidemment un point qui est revenu tout au long de la démarche et que nous avons eu à cœur de respecter.

L'étape cruciale qu'il nous restera à mettre en œuvre après le dépouillement et l'analyse des questionnaires, outre l'identification des risques psychosociaux, est celle des actions « correctives ». Ces actions devront répondre au mieux et de la façon la plus directe possible aux préoccupations des salariés, au risque de passer à côté de la démarche. C'est sur cette étape que les salariés nous attendent et qu'il ne faut pas les décevoir.

Pour résoudre les situations humaines difficiles, la rapidité d'identification et d'intervention est la clé du succès

→ **Laurent Hemidy, DRH, INRA (Institut national de la recherche agronomique)**

L'INRA est le premier institut de recherche agronomique en Europe et le deuxième dans le monde. Ses huit mille quatre cents agents interviennent dans dix-neuf centres, répartis sur le territoire métropolitain et en outre-mer et engagés dans vingt et un pôles thématiques. Les recherches menées par l'Institut sont pluridisciplinaires et concernent à la fois le domaine des sciences de la vie, des sciences de l'environnement, des sciences de l'aliment, des sciences économiques et sociales, des mathématiques, de l'informatique appliquée, et d'autres encore. Ses missions, fortement corrélées avec l'évolution de la société, participent aux grands débats de société, et permettent d'éclairer les orientations des acteurs privés et publics.

Identifier rapidement les situations difficiles pour apporter des réponses efficaces

Afin d'identifier les situations humaines potentiellement difficiles, l'INRA s'appuie sur les responsables locaux de ses différents centres. Ceux-ci, proches du terrain et des agents, peuvent ainsi faire part au siège et à la direction des ressources humaines des différentes difficultés rencontrées, afin qu'elles soient prises en compte de façon rapide. Les alertes portent sur des situations émergentes et préoccupantes, individuelles ou collectives, qui semblent indiquer un niveau de risque psychosocial élevé. Elles sont adressées directement à la direction de l'établissement ou au directeur des ressources humaines.

La rapidité de prise en charge des problèmes favorise l'efficacité des réponses, car elle évite que les positions des différentes parties prenantes soient trop fortement figées et que les conflits soient déjà en situation de blocage. Elle constitue en cela le principal facteur clé de succès des solutions qui vont être mises en place pour dépasser les risques humains identifiés. Les acteurs locaux, qui représentent donc le relais principal du siège en matière de détection des risques psychosociaux et des situations humaines difficiles, sont principalement les présidents de centre, mais aussi les directeurs des services d'appui, les responsables ressources humaines locaux, les responsables prévention, ou encore les différents acteurs sociaux présents : syndicats, assistantes sociales, médecins du travail, etc.

Le recours effectué par les responsables locaux auprès du siège permet de mobiliser une force d'appui experte, apte à fournir, en lien avec la direction générale, des réponses suffisamment bien dimensionnées par rapport aux enjeux identifiés. Lorsqu'elle est alertée, la DRH de l'INRA mobilise ses compétences internes, selon une démarche pluridisciplinaire (droit, social, médecine du travail, gestion du risque, accompagnement RH, etc.). Elle travaille le plus rapidement possible en lien direct avec les responsables des centres afin de réaliser un état des lieux factuel de la situation relevée. Ce diagnostic est mené en croisant autant que possible les différentes informations recueillies, notamment en termes de management et d'organisation. Il vise à disposer de l'image la plus précise et la plus fidèle possible de la situation analysée et de ses prémices.

Professionnalisation des équipes RH et mobilisation des équipes de management locales, facteurs clés de succès des solutions déployées

Le siège est alors en mesure de proposer des voies de résolution pragmatiques et calibrées selon les besoins, faisant appel si nécessaire à des interventions externes, par exemple des audits menés par des cabinets spécialisés, ou internes. Au-delà de l'approche nécessairement impartiale prônée par la DRH, deux facteurs clés de succès sont mis en avant dans ces interventions :

- la professionnalisation des équipes RH qui sont amenées à agir en proximité, leur niveau de formation et d'expérience en termes de gestion des risques humains ;
- la mobilisation des acteurs locaux, tant du management que de la sphère sociale.

La réussite de ces interventions crée par la suite un effet d'expérience qui alimente un climat de confiance au sein de l'Institut et permet progressivement que les situations difficiles soient relevées au niveau local et donc connues de manière précoce au niveau de la DRH.

Des voies à poursuivre pour s'améliorer

Afin d'améliorer encore sa politique en matière de traitement des risques psychosociaux et des risques humains, l'INRA a par ailleurs engagé un certain nombre d'actions, notamment en faveur de la formation des personnels RH des différents centres de l'Institut. Un plan de formation vient d'être conçu : il allie une première étape de sensibilisation à des séquences d'approfondissement, selon les publics et en lien avec des cycles de formation « métiers » déjà existants. Parallèlement à ces formations, une volonté de veille et surtout de réflexion commune au niveau de chaque centre de recherche est mise en avant, qui doit permettre de répondre aux nouveaux défis du métier de la recherche, dont les méthodes de travail se trouvent profondément modifiées depuis quelques années. Il s'agit ainsi d'engager une animation collective de prévention primaire, en inscrivant le risque psychosocial dans le cadre de l'évaluation des risques et en cherchant à mieux appréhender les facteurs organisationnels les plus prégnants. À moyen terme, cela permettra à l'INRA d'être en mesure d'intervenir de façon préventive sur les risques potentiels, par une analyse menée en amont sur les modes de fonctionnement des équipes et des collectifs de travail.

Une démarche de prévention de stress associant les différentes parties prenantes

➠ **Dominique Massoni, directrice du développement RH et de la communication Interne, et Raphaële Grivel, responsable formation Groupe et Projets RH, Arkema**

Le groupe Arkema est né en octobre 2004 de la réorganisation de la branche chimie de Total. Le groupe est présent dans le monde avec un effectif de près de treize mille huit cents personnes réparti dans quarante pays et quatre-vingts sites industriels. Les trois pôles d'activité d'Arkema, Produits Vinyliques, Chimie Industrielle et Produits de Performance, regroupent des filières industrielles cohérentes et intégrées, dont la plupart bénéficient de positions parmi les leaders mondiaux ou européens, avec des marques et des produits internationalement reconnus.

Objectif de la démarche

Ouvrir le dossier du stress, c'est ouvrir un dossier compliqué, chacun ayant un avis sur le sujet. De nombreuses confusions existent entre les méthodes de mesure, les notions de facteurs de stress et celles d'état de stress. L'engagement d'une négociation au sein d'Arkema France pour développer une politique de prévention du stress au travail a supposé une démarche approfondie et longue, passant par un travail de classement des notions et des méthodes. Aujourd'hui, l'accord sur la prévention du stress au travail a été signé par quatre organisations syndicales (CFDT, CGC, FO, CFTC). Il aboutit à la création d'un Observatoire du stress au travail pour la société Arkema France, ce qui est non seulement un moyen d'engager des analyses et des actions dans ce domaine, mais aussi une opportunité pour développer un dialogue social ouvert et constructif dans un type d'instance nouvelle.

Outils mis en place

La démarche déployée par Arkema répond aux principes suivants :

1) Associer les partenaires sociaux dans la construction et le suivi des actions collectives de prévention du stress avec la création d'un Observatoire du stress au travail. L'observatoire a pour rôle d'être informé sur les résultats des mesures, les terrains à risques repérés, les facteurs de stress explicatifs de ces situations, les plans d'action à engager. Il assure un rôle de suivi des plans d'action. Cet observatoire est décliné à deux niveaux :
   - au niveau central, l'observatoire sera composé de représentants des services de santé au travail, de la fonction RH, de la fonction HSE et de trois membres par organisation syndicale (OS) signataire de l'accord ;
   - l'observatoire sera représenté au niveau de chaque établissement dans le cadre d'une réunion annuelle. Il sera composé du médecin du travail, du

responsable RH du responsable HSE, de deux représentants par OS signataire. Le président et le secrétaire du CHSCT (ou son représentant) participeront à cette réunion.

2) Partager une même approche du stress au travail au sein du Groupe Arkema et pour l'ensemble des sites. La définition sur laquelle s'appuie Arkema est celle retenue par l'Agence européenne pour la santé au travail et reprise dans l'accord national interprofessionnel du 2 juillet 2008 sur le stress au travail (accord signé par l'ensemble des organisations syndicales) : « *Un état de stress survient lorsqu'il y a un déséquilibre entre la perception qu'une personne a des contraintes que lui impose son environnement et la perception qu'elle a des ressources pour y faire face.* » Au-delà d'un certain seuil, le stress peut devenir un facteur de risque pour la santé et on parlera dans ce cas de « sur-stress ».

3) Sensibiliser et former les acteurs de terrain concernés. Des actions de formation sont ainsi prévues à destination des élus CHSCT, élus volontaires, médecins, RH, management, HSEQ.

4) Mesurer. Deux types de mesures sont prévus :
   - Mesures individuelles : depuis 2010, les salariés qui le souhaitent peuvent, dans le cadre de leur visite médicale, répondre à un questionnaire centré sur le stress. Le questionnaire (OMSAD) proposé est informatisé. Il comporte trente-sept questions sous la forme de QCM et d'éléments signalétiques (âge, ancienneté, etc.). Les salariés peuvent demander l'analyse de leurs résultats au médecin ou à l'infirmière dans le cadre de leur visite médicale, dans le strict respect de la confidentialité.
   - Mesures collectives : les résultats anonymes des mesures individuelles seront consolidés pour être analysés statistiquement, parmi d'autres indicateurs, afin de repérer les terrains à risques. La réalisation d'un diagnostic initial du climat social pourra aussi être envisagée dans le cadre d'une enquête sur le bien-être au travail conduite auprès d'un échantillon représentatif des salariés. Sur ces terrains à risque repérés, une seconde mesure interviendra pour identifier les facteurs de stress explicatifs. À partir de l'analyse des facteurs de stress repérés, des plans d'action adaptés seront définis.

État d'avancement, difficultés rencontrées

La mesure individuelle médicale est déployée au sein d'Arkema depuis janvier 2010. Elle se met progressivement en place au sein des établissements filiales. Un accord a été conclu avec quatre organisations syndicales en mai 2010. Les dispositifs associés à cet accord doivent se mettre progressivement en place en 2010 puis les années suivantes.

Les principales difficultés rencontrées tiennent, d'une part, à la mobilisation de l'ensemble des parties prenantes, et, d'autre part, au partage d'une même approche entre tous ces acteurs.

Les personnes impliquées dans le projet sont :
- la direction ;
- les organisations syndicales ;
- la médecine du travail ;
- la fonction Hygiène Sécurité Environnement ;
- la fonction RH.

Prochaines étapes

Il s'agit de mettre en place l'Observatoire du stress au niveau national (définir les modalités de fonctionnement et le calendrier de travail) et de déployer les dispositifs prévus dans l'accord : diagnostic initial, étude des facteurs, formation et communication.

Démarches d'accompagnement de longue durée dans un établissement de santé québécois

➠ **Chantal Aurousseau, CRHA, Université du Québec à Montréal (UQAM), et Élise Ledoux, ergonome, Institut de recherche Robert-Sauvé en santé et sécurité du travail (IRSST)**

Contexte

Le secteur de la santé et des services sociaux du Québec a vécu des réorganisations et des rationalisations majeures depuis la fin des années 1990. Ces changements ont provoqué, dans certains milieux, la déstructuration des équipes de travail, de l'absentéisme pathologique et des conflits. Ces ruptures d'équilibre au plan du travail et des relations essentielles à sa réalisation ont parfois pris l'allure de crises psychosociales. L'émergence d'une telle situation est à l'origine d'une collaboration finement tissée avec un établissement de santé. Cette expérience, formatrice pour tous, a permis aux dirigeants de conduire de façon autonome au moins trois autres démarches inspirées de cette intervention fondatrice. L'expérience développée dans cette organisation illustre les gains d'une démarche d'accompagnement de longue durée, particulièrement lorsqu'elle est conduite en binôme.

Objectif de la démarche

La démarche que nous proposons vise à rétablir un climat de travail sain et à prévenir la résurgence des crises psychosociales, en particulier lorsque des changements majeurs ont atteint les structures et le sens du travail et des relations. L'accompagnement dans la durée favorise le processus d'habilitation collective, notamment dans la compréhension de l'incidence du travail sur les relations, et inversement, de manière à percevoir les risques et à les prévenir ensemble.

Outils mis en place

La démarche est, en elle-même, un outil. Dans cette perspective, les activités données en exemple en sont des applications. Le travail des intervenantes consiste à documenter les réussites individuelles et collectives afin que les acteurs puissent se représenter un avenir souhaitable et durable, au plan du travail et des relations, et tabler sur leurs forces pour le réaliser. Compte tenu de notre position externe et de nos compétences spécifiques, en communication et en ergonomie, nous procédons entre autres en mettant en lumière des dimensions cachées du travail, ou encore des éléments qui sortent du cadre dans lequel les acteurs situent spontanément leur réflexion et leur action. La consignation des traces, la conception d'activités adaptées au milieu et l'animation des rencontres sont des aspects techniques du travail d'accompagnement. Globalement, la démarche se décline en quatre phases : la préparation, le recadrage, la régulation, la sortie.

1) Préparation. Pour agir de manière utile dans une organisation, les dirigeants qui soutiennent la démarche doivent en comprendre les prémisses et les

accepter comme cadre d'intervention. Quatre postulats étayent la logique d'action d'un accompagnement :

- il existe un lien étroit entre des relations interpersonnelles satisfaisantes et la capacité des individus à donner un sens à leur travail ;
- la capacité d'ajustement mutuel en situation difficile repose sur la reconnaissance établie et constante du travail individuel et collectif ;
- le travail est le principal objet légitime pour œuvrer à la reconstruction du lien social ;
- un lien social durable et sain est propice au mieux-être au travail et à l'amélioration du rendement.

Ces prémisses ébranlent des positions établies. Par exemple, la première oblige à adopter une conception collective du sens au travail, dont le fardeau est habituellement imputé aux individus pris isolément. La deuxième heurte la conception de la résistance au changement et évoque les conditions psychosociales qui permettent de surmonter les difficultés. La troisième demande une ouverture sur l'activité de travail et l'organisation du travail – chasse gardée des gestionnaires – qui doivent être comprises et souvent revues pour traiter les problèmes relationnels habituellement à l'origine de la demande de soutien externe. Le dernier postulat suggère que l'investissement sur les dimensions relationnelles du travail étaye l'amélioration du rendement, qui reste la finalité de l'organisation, autrement dit, qu'il cesse d'être vu comme un luxe ou une retombée naturelle.

2) Recadrage. L'adhésion des décideurs demande une révision de leurs positions, notamment celles qui imputent à des individus ciblés les ratés du travail ou la détérioration du climat. Ce recadrage doit également être opéré auprès des travailleuses et travailleurs et de leurs représentants. La centration sur le travail (troisième prémisse) est souvent la plus difficile à faire admettre puisque l'expérience des personnes rencontrées est faite de blessures et de conflits relationnels ayant considérablement miné leur capacité à se faire mutuellement confiance.

Deux exercices réalisés lors de l'intervention fondatrice illustrent le processus de recadrage. Le premier a été la genèse des changements et de leurs effets sur le travail et les relations. Après avoir procédé à des entretiens ouverts avec des acteurs clés (dirigeants patronaux et syndicaux), l'équipe en souffrance est apparue comme un microcosme de l'organisation. En somme, les informations colligées donnaient à penser que la crise psychosociale aurait éclaté même en présence d'autres acteurs, mais aussi qu'elle aurait pu éclater ailleurs dans l'organisation où des facteurs de risque similaires se présentaient. En mettant en évidence les aspects structurants du désordre, il était plus facile de dépersonnaliser la situation et de renforcer une prise en charge organisationnelle. La seconde activité consistait en une rencontre élargie avec l'équipe de travail. Nous leur demandions de nous parler de leur travail, de ce qu'ils faisaient entre la minute de leur arrivée et celle de leur départ, pas à pas. En plus de révéler des réussites professionnelles sur lesquelles s'est fondé le projet collectif de la phase de régulation, cet exercice a mis en perspective des inconnues du travail. Cette animation a amorcé de façon tangible le rétablissement d'une écoute et d'un respect mutuel.

3) Régulation. La reconnaissance des enjeux du travail et la mise en relief de leurs effets sur les relations ont permis de lever une partie de la charge émotive qui oppressait toutes les personnes impliquées. Celles-ci étaient alors disposées à s'engager dans la troisième phase de la démarche : celle des activités de régulation, c'est-à-dire d'aménagement quotidien de pratiques à la fois saines et favorables au rendement. Le développement de ces activités sur plusieurs mois favorise le traitement des éléments perturbateurs qui ne manquent pas de se présenter, mais aussi de saisir des opportunités qui, auparavant, seraient apparues perturbatrices ou inaccessibles. Chaque activité contribue simultanément à l'amélioration du travail et des relations. À titre d'exemple, les activités de régulation ont permis aux acteurs locaux de :

• clarifier et valoriser leurs rôles et fonctions et les zones d'interdépendances nécessaires ;
• développer et mettre en œuvre un projet qui utilise les réussites et les forces du collectif de travail, tout en s'arrimant aux changements et en s'ajustant aux contingences ;
• comprendre des situations propices à la détérioration des relations et à la désorganisation du travail et les maîtriser ;
• reconnaître les habiletés relationnelles, des individus et du collectif, et les renforcer.

4) Sortie. Une ultime activité collective, celle du bilan, marque le retrait des intervenantes. Au moment de cette rencontre, toutes les parties (dirigeants, gestionnaires, représentants syndicaux, travailleurs et intervenantes externes) sentent que la capacité de régulation du travail et des relations, en fonction des nombreux et inévitables perturbateurs, est disponible à l'interne. Il n'est plus besoin de prévoir une prochaine rencontre pour s'assurer du maintien du climat, ni d'un regard extérieur pour mettre en perspective les enjeux et les actions permettant leur relèvement. Il faut de douze à dix-huit mois pour y arriver.

État d'avancement, difficultés rencontrées

En regard des démarches d'accompagnement entreprises dans l'établissement partenaire, la nécessité du travail en binôme ressort comme une condition de réussite tant que les membres de la dyade partagent une vision commune des objectifs et des prémisses et présentent des atouts complémentaires au niveau relationnel et fonctionnel. Là où il n'a pas été possible de construire un binôme, ou encore là où il ne présentait pas les forces relationnelles ou fonctionnelles requises, la démarche a soit avorté, soit porté des fruits limités par rapport à l'investissement.

Les situations propices à une démarche d'accompagnement de longue durée sont à ce point détériorées qu'il n'est pas toujours possible de maintenir tous les acteurs dans leurs fonctions. Au démarrage des interventions, le remplacement des gestionnaires de premier niveau associés à l'emballement de la crise paraît inévitable. De même, l'investissement affectif négatif de certaines personnes, ou leur trop grand désinvestissement, conduit à leur retrait. Ces mouvements initiaux soulèvent des résistances. Les dirigeants déplorent le départ ou la nécessité de réaffectation de personnes compétentes. Les travailleuses et travailleurs tolèrent mal que des individus « payent » pour des situations dont ils ne sont pas responsables. Pour minimiser ces réactions, l'offre d'un soutien adapté aux personnes concernées doit être planifiée. L'expérience montre aussi les bienfaits de ces mouvements pour celles et ceux qui ont quitté l'entreprise.

Retour sur investissement

Au moins deux équipes où une intervention d'accompagnement de longue durée a été conduite sont passées d'un état de crise psychosociale à un état de fonctionnement exemplaire, servi en modèle des années plus tard pour d'autres équipes ayant des mandats ou des difficultés similaires. Dans les deux cas, des changements importants sont survenus dans les mois qui ont suivi la démarche active, notamment la réaffectation des gestionnaires de première ligne, la fusion territoriale des services, le renouvellement partiel des équipes, la révision des tâches afin de s'ajuster aux pénuries de main-d'œuvre spécialisée. Ces équipes sont toujours capables de reconnaître leurs besoins et de prévenir la déstructuration du lien social ou la désorganisation du travail.

La capacité de l'établissement à mener de manière autonome des démarches inspirées du travail accompli avec le soutien des intervenantes externes, la capacité notoire de l'une des gestionnaires à mobiliser les connaissances développées au moment de mettre sur pied de nouvelles équipes, le développement d'activités adaptées à l'organisation et transférables dans d'autres contextes sont autant de gains durables découlant de la démarche proposée.

Prochaines étapes

Le remplacement des dirigeants patronaux et syndicaux par des personnes moins expérimentées, souvent dépassées par les exigences de leur travail, menace la pérennité des connaissances acquises dans le cadre d'interventions d'accompagnement. Pour pallier la perte d'expertise et favoriser l'adoption précoce de modalités de gestion et d'organisation du travail saines et durables, l'enjeu qui nous apparaît est celui de la mobilisation des connaissances développées, leur consignation, leur enrichissement et leur appropriation par une masse critique d'acteurs clés de l'organisation. Nous souhaitons que l'avenir nous permette de participer au relais, au sein des équipes de gestion, des compétences développées dans le cadre de ces interventions de longue durée. Enfin, nous pensons que les binômes d'intervention, qui apparaissent comme un élément conditionnant fortement le succès des démarches, devraient faire l'objet d'une observation attentive en vue d'une caractérisation utile à leur création et à leur fonctionnement.

L'intégration progressive des risques psychosociaux dans les travaux de normalisation

⟶ **Stéphane Mathieu, responsable action régionale Aquitaine, AFNOR**

AFNOR est un groupe international de services organisé autour de quatre grands domaines de compétences : la normalisation, la certification, l'édition spécialisée et la formation. Il exerce son rôle de normalisation dans le cadre d'une mission de service public, tout en développant une partie de ses activités dans le domaine concurrentiel. AFNOR propose ses savoir-faire à soixante-quinze mille clients, répartis dans quatre-vingt-dix pays. Son champ d'expertise couvre à la fois les notions d'accessibilité, de diversité, de qualité, de sécurité, de risque, de responsabilité sociétale, de développement durable, ou encore d'environnement.

Une norme internationale qui intègre explicitement la question des risques psychosociaux dans l'entreprise

Après une période d'attentisme du côté des entreprises, on observe aujourd'hui un mouvement de convergence de leurs points de vue et la naissance d'un consensus sur la nécessité de prendre en compte les risques psychosociaux. Les actions qui en sont issues ne sont pour l'instant qu'émergentes, mais on constate que le sujet devient prioritaire dans les esprits, ce qui se traduit notamment dans les travaux actuels de normalisation auxquels contribue AFNOR, en tant que représentant national.

Parmi ces travaux, le projet de la norme internationale ISO 26000, qui traite de la question de la responsabilité sociétale des entreprises, est amené à intégrer de façon explicite le sujet des risques psychosociaux dans son approche. Ce projet est né en 2001 de l'inquiétude d'organisations de consommateurs, en particulier le Comité pour la politique en matière de consommation (COPOLCO), face aux pratiques de certaines multinationales et des conséquences que cela pouvait avoir sur les conditions de travail et de vie des salariés et des populations. Une étude de faisabilité a alors été menée, qui a abouti au lancement officiel du projet de norme ISO 26000 en 2005.

Six catégories d'acteurs sont mobilisées dans les différents groupes de travail mis en place : les entreprises, les pouvoirs publics, les organisations de consommateurs, des ONG, des syndicats de salariés, et enfin des acteurs de la recherche, des universités ou encore des membres de Caisses Régionales d'Assurance-Maladie (CRAM). Au-delà de la volonté d'aider les organisations à prendre en charge leur responsabilité sociétale, plusieurs objectifs sont poursuivis dans les travaux de la norme ISO 26000 :

- ne pas cantonner la notion de développement durable à la question de l'environnement et y intégrer fortement le volet sociétal ;
- clarifier les concepts liés à la responsabilité sociétale qui restent souvent perçus de façon floue, et faire en sorte qu'ils puissent donner lieu à des actions et des pratiques, concrètes et efficaces ;

- promouvoir une compréhension partagée des sujets constitutifs de la notion de responsabilité sociétale ;
- crédibiliser l'approche menée en France en y intégrant un éclairage international de nature à renforcer son efficacité et sa crédibilité.

L'intégration de la question des risques psychosociaux est traitée dans les travaux de la norme ISO 26000. Elle est abordée dans l'une des sept questions centrales sur les « relations et conditions de travail » et c'est le seul type de risque explicite dans la norme, ce qui montre que ce sujet constitue une préoccupation planétaire. En effet, l'une des recommandations prévoit que toute organisation « s'efforce d'éliminer les risques psychosociaux sur les lieux de travail, risques qui favorisent le stress et les maladies ou les provoquent ». La norme ISO 26000 n'est pas certifiable et, le Groupe AFNOR, pour répondre aux besoins des entreprises qui souhaitent affirmer leur responsabilité sociétale et crédibiliser leurs pratiques et leurs résultats, a développé, au travers de sa filiale AFNOR Certification, un modèle d'évaluation appelé AFAQ 26000. Les questions des risques psychosociaux y sont notamment prises en compte au travers de l'évaluation d'indicateurs en matière de santé et de sécurité.

Par ailleurs, au niveau national, AFNOR a mis en place en partenariat avec la CARSAT Aquitaine une plateforme régionale d'échanges en Aquitaine avec une quinzaine d'entreprises qui partagent leurs bonnes pratiques et retours d'expériences en matière de management de la santé et de la sécurité au travail. Parmi les sujets abordés, la plateforme Aquitaine a travaillé de façon spécifique sur les risques psychosociaux et un guide pratique sera publié par la CARSAT en fin d'année 2011. Ce guide relève en particulier les bonnes pratiques qui sont aujourd'hui mises en place par les entreprises, et a vocation à être distribué à tous les acteurs qui en seront demandeurs.

Des travaux complémentaires qui pourront mener à la création d'une norme dédiée aux risques psychosociaux

Les travaux de prise en compte des risques psychosociaux dans les normes de management ne s'arrêtent pas là. D'autres projets sont engagés au niveau international sur la santé en entreprise et la prise en compte des risques psychosociaux, certains ayant déjà abouti et pouvant constituer une base intéressante pour toute entreprise qui souhaite traiter ce sujet de façon organisée, méthodique et structurée. C'est notamment le cas de la norme BNQ 9700-800, développée par le Bureau de Normalisation du Québec.

Protection de la réputation et respect de l'intimité : deux logiques conciliables ?

➠ **Lionel Prud'homme, vice-président Human Resources – Emea, Carlson WagonLit Travel**

Tout le monde est d'accord pour dire que le risque psychosocial est de nature « impalpable ». Une fois levées dans l'entreprise les difficultés du choix d'une approche – il n'existe pas de méthodologie ou de pratique universelle –, la question de l'action vers l'individu représente un délicat dilemme, voire un risque d'une autre nature, entre efficacité de la prévention pour l'organisation et préservation de l'intimité pour l'individu. Or, les enjeux pour l'entreprise sont de trois ordres dans sa capacité de prévenir toute forme d'événement lié aux risques psychosociaux :

• la protection de sa marque et de sa réputation ;
• le maintien d'un climat social apaisé ;
• le degré d'engagement de ses salariés.

La volonté de prévention peut dès lors, vu les enjeux, manifester des velléités qui iraient dans le sens d'une pratique intrusive vis-à-vis des individus en position de souffrance (présente ou future). Il s'agit toujours de situations complexes, qui rejouent dans la vraie vie le dilemme entre Antigone et Créon, le combat entre le respect de la sphère privée et le respect de la logique institutionnelle.

Il y a deux situations marquantes, vécues au cours de ma vie professionnelle, qui illustrent parfaitement cette antinomie entre l'action possible vers un individu pour prévenir ou soulager un cas douloureux et la capacité ou l'incapacité à agir en restant dans les limites strictes de la sphère professionnelle.

En faire trop ?

Le premier cas avait pour cadre la fermeture de l'usine A dans une ville de province. L'ensemble des salariés était invité à rejoindre l'usine B, située à deux cent treize kilomètres. L'usine précédente comptait cent cinquante personnes, la nouvelle deux mille cinq cents. L'ensemble des salariés de l'usine A qui avaient accepté de bouger (les deux tiers) ont été disséminés dans les différents services ou départements de l'usine B. Certains se sont sentis perdus dans cette usine aux dimensions impressionnantes.

Un transfert accompagné

Il y avait parmi ces personnes ayant accepté de bouger une femme de 50 ans, célibataire qui vivait avec sa mère[1]. Colette était technicienne dans un laboratoire

---

1. L'ensemble des faits relatés sont réels, même si pour la narration, par mesure de confidentialité, certains faits sont masqués et nous livrons pour la clarté du récit des informations qui n'ont été connues qu'*a posteriori*.

pour tester des applications médicales, industrielles, scientifiques, etc. La DRH du site précédent avait été étonnée quand Colette lui avait annoncé son intention de déménager, du fait de sa situation de femme célibataire et solitaire, de son caractère, de sa forte introversion, etc. Elle m'en avait fait part au moment où nous avions passé en revue chacun des dossiers des personnes qui allaient bouger.

Évidemment, une aide avait été conçue pour faciliter la recherche de nouveaux logements, démarches administratives, déménagements, aide pour les écoles, etc. En parallèle, un processus d'intégration spécifique avait été défini, avec un accueil officiel dans l'amphithéâtre de l'usine : un mot du directeur d'usine, une présentation du site et de ses activités, etc. Au-delà, chaque service accueillant avait aussi préparé quelque chose de spécifique pour faciliter les rencontres, mettre à l'aise, etc. À côté de ce dispositif d'ensemble, il y avait un suivi informel chaque semaine avec chaque patron de service sur la réussite de l'intégration des nouveaux arrivants, individu par individu.

Une situation délicate…

Au fil du temps, le directeur du département de Colette, occupant une position N + 2 par rapport à son manager direct, me fit des retours sur son isolement au travail, son absence de discussion avec les personnes autour d'elle, le fait qu'elle retournait chez elle à midi manger seule, etc. Elle continuait à rentrer tous les week-ends pour voir sa mère. Au départ, ces éléments pouvaient être perçus comme des marqueurs temporaires de son transfert, le temps de lier connaissance, de prendre ses aises, etc. En fait, au bout d'un an, ces signaux devenaient alarmants.

Nous avons essayé de trouver quelqu'un qui avait sa confiance et venait de l'usine A. Il s'agissait de son patron de département de l'époque. Nous avons essayé, avec son accord, de l'utiliser comme médiateur pour aider Colette à s'ouvrir, à créer des liens, etc. Cela a eu un effet intéressant qui a permis d'améliorer sensiblement ses interactions avec son entourage professionnel sur une période de six mois. Nous avons bien sûr alerté le médecin du travail (une femme), présent sur site en permanence, qui est entré en contact et a passé du temps avec elle. Elle a essayé d'amener Colette à lui parler, puis à voir quelqu'un qui pourrait l'aider, mais Colette a refusé plusieurs fois.

… qui devient alarmante

À plusieurs occasions, nous avons hésité à alerter sa famille, frère et sœur notamment, de cette situation qui était selon nous une situation d'alerte. Cependant, nous ne connaissions personne au travail (actuellement ou anciennement) qui avait un contact même indirect avec eux et les contacter directement nous paraissait une démarche éthiquement déplacée. Colette a décidé un jour de quitter l'entreprise. Nous avons pensé qu'elle souhaitait repartir rejoindre sa mère. Un matin, nous avons appris son suicide. Nous avions pourtant la chance d'avoir les acteurs principaux tous présents sur le site : manager direct, directeur du département, médecin du travail, infirmières, assistante sociale, service du personnel, DRH. Un suivi particulier, attentif et bienveillant était assuré. Cependant, pour Colette, tout cela n'a pas été suffisant.

Rien sur le radar ?

L'autre cas est celui d'une jeune femme célibataire d'une trentaine d'années, jolie et pleine d'énergie, avec un tempérament bien marqué, appartenant au département Finances et remplissant une fonction Europe de Contrôleur de Gestion. Elle travaillait dans l'entreprise depuis cinq ans et exprimait une ambition certaine d'évoluer. Ses connexions dans l'entreprise étaient nombreuses, de par sa fonction qui l'amenait à être en relation avec beaucoup de personnes, dont plusieurs au sommet de l'organisation.

D'une situation positive...

Mélanie était reconnue comme une personne à potentiel, avec parfois des soucis dans sa relation aux autres, qui pouvait soudainement devenir frictionnelle. Elle participait à un programme de développement de l'entreprise, ouvert aux participants sur nomination du CEO. Un poste de Directeur du Contrôle de Gestion s'était libéré dans un pays majeur de l'organisation, l'Allemagne. Elle avait été choisie pour prendre le poste, avait déménagé et s'était installée à Munich.

Elle devint rapidement une confidente du patron de pays, parfois au détriment de son propre chef, Directeur Finances du pays. Mélanie construisit en Allemagne une vraie réussite professionnelle. Tout le monde la voyait radieuse. Son ambition était encore davantage perceptible. Elle réduisit doucement mais sûrement le périmètre du Directeur Finances, prit les manettes du processus budgétaire dans sa totalité, qu'elle présenta elle-même lors des « *rounds* » budgétaires en présence du Président et du CFO Europe. Le patron de l'Allemagne la soutint, mais c'est elle qui répondit à l'ensemble des questions, justifia les hypothèses, parfois avec un luxe de détails pas toujours nécessaire.

La fin de sa période de trois ans s'acheva en Allemagne. Après plusieurs tentatives pour rester sur place, Mélanie postula, parmi trois options possibles, à un poste mondial d'Achats, basé dans le Nebraska, aux États-Unis. Beaucoup lui déconseillèrent de prendre ce poste, dans un environnement moins accueillant qu'à Munich et certainement plus contraignant pour une personne célibataire. De plus, le poste était une création et, bien que nécessitant des compétences techniques financières, ne relevait plus de la filière Finances. Ceci dit, il était plus prestigieux que les deux autres.

... à une situation de crise

Elle accepta ce rôle, en demandant d'assurer une période de transition de cinq mois à Paris, avant de partir pour le Nebraska, afin de travailler avec une partie de l'équipe basée au siège. Mélanie, quatre mois plus tard, tomba en dépression nerveuse, qui dura près de deux ans. Dès lors, une relation compliquée avec ses parents, et bon nombre de questions, refirent surface. La grande solitude de Mélanie, sans vraiment d'amis en dehors de son travail à Paris (bien qu'étant parisienne, elle-même), devint aussi flagrante. Ni la médecine du travail, ni le manager immédiat et grand patron mondial n'étaient présents sur site. Le service du personnel, le DRH étaient, eux, sur place. Des relations soutenues et amicales avec cinq à six collègues au travail et bien identifiées auraient pu faire office de médiateurs entre Mélanie et l'entreprise. Mais personne n'avait rien vu venir.

Quand la question des risques psychosociaux est ramenée à la dimension micro-sociale, celle de la vie quotidienne des individus, la valeur des mesures prises pour assurer une gestion collective des risques (stress, défaut de management immédiat, espaces de travail peu adaptés, réduction d'injonctions paradoxales, etc.) devient souvent peu opératoire face à des situations individuelles telles que les deux cas précédents les décrivent. Dans la volonté de protéger sa réputation et sa marque, l'entreprise pourrait alors être tentée, par souci d'efficacité, dans une pure logique institutionnelle, de mettre en place des actions intrusives au regard de la sphère intime de l'individu : de son passé médical, de ses ressorts psychologiques, de son histoire, de ses relations familiales, de ses phobies, de ses névroses, de ses réseaux sociaux, etc. Alors, comme le disait Antigone : « *Que Dieu me garde de mes amis ; mes ennemis, je m'en charge !* »

Favoriser un climat d'écoute pour mieux prendre en compte les situations individuelles

⇒ **Stéphane Roussel, Senior executive Vice-Président Ressources Humaines, Vivendi**

Le groupe Vivendi est le leader mondial de la communication. Il intervient sur les marchés des jeux vidéo et de la musique, ainsi que dans les télécommunications. Son chiffre d'affaires en 2009 a dépassé les 27 milliards d'euros pour un résultat avoisinant les 5,4 milliards d'euros. Vivendi emploie quarante-neuf mille salariés, et est présent dans soixante-dix-sept pays. En France, son activité s'organise autour des sociétés SFR et Canal +.

Un sujet plus individuel que collectif

Aujourd'hui, le sujet des risques humains souffre de « biais » de lecture qui lient de façon trop systématique le mal-être d'un individu à son travail. Pourtant, dans la majorité des cas, les gens qui sont en difficulté sont dans une conjonction entre un mal-être personnel et un problème professionnel. Mais il n'y a pas forcément de lien entre l'un et l'autre. Penser cela de façon mécanique est trop réducteur et pousse à ignorer la réalité personnelle de chaque individu. Le bien-être est avant tout une position personnelle, liée à la façon qu'a chaque personne de réagir à son environnement et à ses conditions de travail. Bien sûr, cela ne retire rien à la responsabilité de l'entreprise de mettre en place un climat collectif favorable.

Un système de prévention basé sur des dispositifs d'écoute variés

La base du système que nous avons mis en œuvre chez SFR et Canal + repose sur des dispositifs qui permettent aux employés de faire part de leurs éventuelles difficultés, selon plusieurs canaux. Le premier est constitué par les managers, à chaque niveau de l'entreprise, qui doivent être un relais d'écoute important. Nous encourageons cela en demandant aux managers de se rendre disponibles pour leurs équipes, en ne surchargeant pas leur emploi du temps. Il est important qu'ils puissent offrir des plages de temps de discussion afin de pouvoir entendre ce que leurs équipes ont à leur dire.

Par ailleurs, nous valorisons les managers qui créent un climat positif. Les évaluations annuelles et les plans de succession annuels permettent d'évaluer leur effi-cacité managériale de façon globale. Les bons éléments peuvent profiter de possibilités de promotion et d'augmentations de salaire supérieures aux autres. Nous croyons beaucoup à ce type de « sanction » positive. Cela diffuse dans l'entreprise un message qui montre la prise en compte réelle de ces aspects dans l'approche managériale. Car il y a une vraie responsabilité des managers à aller à la rencontre des difficultés individuelles des employés.

Enfin, nous avons mis en place deux solutions opérationnelles : un médiateur est présent sur chaque site, et un numéro vert est à la disposition des employés. Notre volonté est ainsi de proposer une multiplicité de solutions d'écoute, pour se donner les meilleures chances de détecter toutes les situations individuelles difficiles. On voudrait être sûrs de ne pas passer à côté de quelqu'un qui est en situation de détresse. Cependant, ce n'est pas toujours possible, notamment parce que les gens qui auraient besoin d'une aide n'osent pas toujours le dire.

Le rôle du DRH évolue et nécessite une plus grande prise en compte des situations individuelles

Afin de bien faire fonctionner ce dispositif, le DRH joue un rôle charnière. Il doit à la fois être en mesure de détecter les managers qui favorisent le climat dans l'entreprise et promouvoir leur mode de fonctionnement. Il doit également offrir aux employés une voie d'écoute complémentaire à celles déjà évoquées. De plus en plus, son rôle devient de répondre à ces situations individuelles. Il doit savoir les détecter et les prendre en charge, si possible assez tôt pour que la difficulté ne soit pas impossible à résoudre.

À terme, notre souhait est de pouvoir prévenir les situations difficiles. On s'engage déjà dans cette voie, par exemple en offrant à chaque collaborateur la possibilité de faire le point sur son travail, en sus des entretiens annuels.

Le contentieux de la désignation de l'expertise CHSCT

➠ Paul Bouaziz et Pierre Bouaziz, avocats à la cour d'appel de Paris, spécialistes en droit social[1]

Compte tenu de ses missions en matière de santé et sécurité des salariés, le CHSCT a une vocation naturelle à intervenir dans la prévention des risques psychosociaux. En cas de risque grave, révélé ou non par un accident du travail ou une maladie professionnelle, et en cas de projet important modifiant les conditions d'hygiène et de sécurité ou les conditions de travail, le Code du travail prévoit que ses élus peuvent désigner un expert[2] et disposer ainsi d'une aide technique, objective et indépendante des informations fournies par l'employeur. Ce recours à un expert ne doit pas être considéré comme un outil d'opposition à l'employeur, mais comme un moyen d'éclairer le CHSCT afin qu'il émette un avis en connaissance de cause et de façon crédible sur un problème donné.

La complexité des risques psychosociaux justifie pleinement une telle assistance et, comme l'a constaté le Tribunal de grande instance de Limoges, « *il ne peut être discuté que le risque de pathologie mentale constitue un risque grave* »[3]. On relève en outre une tendance forte de la jurisprudence à affirmer l'autonomie de l'expertise du CHSCT, affranchie de toute formalité préalable. C'est ainsi que la Cour d'appel de Lyon a rappelé dans un arrêt du 26 février 2008 que « *le recours à l'expert n'est pas subordonné au constat préalable de l'inertie de l'employeur ou au fait que le CHSCT peut trouver dans ou hors de l'établissement la solution du problème* »[4].

La véritable difficulté réside dans le *constat* de l'existence du risque grave. Afin de remettre en cause l'existence du risque grave, il n'est pas rare que soit avancée l'insuffisance de manifestations pathologiques (absences pour maladie, accidents du travail, suicides ou tentatives de suicide, etc.). Un tel raisonnement conduit en réalité à une confusion entre l'*existence* du risque et sa *réalisation*. La notion même de prévention implique, au contraire, d'agir avant que le risque ne soit plus un risque, mais une réalité. À cet égard, à la différence des risques physiques purement matériels et ainsi facilement accessibles, les risques psychosociaux imposent une approche plus complexe.

Ils sont, en outre, empreints d'une grande subjectivité :
- celle des salariés eux-mêmes, qui sont dotés d'une capacité de résistance variable ou peuvent parfois avoir tendance à dissimuler leur stress ;
- et celle du juge, qui, compte tenu de sa personnalité et de son ressenti, peut appréhender différemment la situation qui lui est présentée.

---

1. Remerciement à Nicolas Tardy, élève avocat à l'École de Formation du Barreau de Paris, qui a participé à cette étude dans le cadre de son stage en cabinet d'avocats.
2. Code du travail, art. L. 4614-12.
3. TGI Limoges, réf., 20 janv. 2006, DO 2006 p. 342 obs P. Bendjebbar et C. Gaillard.
4. CA Lyon, 26 févr. 2008, RG n° 06/07723.

Dans ces conditions, il n'est pas étonnant de constater que le contentieux relatif à la désignation des experts révèle souvent des contradictions. Voici trois cas qui démontrent la diversité des approches.

Cas n° 1 : cas de validation d'une expertise fondée sur une grande variété d'éléments[1]

En 2004, suite à une réorganisation et à un changement de matériel et de logiciel, un climat délétère règne au sein du service facturation d'un laboratoire médical. La surcharge de travail induite et non contestée par l'employeur engendre des souffrances psychologiques constatées par le biais des rapports du médecin du travail, par des attestations d'anciens salariés et par le compte rendu d'inspection du CHSCT. Le suicide d'un salarié, rattaché par ses proches aux conditions de travail, est constaté et l'inspection du travail attire l'attention de l'employeur sur ses obligations en matière de sécurité. Face à cette situation, le CHSCT procède à la désignation d'un expert en raison d'un risque grave, laquelle est contestée par l'employeur. La Cour d'appel de Lyon valide l'expertise au regard de l'ensemble des éléments d'appréciation présentés.

Il s'agit là de l'exemple typique où le juge se trouve face à une situation de souffrance indéniablement constatée, grâce à un faisceau important d'éléments. Pour autant, il est bien évident qu'il n'est pas nécessaire que tous ces éléments soient réunis pour que le risque grave soit retenu.

Cas n° 2 : cas de validation d'une expertise fondée sur peu d'éléments[2]

Quarante agents du service santé-sécurité d'une entreprise exploitant le tunnel de Fréjus signent une pétition faisant état de faits témoignant d'une dégradation des conditions de travail susceptible de mettre en péril la sécurité des agents et des usagers. Aucune manifestation de souffrance n'est rapportée au médecin du travail et aucun incident n'est encore déploré. Face à cette situation, le CHSCT décide de mandater un expert pour l'assister. Saisi de la contestation, le Tribunal de grande instance d'Albertville valide l'expertise sur le seul fondement de cette pétition.

Il s'agit là d'un exemple où le risque grave a été à juste titre retenu, alors même qu'aucune pathologie n'était encore avérée, mais que le climat de travail était susceptible d'altérer la santé des salariés. La démarche préventive est ici aboutie, en ce qu'elle vise à ce que toute manifestation pathologique soit évitée.

Cas n° 3 : cas d'annulation d'une expertise alors même qu'un suicide est constaté[3]

Un établissement bancaire a connu des restructurations successives. En 2000, un questionnaire adressé aux salariés traduit un état anxieux majeur pour certains d'entre eux : le médecin du travail relève une augmentation du stress en

---

1. CA Lyon, 17 avril 2007, RG n° 06/08327, numéro JurisData : 2007-332345.
2. TGI Albertville, réf., 21 avril 2009, RG n° 09/00014.
3. CA Paris, 28 janv. 2005, RG n° 04/05787, numéro JurisData : 2005-276754.

2002 et oriente entre deux et quatre salariés en psychiatrie par an entre 1999 et 2003. En 2003, un suicide, pris en charge par la CPAM en tant qu'accident du travail, est déploré. Le CHSCT mandate alors un expert sur le fondement du constat d'un risque grave. Saisie de la contestation de l'employeur, la Cour d'appel de Paris confirme l'annulation de la désignation de l'expert, estimant que les éléments présentés ne démontrent pas d'évolution préoccupante de la santé mentale des salariés et que le suicide de l'un d'entre eux ne suffit pas à établir l'existence d'un risque grave. Ce faisant, les juges prennent une décision particulièrement restrictive, considérant que la manifestation, pourtant extrême, du stress n'est pas suffisante. Il est évident qu'une telle approche éventuellement compréhensible en 2005 n'est plus concevable de nos jours.

Bien que ces décisions des juges du fond soient parfois contradictoires dans l'attente de la doctrine de la Cour suprême, elles démontrent qu'il n'existe pas de seuil probatoire impératif. Le juge se prononcera sur l'ensemble des éléments apportés par le CHSCT, lesquels peuvent être d'une grande diversité (attestations et pétitions de salariés, rapport du médecin du travail et de l'inspection du travail, attestations médicales, arrêts de travail, statistiques d'absences et d'accidents du travail, grèves, etc.).

La prise de conscience des effets néfastes des risques psychosociaux devrait conduire à une appréhension large de la notion de *constat* du risque grave et permettre ainsi la nomination d'un expert dès lors qu'est démontré soit un état de souffrance avéré ; soit une situation objectivement génératrice d'une telle souffrance. Ce faisant, le CHSCT jouerait pleinement son rôle d'acteur de la prévention.

En attendant un arrêt de principe de la chambre sociale de la Cour de cassation, il y a lieu de relever un arrêt infirmatif de la cour d'appel de Paris en date du 23 juin 2010, qui pourrait mettre un point final aux contentieux inutiles de contestation des désignations d'experts : « *Il convient cependant d'observer que les membres du CHSCT ne sont pas des spécialistes des questions de souffrance au travail et ne disposent pas des connaissances requises pour apprécier l'importance des risques encourus par les salariés ; lesquels sont variables d'un salarié à l'autre.* »[1]

---

1. Cour d'appel de Paris, 23 juin 2010, affaire cinémathèque, RG n° 09/17448.

Troisième partie

La gestion des risques humains, un avantage stratégique pour les entreprises

Chapitre 6

Réussir votre démarche de prévention des risques

L'amélioration de la santé au travail dépend essentiellement des priorités managériales et de la volonté politique de la direction de l'entreprise[1].

Il ne suffit pas en effet de vouloir s'engager dans une démarche de prévention des risques et d'être persuadé de la nécessité d'un tel projet pour le réussir. De nombreux paramètres interviennent. Les prendre en compte en amont se révèle indispensable.

Par ailleurs, il est important de bien discerner l'enjeu dans lequel se trouve l'entreprise : s'agit-il d'éviter une condamnation ou de réussir un projet de prévention qui anticipe les risques ? Les deux objectifs ne sont bien sûr pas incompatibles, mais les stratégies à suivre ne se révèlent pas exactement les mêmes. Nous les détaillerons plus loin.

Une telle démarche devrait, de notre point de vue, être gérée comme un projet d'entreprise, avec toutes les implications que cela comporte : un groupe de travail actif et en responsabilité de production, un responsable de projet, un budget alloué, des retours sur investissement précis, un délai de réalisation, etc. Les décisions finales restant bien évidemment du ressort de la direction.

Un point crucial doit être abordé : se lancer dans une démarche de prévention des risques psychosociaux est loin d'être neutre pour une entreprise. Cela lui confère essentiellement des obligations : d'un côté, elle sera en difficulté si elle n'a rien fait, et de l'autre on pourra lui reprocher, *a posteriori*, de n'avoir pas pris les mesures suffisamment adéquates pour prévenir un risque qui s'est réalisé...

---

1. Alis, D., Dumas, M., Poilpot-Rocaboy, G., *op. cit.*, p. 98.

Définir en amont ce que vous attendez réellement d'un tel projet

Si les dérives peuvent venir du management, elles peuvent aussi venir des employés ou des partenaires sociaux[1].

Cette question est, de notre point de vue, essentielle, notamment dans le cadre d'un projet d'anticipation des risques psychosociaux. En effet, toute direction n'est pas forcément désireuse d'entamer une réflexion de fond sur le lien entre risques psychosociaux et *business model*, même si, de toute évidence, elle n'a qu'à y gagner du fait des effets de levier possibles.

Une direction peut tout à fait légitimement ne pas souhaiter mettre sous contrôle ce risque ou avoir l'impression d'ouvrir une boîte noire qu'elle ne saurait pas refermer. Les entreprises ont en effet toutes besoin d'être rassurées sur ce point, ce qui est légitime. Les directions notamment pensent souvent, au départ, ne pas posséder toute la marge de manœuvre nécessaire pour infléchir, moduler, remettre en perspective certains effets délétères collatéraux liés à la mise en œuvre opérationnelle de leur stratégie. Elles sont elles-mêmes sous tension et tenues par leurs parties prenantes d'afficher de bons résultats dans des délais de plus en plus courts.

Nous avons vu dans le chapitre 4 qu'il existait de nombreuses approches pour diagnostiquer les risques psychosociaux. Tout dépend de ce que vous attendez réellement du projet. Est-ce une réflexion au plus haut niveau, d'ordre stratégique, visant à positionner les risques en lien avec le *business model* de l'entreprise ? Est-ce au contraire un enjeu pur de dialogue social ? Une obligation de mise en conformité par rapport à votre document unique ? Un enjeu d'image aussi bien vis-à-vis de vos parties prenantes que de vos salariés ? Ou bien souhaitez-vous négocier *a minima* un accord-cadre ?

La réponse à cette première question est cruciale, car, selon vos objectifs, la méthodologie va varier. Il est important d'être très au clair avec ce point et de ne pas avoir d'état d'âme, car s'engager dans un projet suppose ténacité, endurance, envie, etc. Quel intérêt en effet d'aller engager un diagnostic approfondi sur le terrain si votre enjeu immédiat est de montrer aux organisations syndicales qu'elles « comptent » ? Des tables rondes et des réunions avec les parties prenantes peuvent suffire.

La nomination d'un référent « risques psychosociaux » ne pourrait-elle pas suffire en cas de problème pour gérer un risque d'image ? Une charte d'engagement peut être également pertinente pour montrer la bonne intention de la direction de prévenir les situations de harcèlement moral. Il n'est pas nécessaire, pour un projet à voilure réduite, de monter un groupe

---

1. Steiler, D., Sadowsky, J., Roche, L., *Éloge du bien-être au travail*, Presses universitaires de Grenoble, 2010, p. 61.

de travail comprenant des acteurs sociaux ayant des postures différentes, d'engager un débat approfondi, de dénouer des paradoxes, de co-rechercher des solutions, d'engager un conseil, etc.

Qui inclure ?

De nombreux intervenants, tant à l'intérieur qu'à l'extérieur de l'entreprise, sont potentiellement concernés par un projet de prévention des risques humains. Qui mettre dans la boucle, et quand ? Tout dépend, bien évidemment, de la situation. Le projet est-il vécu comme une obligation, une injonction, une mise en demeure ? Ou est-il un projet « à froid », d'anticipation ?

Dans les deux cas, le rapport au temps n'est pas le même, ni la stratégie à envisager. Un projet « injonction » doit être réalisé dans les quelques mois qui suivent son démarrage. Ainsi, un document unique demandé dans ce cadre-là est à produire dans les quatre mois, ce qui laisse peu de temps pour la partie diagnostic et l'élaboration des recommandations. Pour sa part, un projet d'anticipation laisse plus de marge de manœuvre, même s'il doit, nous le verrons, s'inscrire dans un cadre temporel précis, comme tout projet mené en entreprise, sous peine de ne pouvoir motiver dans le temps les participants.

Un sujet nécessairement porté par la direction générale

Un message fort doit précéder un engagement et un soutien dans la stratégie à définir et les actions à mener. Aucune action ne pourra être pérenne sans cet engagement[1].

Le projet doit être *a minima* un projet de direction générale. En effet, en dehors des impacts juridiques, « business » et d'image que nous avons précédemment décrits, et qui font état d'enjeux importants, ce projet est structurant pour l'entreprise, s'il est mené à son juste niveau, c'est-à-dire stratégique. Les risques psychosociaux font en effet partie de son ADN et bien les connaître et les déceler permet de faire effet de levier et de créer un avantage compétitif certain, comme nous l'évoquerons dans le chapitre 8.

Il s'agit également d'un projet, non seulement de direction générale « centrale », mais également de direction des *business units* (BU), des filiales, etc., pour les mêmes raisons, mais aussi parce que l'on oublie trop souvent le fait qu'*in fine*, toute personne en délégation de pouvoir est responsable pénalement et civilement de situations à risque psychosocial élevé, dont elle aurait été avisée sans mettre en face tous les moyens permettant de les pallier. Il est donc nécessaire que ce projet soit piloté au plus haut niveau opérationnel de l'entreprise.

---

1. Steiler, D., *Prévenir le stress au travail, de l'évaluation à l'intervention*, Éditions Retz, 2010, p. 162.

Un projet de prévention des risques humains est donc porté par « les » directions générales. Qu'entend-on exactement par « porté » ? La direction doit être étroitement informée des enjeux du projet, de la méthodologie adoptée, afin de se positionner et donner son avis, le cas échéant. La direction doit être étroitement associée à quelques moments clés du projet :

– Lorsque l'entreprise se positionne, après la phase de repérage des risques, sur ce qu'elle considère être d'une part un risque « acceptable », d'autre part un risque qu'elle ne souhaite pas courir, mais aussi, un thème mis en lumière pendant le diagnostic, et qui peut faire effet de levier par rapport à sa stratégie.

– Dans le choix des axes du plan d'action, car si le projet est réellement connecté à un niveau stratégique, le plan d'action se doit d'être pensé, réfléchi au plus haut niveau également.

Le Comex est consulté, informé, interrogé à ces moments clés. Le DRH, s'il appartient au Comex, est par ailleurs l'interlocuteur naturel sur ce sujet, qu'il le mette directement ou non en œuvre. De notre point de vue, même si le DRH peut sembler être l'interlocuteur le plus « naturel », puisqu'il s'agit de repérer des risques « humains », il ne représente pas la personne qui facilite *de facto* le repérage de ces risques. En effet, en tant qu'acteur social dans l'entreprise, sa fonction consiste justement, avec toutes les difficultés de cette posture, à temporiser les attentes du corps social, à rendre moins « cyniques » ou directs les ajustements effectués par la direction, elle-même sous pression, et à trouver des compromis socialement acceptables, à travers, notamment, le canal du dialogue social. Rien ne le pousse donc à envisager les risques humains de manière objective, hiérarchisée et pondérée par rapport aux enjeux stratégiques de l'entreprise.

Dans le cas où le DRH n'est pas en charge opérationnelle du sujet, le porteur du projet doit avoir un accès direct au Comex, tout en étant positionné de manière indépendante. Nous conseillons en effet un lien fonctionnel avec la DRH.

Désormais, le conseil d'administration ou de surveillance pourrait être tout à fait légitimement tenu au courant de l'existence et de l'évolution de ces projets. En effet, les risques psychosociaux, comme tout risque, portent en eux une capacité de retentissement à un niveau plus global de l'entreprise.

Un groupe de travail composé de neuf à dix membres permanents maximum

Nous conseillons de former un groupe de travail, inscrit dans le temps, et dont l'objet sera de porter et de piloter le projet, même s'il incombe bien sûr à la direction générale, en dernier ressort, d'en endosser les choix finaux. Dans le cas où le projet se met en place dans des contraintes de temps assez fortes, comme lors d'« injonctions à faire » ou de situations de risque déjà avérées, il nous paraît stratégiquement opportun de former un groupe de travail, même réduit, afin de ne pas laisser seule la direction générale en responsabilité totale de réussir ce projet délicat.

Nous conseillons également de ne pas inviter plus de neuf à dix membres permanents, afin de constituer un réel groupe de travail, et non une assemblée attentive débattant à la volée du sujet. Il nous semble pertinent d'ouvrir temporairement les réunions à des membres invités à des moments judicieusement choisis.

Des comptes rendus de séances seront rédigés, intégrant notamment les commentaires des membres invités. Il sera également nécessaire de faire un tour de table formel, lorsque des choix seront effectués et des idées clés débattues, afin de responsabiliser chacun des participants qui seront amenés à exprimer leurs points de vue.

Qui doit *a minima* en faire partie ? Le DRH, le responsable « risques psychosociaux » s'il est désigné, le médecin du travail (et l'infirmière selon les cas), le responsable sécurité, un manager (si possible ayant une vision historique et transversale de l'entreprise), un non-manager, enfin un à trois membres du CHSCT ou des organisations syndicales (dans le cas où la signature d'un accord n'est pas l'objectif premier).

S'il reste possible d'intégrer d'autres personnes, nous conseillons d'inviter un responsable de BU, de site qui ait une appétence particulière pour le sujet, ainsi qu'une personne reconnue pour son objectivité et son intérêt pour ces sujets et désireuse de contribuer. Cela peut aussi bien être un DRH local, un représentant du personnel, un manager, un non-manager, etc. Les faire participer activement apportera de la légitimité au projet.

Notons qu'il est souvent difficile de demander à un CHSCT ou à des organisations syndicales de désigner deux ou trois personnes pour participer activement au groupe de travail et rendre des comptes à leurs instances. Ce point prend en général un peu de temps, avant le démarrage du projet. Cela n'empêche pas le DRH ou le responsable « risques psychosociaux » d'animer, comme nous le verrons, en parallèle du projet, des CHSCT locaux, centraux, etc.

Insistons également sur le fait que le CHSCT est devenu un acteur incontournable sur ces sujets et que la plus grande attention doit être portée à la gestion de cette relation lors de projets concernant les risques psychosociaux.

Doivent être invités de manière stratégique, pour valider et à défaut ne pas émettre de réserves relatives au projet, l'inspecteur du travail, la CRAM, etc. Il nous semble important également d'initier une séance extraordinaire du CHSCT pour présenter le projet, le valider, entériner le plan d'action, etc.

Nous regrettons très fréquemment que ces acteurs adoptent une posture exclusive d'attente, laissant reposer l'entièreté de la responsabilité de la démarche sur la direction générale, cette dernière se trouvant souvent dans le flou quant à la méthodologie de diagnostic à utiliser, les enjeux réels d'un tel projet, la crainte d'ouvrir une « boîte noire », l'inquiétude de devoir se positionner sur certains risques et en laisser d'autres temporairement de côté. Nous entendons souvent la formule « Les risques psychosociaux sont un projet d'entreprise ». Ce n'est encore pas souvent le cas, puisque la direction doit très fréquemment initier, porter, guider, proposer, trancher, sans propositions bien précises du CHSCT ni des organisations syndicales, sans doute mal à l'aise pour se positionner sur ce sujet délicat. Un « projet d'entreprise » ne consiste pas non plus, comme c'est souvent le cas, à choisir ensemble l'expert ou les deux cabinets de conseil (souvent un « pro » direction et un autre « pro » organisations syndicales, comme si l'existence de risques psychosociaux dans l'entreprise pouvait dépendre des aléas du dialogue social) qui effectueront le diagnostic !

Participer activement à un projet d'entreprise consisterait à prendre sa part de responsabilité :

- En validant activement par exemple la liste des risques psychosociaux hiérarchisés et pondérés (c'est-à-dire aussi affirmer que d'autres risques sont moins importants que ceux identifiés comme prioritaires).
- En proposant des axes d'amélioration précis qui viendront pallier ces risques.

Le groupe de travail, nous l'avons dit plus haut, doit comporter un nombre limité de participants. Or, le nombre de personnes activement intéressées s'avère souvent bien plus important. Il est alors parfois stratégiquement pertinent, et selon les objectifs visés (notamment la signature d'un accord sur le stress au travail), d'animer en parallèle des réunions de délégués syndicaux centraux, ou ponctuellement de se rendre dans les CHSCT locaux. En effet, outre la dynamique que cela peut induire sur le sujet, il ne faut jamais sous-estimer le pouvoir de « dire non » au dernier moment, juste avant la signature des accords, si ces instances n'ont pas été correctement mises dans la boucle, en continu.

Notons que les risques psychosociaux constituent de plus en plus un enjeu de dialogue social notamment parce que le gouvernement a récemment demandé aux entreprises de plus de mille collaborateurs d'entrer en négociation sur ce sujet ou, à défaut, d'effectuer un diagnostic, donnant − redonnant − une légitimité sur ce sujet aux organisations syndicales… Cependant, de notre point de vue, la montée en puissance, sûre et certaine, des CHSCT sur ces sujets est à intégrer dès les phases amont du projet. Désormais, le dialogue social, à travers les CHSCT, s'empare des risques psychosociaux. Il nous semble important d'alerter sur un point : ce n'est pas parce que le projet doit être mené *a minima* de manière bipartite que la détection des risques psychosociaux dépend des rapports de force issus du dialogue social dans l'entreprise. En effet, tout diagnostic doit être neutre. Le groupe de travail devra être particulièrement vigilant.

Des CHSCT de plus en plus vigilants et aguerris face aux risques psychosociaux

➠ **Henri Fanchini, ergonome, Artis Facta**

La professionnalisation rapide des CHSCT en regard des risques psychosociaux

Désormais, la plupart sont en mesure :

- d'avoir une vision historique des transformations affectant l'entreprise. Vigilant quant aux phénomènes susceptibles d'affecter psychiquement les salariés, le CHSCT restitue le stress et les facteurs d'usure professionnelle en perspective de l'histoire, du climat social et des transformations de l'établissement.

- de détecter les symptômes et de fonder des présomptions de risques. À l'écoute des signaux ténus émis par les salariés, tant les représentants du personnel que la médecine du travail ont un rôle d'alerte. Pour fonder sa présomption de risques, le CHSCT sait exploiter tant les indicateurs liés au fonctionnement de l'entreprise (temps de travail, mouvements du personnel, formation et rémunération, organisation) que ceux de la santé et la sécurité (accidents du travail, maladies professionnelles, rapport du service de santé au travail).

- d'opérer les distinctions adéquates entre risques psychosociaux. Le stress, nocif par excès, est distingué des risques nocifs par nature, comme la violence, le harcèlement moral, le racisme ou la xénophobie. Le CHSCT prend aussi en compte la dimension psychique qui se conjugue très étroitement aux hypersollicitations biomécaniques articulaires, occasionnant des TMS, première maladie professionnelle en France.

- de contribuer activement à instruire le volet psychosocial du DUERP. L'évaluation des risques professionnels, obligation légale incombant à l'employeur, doit être formalisée dans le DUERP. Le second plan santé au travail préparé par le Conseil d'orientation des conditions de travail (COCT) à l'horizon 2014 réaffirme l'obligation de répertorier les risques psychosociaux dans le document unique, et le CHSCT est moteur sur cet aspect.

- d'être vigilants vis-à-vis de méthodes managériales volontairement manipulatrices. Le CHSCT est désormais affranchi quant aux méthodes de management visant à faire démissionner, exclure ou soumettre des salariés jugés indésirables ou gênants. Capable d'opérer la distinction entre harcèlement et discrimination syndicale, il sait aussi faire la part entre le harcèlement individuel et les formes stratégiques ou institutionnelles de ce dernier.

- de déjouer le déni ou l'attentisme des directions face aux risques. Les CHSCT sont de moins en moins dupes face aux tactiques dilatoires – promesses d'études et d'enquêtes inabouties, méconnaissance des décisions prises par le CHSCT (notamment en matière de recours à l'expertise) – de certaines directions qui dénient la possibilité ou la réalité des risques psychosociaux au sein leur société.

- de recourir à un expert agréé à propos d'une problématique de souffrance au travail. Dès lors qu'il est en mesure de rassembler suffisamment d'éléments lui permettant de fonder sa présomption quant à l'existence d'un risque, le CHSCT recourt à l'expertise prévue par l'article L. 4614-12 du Code du travail. Il peut invoquer également l'existence d'un projet important modifiant les conditions d'hygiène et de sécurité ou les conditions de travail, pour déclencher une expertise sur ce même thème.

Une contribution de plus en plus active à la préservation de la santé mentale des salariés de l'établissement et des entreprises extérieures prestataires

Rappelons que le CHSCT présent dans les établissements de plus de cinquante salariés, est une instance spécialisée dont les prérogatives vont croissant : alerte en cas de danger grave et imminent, consultation obligatoire avant toute décision d'aménagement important, recours éventuels pour délit d'entrave ou en cas de contestation de l'expertise par l'employeur. Le CHSCT travaille en relation étroite avec l'inspection du travail, la médecine du travail, le contrôleur CRAM et peut mobiliser un expert *ad hoc* agréé par le ministère du Travail, pour l'aider à se prononcer sur un problème. Sa vocation est de contrôler et d'étudier les moyens d'amélioration des conditions de travail et de prévention des risques professionnels. Son avis est requis sur les questions d'organisation matérielle et d'horaires du travail, d'environnement physique, de conception des lieux et postes de travail, de formation à la sécurité, d'introduction de nouvelles technologies, de sous-traitance d'activités présentant des risques particuliers, etc.

Dépasser le rapport de force entre acteurs sociaux pour prévenir les risques psychosociaux

Dans un contexte où désormais le développement durable et la responsabilité sociale des entreprises nourrissent l'arrière-plan de l'activité productive, plusieurs études montrent que les sociétés qui se soucient véritablement du capital humain s'avèrent les plus performantes et pérennes. Parvenu à sa pleine maturité, et pour autant que les directions soient prêtes à considérer à sa juste valeur l'enjeu des risques psychosociaux, le CHSCT peut désormais dépasser les rapports de force stériles, particulièrement dans un domaine qui, plus que d'autres, requiert transparence, humilité et coopération... En effet, même lorsqu'ils ne sont pas instrumentalisés, les risques psychosociaux demeurent difficiles à appréhender et à traiter. Il est alors primordial de garder une ligne de conduite pragmatique, fondée sur l'analyse des organisations et des situations de travail, et de travailler en bonne intelligence, pour, au-delà des positions idéologiques, aboutir à une vision partagée, multidisciplinaire quant à cette problématique.

L'intervention nécessaire de membres externes

Certains membres « institutionnels » doivent être considérés d'emblée, comme nous l'avons noté plus haut. L'inspecteur du travail et la CRAM deviennent des incontournables, stratégiquement.

Dans le cas particulier d'une « injonction à faire » son document unique, la relation avec l'inspection du travail sera particulièrement soignée. Nous vous conseillons, plutôt que d'« envoyer » le document, de venir le présenter lors d'un rendez-vous *ad hoc*, afin de recueillir tout commentaire technique sur le processus de détection des risques ainsi que sur le plan d'action. Vous vous donnez ainsi toutes les chances de réussir cette étape, même si le contenu du DU ne s'en trouve pas drastiquement changé sur le fond.

Notre tour d'horizon ne serait pas complet si nous ne mentionnions pas les consultants externes, qui contribuent bien souvent à l'élaboration du diagnostic, à l'animation du groupe de travail, à l'élaboration du plan d'action, et à sa mise en œuvre. Nous pouvons regretter que, bien souvent, la quasi-totalité du projet leur soit transmise. Alors qu'il y a là une occasion unique, notamment pour une direction générale, de s'interroger sur les risques les plus pertinents en rapport avec son *business model*, ses enjeux stratégiques, bref, son ADN.

Par ailleurs, un ou deux cabinets peuvent être missionnés, ce qui peut brouiller la lisibilité du projet. Il est vraiment préférable de tout mettre en œuvre pour qu'un seul cabinet soit opérationnel sur le terrain. En effet, quel type de message cela envoie-t-il aux collaborateurs ? Que le sujet est justement si conflictuel qu'il est nécessaire de faire intervenir deux cabinets dotés de leur subjectivité propre ? La première décision à prendre, pour que, justement, on s'achemine vers un projet d'entreprise, est de ne nommer qu'un expert qui sera reconnu pour son objectivité et ses qualités techniques.

Enfin, il est dommage que souvent un choix « binaire » soit proposé en termes d'expert : soit un cabinet agréé par le CHSCT, soit un cabinet « pro » direction. C'est là un grand danger. Or, si la gestion de ces risques est bien portée au plus haut niveau, couplée au *business model* de l'entreprise, elle se déduit, intrinsèquement, objectivement, mécaniquement, de ces enjeux. Pourront en revanche faire l'objet de discussions postérieures leur pondération et leur hiérachisation exacte, ainsi que le choix et la pertinence d'axes d'amélioration.

Fixer une durée

Il est bien évident que si vous êtes contraint par une « injonction à faire », vous n'avez souvent que quelques mois pour donner satisfaction. Vous n'êtes pas dans la même perspective temporelle que si vous décidiez de déployer un projet d'anticipation des risques.

Quelle que soit la perspective toutefois, il est nécessaire d'inscrire votre projet dans la durée. L'intérêt déclenché par le sujet, au départ, doit en effet être maintenu dans la phase de diagnostic, jusqu'à la mise en place du plan d'action. Entre-temps, de nombreux débats auront eu lieu, montrant la complexité du sujet, et certains peuvent se décourager. Nous recommandons que la phase de démarrage, l'accord sur la méthodologie, la communication et la réalisation du diagnostic ne dépassent pas quatre à six mois. La période de réalisation du plan d'action peut prendre deux à trois mois, si elle est hautement participative et inclut d'autres acteurs que les seuls membres du groupe de travail.

Évaluer le coût du projet et le retour sur investissement

La question du budget est rarement abordée, sauf quand il faut faire appel à un cabinet de conseil. Nous pensons qu'il est indispensable de chiffrer, en coût complet, le temps (y compris masqué) consacré par l'ensemble des acteurs à ce projet. Ce chiffrage permet également de mieux affiner l'objectif final poursuivi et ses productions attendues. Il n'y a pas lieu en effet de mobiliser de nombreuses personnes si la finalité est de mettre une « ligne verte » ! Nous avons été témoins de nombreuses situations de « destruction de valeur », sur ces aspects financiers.

En revanche, stratégiquement, si le but est d'anticiper et de gérer un risque d'image, l'entreprise sera sans doute prête à mobiliser des collaborateurs de manière conséquente, même si le retour sur investissement purement financier est faible.

Le retour sur investissement attendu est également une question bien souvent évacuée. Or, elle permet véritablement de mesurer, de manière qualitative ou quantitative, si le projet est une réussite ou non. Pourquoi ne pourrait-on pas chiffrer, comme tout projet d'investissement, les retombées précises espérées ?

Ainsi, une direction peut être amenée à se fixer, avant le démarrage du projet, les sous-objectifs suivants (non exhaustifs et indicatifs) :

- déterminer les risques psychosociaux, hiérarchisés et pondérés (en lien avec les enjeux stratégiques de l'entreprise) ;
- faire entériner le diagnostic par le groupe de travail ;
- chiffrer qualitativement et quantitativement ce que rapporteraient des actions sur chacun des leviers identifiés, afin de permettre des arbitrages ultérieurs ;
- demander aux organisations syndicales et/ou CHSCT de produire un plan d'action, qui sera débattu ;
- faire « valider » par l'inspection du travail le projet de prévention.

Responsabiliser l'ensemble des parties

Le besoin d'un homme exemplaire qui sert de référence ultime et d'individus auxquels il est possible de s'identifier ou de rejeter dans les limbes fait percevoir à quel point le discours idéologique remplit une fonction psychique essentielle et ne peut s'installer que s'il mobilise les affects des individus, que s'il répond aux « instances du désir »[1].

Il est donc indispensable, nous l'avons vu, d'intégrer des participants de manière « stratégique » dans le groupe de travail, la valeur ajoutée des membres pouvant être mesurée de plusieurs sortes : les contributions techniques en termes de contenu, une caution en termes d'image donnée au groupe, un signe de soutien même tacite. Aucune personne ne devra être négligée, sous ces différents aspects. Ainsi, il ne faut jamais oublier de mettre dans la boucle des acteurs qui ne se comportent pas ostensiblement comme ayant du pouvoir, mais qui auront la capacité *in fine* de faire échouer le projet ou de ne pas le porter en interne.

Nous conseillons également, lors des séances de travail, de demander l'avis de chacun des membres composant le groupe, et ce, pour les responsabiliser. Il est pertinent de leur demander de manière « institutionnelle » ce qu'ils pensent. En effet, nombre d'acteurs se contentent trop souvent de « siéger » sans se sentir liés dans la réalité par le contenu des débats et se réservant le droit, le cas échéant, de les critiquer et de s'en désolidariser.

Des PV ou des minutes de réunion seront rédigés et validés à chacune des réunions. Ils sont en effet indispensables pour obliger chacun à avoir des positions claires et formulées sur les sujets abordés. Ces minutes servent également pour une autre raison, malheureusement de plus en plus fréquente : lorsque l'entreprise est inquiétée sur le plan juridique concernant un point particulier, il est toujours bon de pouvoir faire état de la position des parties prenantes.

Enfin, il convient de trouver des relais internes de communication sur le projet pour qu'ils le diffusent et, pourquoi pas, le relaient auprès d'instances auxquelles on ne pense pas et qui travaillent sur des sujets connexes, tels le comité d'audit ou le comité des risques.

Apprendre à travailler ensemble

Des difficultés ne manqueront pas de survenir, mener un tel projet étant par nature délicat. Plusieurs causes expliquent cela.

---

1. Enriquez, E., *L'Organisation en analyse*, PUF, 2003, p. 70.

La constitution du groupe

Tout d'abord, le simple fait de mettre ensemble et de faire travailler des acteurs sociaux n'ayant pas l'habitude de se confronter sur ces sujets avec un objectif de production commune est par essence générateur de difficultés à venir. C'est pour cette raison, notamment, que le responsable de projet doit faire préalablement l'objet d'un aval, même implicite de la part des parties. Il doit avoir une réputation de neutralité et de conseils avisés et pragmatiques. Son discours ne doit pas être perçu comme étant nécessairement proche de telle ou telle partie.

Travailler en pluridisciplinarité relève d'une véritable gageure, surtout en France, où les querelles de clocher sont légion. Chacun doit nécessairement faire un pas vers l'autre et interroger ses propres pratiques professionnelles et mécanismes de défense. Ainsi, que dit vraiment le médecin du travail lorsqu'il ne peut partager sur ce sujet, car étant tenu au secret professionnel ? Que signifie exactement le secret professionnel ? Derrière quoi cherche-t-il éventuellement à s'abriter ? Les membres du CHSCT font-ils vraiment et entièrement état des sources de tension mentionnées par les collaborateurs sur le terrain ? Tentent-ils d'objectiver et de hiérarchiser ces propos ?

La direction ou le DRH veut-elle/il masquer, passer sous silence, des risques qui, et elle/il le sait, découlent directement, et en dommage collatéral inévitable, de la mise en œuvre opérationnelle de la stratégie ? La pluridisciplinarité est donc une alchimie délicate à mettre en œuvre, le diagnostic des risques psychosociaux découlant notamment de ces visions très différentes et les transcendant tout à la fois.

Le travail de groupe

Ensuite, des difficultés inhérentes au travail même du groupe ne manqueront pas de survenir. Elles sont normales, mais à anticiper. Il serait pertinent notamment, avant même le démarrage du projet, de réfléchir à un mode de règlement des « conflits » ou des différences de points de vue. Est-ce au chef de projet de trancher ? Le règlement du différend doit-il faire l'objet d'un consensus de la part du groupe ? Autant de points à soulever en amont.

Décider du plan d'action : un moment nécessairement participatif

Pour conduire le changement, le comité de direction doit montrer trois qualités essentielles : de la solidarité au sein de cette instance, de l'exemplarité vis-à-vis du management proposé et des enjeux de celui-ci, et de la disponibilité aux salariés à travers une capacité d'écoute et un sens du dialogue[1].

© Groupe Eyrolles

---

1. Lugan, J.-P., *Le Changement sans stress*, Éditions d'Organisation, 2010, p. 58.

La phase de diagnostic étant passée, les axes d'un plan d'action se dessinent. Même s'il revient à la direction, *in fine*, de l'avaliser, ce moment se doit d'être ultra-participatif en amont. Bien évidemment, la contribution du groupe de travail sera nécessaire, mais il est tout aussi important d'inclure les groupes qui ont été informés de l'état d'avancement du projet, en parallèle : les CHSCT locaux, les délégués syndicaux centraux, etc. Il ne faut en effet jamais oublier que le projet n'est pas le reflet d'une vision « centrale » et « macro » de l'entreprise, mais qu'il s'agit surtout et avant tout de projets éminemment locaux.

Communiquer en interne sur le projet

La communication se doit d'être soignée. La direction générale communique sur l'objet du projet, ainsi que sur la composition des membres du groupe de travail, la durée, les résultats attendus et le mode de restitution des résultats.

Des points intermédiaires, destinés à des plus petits comités (CHSCT locaux, délégués syndicaux centraux, etc.), seront faits par le responsable de projet, en mettant la Direction dans la boucle.

De nombreuses communications dans la presse sont faites par des entreprises au tout début de leur projet. Nous conseillons d'attendre un peu, car les actions et mises en œuvre en découlant étant importantes, il est nécessaire de voir un peu comment le projet se déroule avant de s'exprimer.

Réussir la réforme de la médecine et de la santé au travail

⇒ **Dr Gilles Leclercq, ACMS[1], Direction générale**

De la médecine du travail à la santé au travail

La loi du 11 octobre 1946 a créé les services de médecine du travail. La Seconde Guerre mondiale terminée, la France devait se reconstruire et remettre au travail une population très affaiblie. Les enjeux de santé publique étaient majeurs. C'est donc tout naturellement que la loi décide alors que les services de médecine du travail « sont assurés par un ou plusieurs médecins qui prennent le nom de médecins du travail », et que le décret du 26 novembre 1946 met clairement l'accent sur le suivi médical individuel (prévention secondaire). Peu à peu cependant, les décrets successifs précisent la mission du médecin du travail en milieu de travail et, en 1979, est instaurée l'obligation pour celui-ci d'y consacrer le tiers de son temps de travail.

En juin 1985, la Convention n° 161 de l'Organisation Internationale, puis, le 12 juin 1989, la directive européenne CEE n° 89/391 posent les principes généraux de la prévention des risques professionnels en donnant la priorité à leur évaluation et leur élimination (prévention primaire), à l'information, la formation et la participation des travailleurs ainsi qu'aux interventions collectives pluridisciplinaires plutôt qu'à la surveillance de la santé.

Ces principes sont progressivement transposés dans la réglementation française à compter de la loi du 31 décembre 1991. De nouvelles étapes sont franchies avec l'instauration du « document unique d'évaluation des risques » (décret du 5 novembre 2001), puis avec la transformation des services de médecine du travail en services de santé au travail par l'article 193 de la Loi de modernisation sociale du 17 janvier 2002. Ce même article fait obligation aux services de santé au travail « d'assurer la mise en œuvre des compétences médicales, techniques et organisationnelles nécessaires à la prévention des risques professionnels et à l'amélioration des conditions de travail ». En 2003, des textes complètent le dispositif en consacrant le rôle de nouveaux acteurs appelés « Intervenants en Prévention des Risques Professionnels » (IPRP). Enfin, le décret du 28 juillet 2004 renforce la présence du médecin du travail dans les entreprises et réoriente la surveillance médicale individuelle vers les salariés exposés aux risques les plus importants.

Une réforme non aboutie

Cependant, début 2010, au titre de l'article L. 4622-2 du Code du travail, les services de santé au travail restent, comme avant eux les services de médecine du travail, « assurés » par les seuls médecins du travail. Aucune mission spécifique n'a été assignée par la loi aux services eux-mêmes, à leurs dirigeants, aux IPRP, aux infirmières ou aux assistants en santé au travail, alors même que le rôle de

---

1. Association Interprofessionnelle des Centres Médicaux et sociaux de Santé au Travail de la Région Île-de-France.

ces professionnels se renforce au sein des services de santé au travail et que le nombre des médecins du travail en exercice se réduit considérablement au fil de très nombreux départs en retraite impossibles à compenser.

Un premier enjeu pour la santé au travail est donc d'ordre législatif et porte sur les missions qu'il s'agit de clarifier et préciser afin de reconnaître le rôle et la spécificité de chacune de ses professions. Mais plus fondamentalement, l'objectif est de rendre les services de santé au travail plus efficaces dans leur mission spécifique de prévention des risques professionnels et de les adapter à l'évolution des conditions de travail et des attentes de la société civile tout entière.

La transformation de la société et du monde du travail

Depuis 1946, en effet, les conditions de vie et de travail se sont profondément transformées. L'état sanitaire du pays s'est très nettement amélioré et un suivi médical individuel systématique et généralisé apparaît moins nécessaire en milieu de travail. L'espérance de vie a beaucoup augmenté et l'obligation de travailler plus longtemps devient de plus en plus impérieuse. Il convient donc d'aménager les conditions de travail pour les rendre plus compatibles avec les capacités d'une population vieillissante et pour prévenir la désinsertion professionnelle. Le travail lui-même sollicite moins généralement la force physique et davantage les facultés cognitives, même si la répétitivité de certaines tâches manuelles entraîne des TMS plus fréquents, ce que traduit l'augmentation importante des maladies professionnelles indemnisées. Après avoir baissé considérablement, le nombre annuel des accidents du travail avec arrêt stagne autour de sept cent mille depuis 2004. De nouveaux risques, dits psychosociaux, ont émergé, liés notamment aux formes modernes de management et d'organisation du travail, à son accélération, au développement des nouvelles techniques de l'information et de la communication qui, souvent, isolent le travailleur devant son poste de travail et le privent du soutien du collectif de travail, comme elles isolent le citoyen dans la cité. De plus, l'évolution rapide des matériels et procédés de travail, l'utilisation de plus en plus fréquente de rayonnements ionisants ou non ionisants ou de nouvelles molécules suscitent de nouvelles craintes, d'autant que leurs effets sur la santé peuvent être très longtemps différés.

Une moindre tolérance aux atteintes à l'environnement et à la santé

En même temps, la société civile est de moins en moins tolérante aux atteintes à l'environnement, à la santé et aux erreurs médicales, comme en témoignent notamment l'intégration dans la Constitution du « principe de précaution » (février 2005) et la mise en cause judiciaire de plus en plus fréquente du monde médical. L'augmentation régulière du nombre des maladies professionnelles indemnisées correspond également à une demande de réparation plus marquée. Parallèlement, le 28 février 2002, la Cour de cassation a posé le principe d'une obligation de sécurité de résultat incombant à l'employeur en matière de santé au travail. Le 3 mars 2004, le Conseil d'État affirmait la responsabilité de l'État dans la mise en œuvre des mesures susceptibles d'éliminer ou de limiter les dangers auxquels sont exposés les travailleurs. Cet arrêt a conduit à l'élaboration d'un premier « Plan Santé au Travail » 2005-2009 (PST1), bientôt suivi d'un PST2 2010-2014, inscrit dans la stratégie européenne 2007-2012, qui poursuit l'objectif d'une réduction de 25 % du nombre des accidents du travail.

Associer les acteurs et mobiliser les ressources pluridisciplinaires

Les services de santé au travail doivent donc s'organiser pour relever l'ensemble des défis liés à la transformation du travail et pour répondre aux nouvelles attentes des employeurs et des salariés. Cela nécessite une approche pluridisciplinaire associant aux équipes médicales de santé au travail (médecins, infirmières et assistantes) des ergonomes, des psychosociologues, des ingénieurs de sécurité, des hygiénistes du travail, des assistantes sociales du travail. Ces intervenants peuvent appartenir soit aux services de santé au travail, soit à des structures extérieures comme les CARSAT (Caisse d'assurance-retraite et de santé au travail), les Aract ou encore des cabinets privés. Il revient aux directions des services de santé au travail de coordonner et de faciliter le travail des équipes internes et de développer les coopérations avec les structures extérieures.

Optimiser le suivi médical

Mettre l'accent sur la prévention primaire ne signifie pas abandonner le suivi individuel, mais il convient de mieux l'orienter pour en faire bénéficier préférentiellement les salariés exposés aux risques les plus importants et ceux qui se trouvent dans une situation de fragilité. Il est essentiel que tout salarié garde la possibilité de consulter, s'il l'estime nécessaire, un médecin spécialisé en santé au travail, seul à même de faire le lien entre son état de santé et ses expositions professionnelles. Il faut également que les médecins du travail puissent mettre en œuvre des outils puissants de traçabilité des parcours professionnels, que l'on peut partager avec la médecine de soins, et susceptibles de mémoriser les expositions professionnelles les plus dangereuses et les situations de pénibilité. Un travail en réseau associant médecins du travail, médecins traitants et médecins-conseils de l'assurance-maladie facilitera le maintien dans l'emploi des salariés en voie de désinsertion professionnelle. Le partage du dossier médical personnel s'avérerait alors particulièrement utile.

Pour remplir l'ensemble de ces missions, il demeure indispensable de former un nombre suffisant de médecins du travail. Tôt ou tard, le « paradigme de l'aptitude », gros consommateur de temps médical, devra être remis en cause, puisqu'un avis d'aptitude ne reflète jamais qu'un constat fait à un moment donné, n'a aucun caractère prédictif et n'a jamais protégé un salarié contre le risque d'un accident ou d'une maladie en rapport avec le travail. Enfin, comme dans toutes les autres disciplines médicales, certaines activités du médecin du travail pourraient être déléguées soit à des infirmières, soit à des assistantes en santé au travail. Il convient donc d'organiser les conditions de cette délégation.

Promouvoir une culture commune de prévention

Pour réussir ces transformations, une modification importante de la législation est nécessaire, mais elle n'est pas suffisante. Des référentiels de compétence, précisant les nouveaux rôles, doivent être mis en place pour toutes les professions de la santé au travail et il est nécessaire qu'elles construisent une culture commune, par exemple en partageant certaines formations. En plus de connaissances techniques actualisées, les médecins du travail doivent acquérir une meilleure compréhension du fonctionnement des entreprises et les capacités managériales nécessaires à l'animation de réunions et à la conduite de projets.

Les mentalités doivent également évoluer pour qu'employeurs et salariés perçoivent mieux l'utilité des services de santé au travail. Cela passe certainement par la prise en main du changement par les acteurs locaux (employeurs et représentants des salariés) au sein des entreprises, des services de santé au travail, comme au niveau des régions (notamment dans les comités régionaux de prévention des risques professionnels).

À retenir

La détection et la prévention des risques humains dans votre entreprise doivent être gérées comme un véritable projet d'entreprise : de la définition en amont des attentes à la mesure du retour sur investissement, en passant par la composition d'un groupe de travail pluridisciplinaire.

Le projet doit être porté par la direction générale qui intervient à des moments clés, notamment lorsqu'il s'agira de pondérer et de hiérarchiser les risques psychosociaux : il s'agit d'une décision à la fois « business » et « politique ».

Chapitre 7

Faire de la gestion des risques humains un avantage stratégique

Dans les chapitres précédents, vous avez pu découvrir les méthodologies utilisées pour diagnostiquer vos risques psychosociaux. Vous vous êtes engagés dans ce type de projet souvent contraint par des dispositions juridiques ou par les événements. Vous n'êtes pas encore persuadé que cartographier vos risques humains va vous permettre de mettre en œuvre votre stratégie d'entreprise, et de créer un avantage concurrentiel. Ce chapitre a pour objet de vous présenter cette approche stratégique des risques. En tant que consultants, nous sommes convaincus de la pertinence de cette approche. Et nous encourageons les entreprises, qui se sentent prêtes à aller dans cette voie, à la mettre en place.

L'esprit de l'approche Artélie Conseil

Une réflexion systémique...

Le départ du fondateur est un événement capital de l'histoire de l'entreprise car les circonstances dans lesquelles il s'effectue sont déterminantes pour la suite[1].

Nous proposons dans nos interventions une approche systémique de l'entreprise. En effet, afin d'être réellement efficace, la question des risques humains doit être abordée en envisageant l'entreprise par le prisme du collectif qu'elle constitue. L'approche que nous prônons tient compte de l'ensemble des caractéristiques qui définissent l'identité de l'entreprise : sa culture, son histoire, son ADN, sa psychologie propre. L'entreprise est alors considérée comme un système cohérent où chaque partie interagit avec les autres : la stratégie, l'organisation, la structure, les hommes, etc.

---

1. Toussaint, D., *Psychanalyse de l'entreprise*, L'Harmattan, 2000, p. 84.

... et stratégique

Enfin, nous partons des enjeux stratégiques, économiques et financiers de l'entreprise pour aboutir à une vision juste et équilibrée des risques humains qui existent sur le terrain. Il s'agit pour nous de véritablement imbriquer ces risques humains dans les grands enjeux de l'entreprise, afin de pouvoir s'adresser à son équipe dirigeante par le biais de recommandations qui ont un impact direct sur le modèle qu'elle met en œuvre.

Les principes de notre méthodologie

Une position d'audit et d'intuition

Nous adoptons lors de chacune de nos interventions une position à la fois d'audit et d'intuition, qui est le fruit de la double orientation professionnelle de nos intervenants. La démarche d'audit sur laquelle nous nous basons dresse un cadre d'étude rigoureux qui favorise à la fois l'exhaustivité, la précision et l'objectivité des travaux menés. L'approche intuitive que nous développons par ailleurs contribue à la détection des lignes de force de l'entreprise et à l'identification et la juste interprétation des signaux faibles.

Des débats sans ego

Nous attachons une grande importance à dépassionner les débats autour de la question des risques humains et des risques psychosociaux, afin de ne pas biaiser le déroulement de l'étude et ses résultats. Il s'agit avant tout de délier ces sujets de tout enjeu individuel, de faire disparaître les ego, afin de parvenir à traiter les vrais problèmes et de ne pas tomber dans des questions d'ordre interpersonnel. Nos intervenants adoptent pour cela un comportement qui est lui-même sans ego, par lequel ils impliquent uniquement leur attention et leur jugement, mais pas leur personne. Cela se traduit par une attitude qui efface le consultant au profit de l'interviewé lors des entretiens, et qui supprime toute lecture partielle de la réalité.

Des rencontres avec toutes les parties prenantes

Nous insistons fortement, dès le début de nos travaux et pendant tout leur déroulé, sur l'implication de l'ensemble des parties prenantes de l'entreprise dans l'opération à mener, afin que son déroulement en soit facilité et surtout que les résultats obtenus puissent réellement être traduits en solutions efficaces. Comme nous le disions précédemment, aucune position ne nous paraît indigne d'être écoutée. Chacun dans l'entreprise a quelque chose d'intéressant à dire sur la réalité des situations humaines qu'on y observe.

Lorsque nous restituons nos conclusions, cette approche contribue de façon nette à ce que l'image des risques humains de l'entreprise qui est dessinée soit partagée par l'ensemble des parties prenantes. Les préconisations et leur mise en œuvre s'en trouvent ainsi d'autant plus efficaces.

De l'empathie avec chaque interlocuteur

Afin de bien détecter tous les risques existants dans l'entreprise, il est nécessaire d'ouvrir une place d'échanges, où le collaborateur se sent libre de parler et écouté. Pour cela, il est indispensable d'être en empathie avec chaque personne rencontrée. C'est vrai pour le dirigeant, sur lequel s'exercent des pressions qu'on ignore trop souvent, parfois fortement contradictoires entre les mouvements du marché, les exigences des actionnaires et les attentes de ses employés. C'est vrai également pour les collaborateurs, qui peuvent se sentir parfois dans une position où la force de leur hiérarchie influence leur comportement (par exemple pour un collaborateur qui, souhaitant plaire coûte que coûte, en viendra à cacher la réalité de ses difficultés). C'est encore vrai pour les représentants du personnel, les membres du CHSCT, les organisations syndicales, qui se retrouvent parfois en situation d'impuissance dans l'entreprise. Cette empathie permet donc d'ouvrir les barrières et d'entendre la réalité de chacun.

Le recoupement de signaux faibles, axes d'analyse souvent majeurs

Nous accordons enfin une importance toute particulière à la détection des signaux faibles qui constituent souvent autant d'axes d'analyse majeurs à explorer. Par exemple, tel partenaire de notre intervention n'en a pas averti ses équipes malgré de multiples relances et continue ses messages visant à nous rassurer. Que cela signifie-t-il quant aux pressions qui s'exercent sur lui ? Sur les autres collaborateurs ? L'entreprise est-elle soumise à une loi du silence sur certains sujets qui seraient tabous ? Tel DRH informe au dernier moment qu'il ne pourra pas assister à la restitution des travaux. Peur d'un constat trop brutal ? Désintérêt pour l'intervention et donc pour les actions qui seraient à mettre en œuvre ? Tous ces signaux faibles parlent de la réalité de l'entreprise, de son vécu par les personnes qui les véhiculent.

Déroulement concret de notre méthodologie

L'étude à réaliser commence par l'analyse de la stratégie de l'entreprise, de son organisation, de sa gouvernance, et de la place qu'elle laisse aux collaborateurs.

Comprendre la stratégie de l'entreprise et les grandes orientations de son développement[1]

Nous avons précédemment mis en exergue le fait que l'entreprise était soumise à de fortes pressions qui l'obligeaient à se transformer de manière continue, et d'être à l'écoute de nombreuses demandes, parfois paradoxales.

---

1. Collectif, *Strategor : Stratégie, structure, décision, identité*, InterÉditions, 1993, p. 16.

Nous avons vu que les entreprises répercutaient ces pressions sur leurs collaborateurs, sans qu'il y ait systématiquement beaucoup de filtrage d'une strate hiérarchique à l'autre.

Elles reconnaissent par ailleurs être en demande de « toujours plus » et « toujours mieux » de la part de leurs collaborateurs, et le justifient par la « nécessité de rester dans la course, au risque de disparaître ». En interne, la structure même de l'entreprise est censée répondre de manière mimétique à ces questions complexes. Tous les processus sont optimisés pour arriver à ces objectifs : la gestion des ressources humaines, le management, tout se doit d'être « en ordre de bataille » afin de répondre aux défis posés à l'entreprise. C'est pourquoi analyser la stratégie qu'elle met en œuvre nous paraît primordial. Elle constitue en effet pour l'entreprise le point à partir duquel vont être définis tous les aspects qui vont, *in fine*, influencer le travail des collaborateurs : la force des pressions extérieures, le style de management, la gestion des relations interpersonnelles, jusqu'aux conditions matérielles du travail.

Il convient donc d'analyser les déterminants de cette stratégie mise en place par l'entreprise, la place qu'elle occupe sur son marché, le positionnement de son portefeuille d'activités, sa stratégie de coûts.

L'analyse concurrentielle

En premier lieu, il est important de comprendre l'environnement concurrentiel de l'entreprise afin d'identifier sa position. Cela permet de saisir quelles sont ses marges de manœuvre sur ses concurrents et quels sont les défis qu'elle doit relever pour rester compétitive et se différencier d'eux. La réussite d'une entreprise s'explique principalement par la position qu'elle est parvenue à occuper dans son industrie. Si ses résultats financiers sont performants, c'est parce qu'ils surpassent ceux de ses concurrents, que l'entreprise dispose de ressources, de compétences, qu'elle a su cultiver et affecter à des domaines d'activité bien choisis.

Maintenir sur le long terme un niveau de performance élevé, construire un développement harmonieux de l'entreprise ne peut se réaliser que si l'on dispose d'atouts qui seront valorisés par le marché. C'est ce que l'on appelle un « avantage concurrentiel ».

La stratégie de différenciation poursuivie par l'entreprise

Les stratégies concurrentielles ont pour objectif, en situation de libre concurrence, d'assurer à l'entreprise un avantage compétitif durable sur l'ensemble de ses concurrents, dans un domaine d'activité particulier. Ces stratégies jouent un rôle décisif dans la détermination du niveau global de performance de l'entreprise. En effet, c'est de sa capacité à lutter efficacement contre ses concurrents, dans chacun des métiers où elle a choisi de se développer, que dépend en très large partie la compétitivité d'ensemble de l'entreprise.

Les stratégies de différenciation cherchent à fonder l'avantage concurrentiel sur la spécificité de l'offre produite. Cette spécificité est reconnue et valorisée par le marché ou par une partie suffisante du marché. Cela lui permet d'échapper à une concurrence directe par les prix, et donc les coûts, en rendant son offre difficilement comparable à celle de ses rivaux.

L'analyse du portefeuille stratégique

Il s'agit ici d'identifier l'orientation de l'activité de l'entreprise, son étendue, les éventuelles niches où elle intervient, les domaines où elle est mature et ceux dans lesquels elle se développe, etc. Pour cela, il convient de pouvoir répondre à plusieurs questions. L'entreprise met-elle en œuvre une stratégie de spécialisation, de diversification ? Agit-elle dans un cadre « global », c'est-à-dire en dépassant le cadre national pour assurer le développement de ses activités ? Agit-elle pour se développer par acquisition, alliances stratégiques ? Quelles sont ses stratégies relationnelles ?

La stratégie de coût

Les stratégies de coût sont des stratégies qui orientent de manière prioritaire les efforts de l'entreprise vers un objectif considéré comme primordial : la minimisation de ses coûts complets. Ceux-ci incluent en outre le coût direct de fabrication, les coûts de conception, de marketing, de distribution, ainsi que les coûts administratifs et financiers.

Ces orientations stratégiques définissent en amont de l'organisation mise en place quels en seront les déterminants. Leur identification et leur évaluation permettent d'appréhender avec précision les sources exactes de tension qui pourront s'exprimer dans l'entreprise : un fournisseur qui détient une position de force par exemple, ou un marché qui se standardise et aplanit les différences entre acteurs du secteur. On va alors pouvoir questionner l'organisation mise en place et sa capacité à aplanir ces tensions, ou découvrir au contraire dans quelle mesure elle les exacerbe parfois.

Comprendre l'organisation mise en place pour réaliser la stratégie[1]

L'organisation, c'est aussi l'ensemble des procédures liées au marché, à sa connaissance et à l'entretien d'une relation suivie avec lui[2].

Il existe un lien très fort entre la stratégie et la structure d'une entreprise. La structure y apparaît comme un élément clé de la mise en œuvre de la stratégie. À une évolution de la stratégie doit correspondre une évolution concomitante de la structure.

---

1. *Ibid.*, p. 92.
2. Toussaint, D., *op. cit.*, p. 112.

Cela peut se faire par incrément, lorsque l'évolution s'accomplit sur une période assez longue par accumulation de changements de détail, effectués au fur et à mesure pour mieux répondre aux contraintes organisationnelles nées de la nouvelle stratégie, ou bien, de manière brutale, lorsque le temps presse… Ces changements se traduisent par de nouvelles pressions exercées sur les collaborateurs, et des modifications de celles qui existaient dans la structure antérieure. Les évolutions se heurtent naturellement à des rigidités de comportements, aux difficultés de communication et aux jeux de pouvoir de tout groupe humain… Lorsque nous analysons les tensions issues de la structure de l'entreprise, nous sommes particulièrement vigilants sur ces derniers éléments.

Nous faisons également une large part à la compréhension des décisions : c'est-à-dire la compréhension des processus par lesquels s'opèrent les choix importants pour la vie de l'entreprise. En effet, les idées, les sentiments, les ambitions des individus se transforment en actions stratégiques qu'il convient donc de prendre en compte.

Comprendre la gouvernance explicite et implicite de l'entreprise

Comprendre la gouvernance de l'entreprise passe par l'identification de ses propriétaires, l'analyse du profil du dirigeant et la cartographie du pouvoir qui s'y exerce, que ce soit de façon explicite ou implicite.

Le capital de l'entreprise

La répartition du capital de l'entreprise est un élément majeur qui permet de comprendre la structure de sa gouvernance. Par qui est-il détenu ? Un fonds de pension ? Un *venture capital* ? Un actionnaire majoritaire « personne physique » ? Le capital est-il détenu familialement ?

Quelles sont les intentions des actionnaires ? À court terme ? À long terme ? Quelles sont leurs options ?

Quelle est la répartition du pouvoir ? Quels sont les pactes d'actionnaires ? Ces éléments vont apporter des réponses clés sur la structure de la gouvernance de l'entreprise. Cela permet d'identifier les sources de pression qui peuvent exister pour l'équipe dirigeante et comment celles-ci vont influencer la stratégie.

Le profil du dirigeant

L'entreprise, parce qu'elle est une collectivité, va se forger un mythe, celui de l'origine et surtout du père originaire fondateur[1].

---

1. *Ibid.*, p .82.

Comprendre le profil du dirigeant de l'entreprise est indispensable pour bien appréhender la culture de celle-ci, son ADN et sa psychologie. Il est important de bien détecter l'étendue de son influence et la manière dont il l'exerce. Quel est le pouvoir réel du dirigeant ? Quelles sont ses marges de manœuvre ? Est-il dirigeant d'une filiale de l'entreprise, ayant elle aussi des comptes à rendre en termes de risques humains ? Quels sont ses enjeux ? Où sont ses appuis ?

Enfin il faudra identifier son niveau de prise en compte des risques humains présents dans son entreprise et son engagement à agir dans ce domaine. Cela se traduit par les questions suivantes : quel est son degré de conscience des phénomènes de détection et de prévention des risques humains ? Qu'espère-t-il en termes de « retour sur investissement » ? Est-il dans un processus pro-actif ou défensif ? Qu'est-il prêt à entendre et à mettre en œuvre ? Qui, autour de lui, est un allié sur ce thème ? Un opposant (actif ou passif) ? Qui a le plus à perdre ? Quelles sont ses relations avec le CHSCT ? Avec les délégués du personnel ?

Les zones de pouvoir implicites

Au-delà de l'organisation du pouvoir telle qu'elle est officialisée, il est par ailleurs primordial d'effectuer un repérage précis des zones de pouvoir implicites de l'entreprise. C'est en effet là également que se situent d'éventuelles sources de pression tant pour les dirigeants que pour les collaborateurs. Le dirigeant fait-il appel à des personnes extérieures à l'entreprise pour définir sa stratégie ? Quelle influence ces personnes exercent-elles réellement ? Existe-t-il des zones de rétention de l'information ? Qui sont les leaders implicites de l'entreprise ? Quels sont les lieux informels où s'exerce le pouvoir ?

Comprendre les enjeux humains

Nous avons à présent rassemblé l'ensemble des éléments expliquant les grandes orientations de l'entreprise, ses sources de pression, ce qu'elle a pu mettre en œuvre pour les gérer et comment elle s'y est prise. Il convient alors de saisir quelle culture l'entreprise a développée, quels comportements elle valorise et quels sont ceux qu'elle rejette.

La culture de l'entreprise[1]

Il nous faut désormais comprendre les croyances répandues dans l'organisation et qui orientent les comportements des collaborateurs. Les représentations et les interprétations du jeu concurrentiel et de l'environnement en général sous-tendent les politiques, les programmes et les symboles partagés dans la direction de l'entreprise.

---

1. *Stratégor, op. cit.*, p. 477.

La stratégie et la culture de l'entreprise articulent les structures organisationnelles, le système de contrôle, les procédures routinières, le système de pouvoir, les symboles, les rites et les mythes de l'organisation... Ces éléments peuvent être détectés lors des entretiens menés avec les collaborateurs, ainsi qu'à travers la détection des signaux faibles : acte manqué, refus implicite, lenteur ou précipitation, déni, etc.

Les comportements[1]

Cette analyse passe par la compréhension fine des croyances, valeurs et normes de comportement. Quelles sont-elles ?

- Les normes concernant le travail en groupe : fonctionnent-ils de façon émulative ? Leurs participants agissent-ils en « mode compétition » les uns avec les autres, ou avec d'autres groupes extérieurs ? Quels sont les facteurs d'opposition ? D'association ?
- Les normes concernant l'innovation : peut-on être audacieux et proposer des innovations pures, ou la prudence est-elle de mise, poussant à une progression par incrémentation, sur la base de ce qui a déjà été fait ?
- Les normes concernant les relations humaines à l'intérieur du groupe : essaie-t-on de connaître l'autre en dehors de son contexte de travail ?
- Les normes concernant la liberté de chacun.
- Les normes concernant l'adaptation des individus à la structure : les individus se fondent-ils dans la structure au point d'en adopter tous les codes de langage, d'habillement, etc. ? Quels sont les degrés d'opposition à ces codes ? Comment intègrent-ils leur attachement à l'entreprise ?
- Les normes concernant l'autorité et la hiérarchie : les collaborateurs montrent-ils un respect fort de l'autorité et de la hiérarchie ? Ou la questionnent-ils ? La remettent-ils en cause ? Pourquoi ?

Puis nous interrogeons les mythes, légendes, « héros » et idéologies de l'entreprise. Les mythes font référence à l'histoire de l'entreprise, à ses succès, à ses époques héroïques. Ils ont pour objet de créer ou de conforter une image idéale de l'organisation et produisent un système de valeurs. Les rites constituent l'expression réitérée des mythes. Ils permettent de manifester un consensus tout en sécurisant. Les tabous renvoient directement à la peur de l'organisation : ainsi, la diversification, les rôles femmes/hommes, le pouvoir et l'échec sont autant de manifestations d'une peur collective.

Comprendre la place donnée aux collaborateurs

Enfin, il s'agit de déceler clairement quelle place l'entreprise donne à son capital humain.

---

1. *Ibid.*, p. 92.

Quelle place pour les salariés dans l'entreprise ?

Évidemment, tout discours d'entreprise affirme que les salariés constituent une « ressource humaine » essentielle. Mais qu'en est-il vraiment ? En quoi les dirigeants se préoccupent-ils d'eux ? Quelles sont les pratiques réelles ? Le dirigeant a-t-il su faire barrage contre des actionnaires qui exigeaient, par exemple, de réduire les coûts salariaux ?

Afin d'évaluer ces points de façon objective, nous travaillons en premier lieu sur des éléments très concrets de l'organisation humaine de l'entreprise, en répondant en particulier aux questions suivantes : quelle est la pyramide des âges des salariés, leur ancienneté, leurs différents métiers ? Leur localisation géographique ? Quels sont les processus d'intégration des nouveaux arrivants ? Comment les changements sont-ils accompagnés ? Quelles sont les possibilités d'implication des employés dans les décisions de leurs services ? Sont-ils associés aux travaux du conseil d'administration ?

Et également : quelle est la politique de GRH à leur égard ? Comment peut-on la décrire ? Comment peut-on décrire le dialogue social ? Ont-ils vécu beaucoup de « changements » ? Les derniers grands projets de transformation ont-ils été menés à bien dans les temps ? Quels ont été les freins ?

Ces questions ne sont qu'indicatives, bien sûr, et doivent être adaptées, sur mesure, au contexte de chaque entreprise évaluée.

Cette étape doit donner une bonne indication des tensions à l'œuvre dans l'entreprise et très possiblement répercutées sur les collaborateurs. En effet, nous écrivons « possiblement », pour ne pas dire « très certainement », car nous n'avons observé que peu de cas où le dirigeant jouait le rôle de filtre par rapport à ces tensions, afin qu'elles soient répercutées au plus juste sur les collaborateurs au-delà du comité de direction. En général, elles sont bien partagées au sein des comités de direction, qui la relaient ensuite à leurs proches collaborateurs, en les engageant dans cette demande paradoxale de « juste pression tout en restant flexibles, réactifs et alignés sur les prévisions… trimestrielles » !

Nous déployons les bases de notre approche selon une méthodologie déjà éprouvée auprès de nombreux clients, dans un grand nombre de secteurs (services, industrie, médias, télécommunications, transports, institutions publiques, hôpitaux, etc.). Nous allons à présent vous en présenter le déroulement concrètement, en décrivant les principes qui guident notre méthode, et en la détaillant par la suite pas à pas.

Analyse en amont

En amont de l'étude sur le terrain, nous réalisons systématiquement des travaux d'analyse documentaire et de prédiagnostic afin de répondre à plusieurs objectifs :

- comprendre la stratégie de l'entreprise et son environnement (concurrentiel, réglementaire, etc.) ;

- repérer les premiers indices forts concernant sa culture et les comportements qu'on y observe ;
- identifier clairement les attentes explicites et parfois implicites des différentes parties prenantes, et leurs plus petits communs dénominateurs ;
- partager et valider les facteurs clés de succès de la mission à mener ;
- identifier les premiers axes d'analyse majeurs à explorer.

Analyse documentaire

Dès les premiers contacts avec l'entreprise, nous recueillons les documents qui nous donneront une vision claire de sa situation actuelle, tant sur le volet « business » que concernant ses risques humains. Ainsi, on pourra récolter :

- ses organigrammes ;
- les plans/notes de stratégie récente publiés par son équipe dirigeante ;
- les comptes rendus des comités exécutifs ;
- l'ensemble des documents et indicateurs RH sur la santé des collaborateurs (PV du CHSCT, droits d'alerte et droits de retrait, bilan de la médecine du travail, études de postes de la médecine du travail, relevés des arrêts maladie, document unique, bilan social) ;
- les fiches de postes ;
- les relevés du turnover des différentes populations de l'entreprise ;
- les plans de formation ;
- le règlement intérieur ;
- les grilles salariales.

Ce recueil constitue le premier maillon fort par lequel on aborde l'entreprise et sa réalité. Ces documents renseignent sur ce qui est concrètement mis en place pour organiser le travail des collaborateurs, sur la réalité des difficultés vécues, sur la prégnance de la hiérarchie dans la vie quotidienne, etc. Même l'absence de documents marquants (par exemple, une frange de collaborateurs n'a pas de fiches de poste) renseigne sur ce qui se passe sur le terrain.

Entretiens de prédiagnostic

Ce premier recueil documentaire est complété par des entretiens individuels réalisés la plupart du temps avec les fonctions suivantes :

- Direction générale ;
- direction des Ressources Humaines ;
- membres du CHSCT ;
- médecine du travail ;
- représentants du personnel et organisations syndicales.

Ces entretiens visent à préciser les attentes de chaque partie prenante, à comprendre les grands enjeux de l'entreprise en termes d'activité et en termes humains, et à préciser les axes d'analyse sur lesquels les entretiens devront insister. On peut ainsi dresser un premier tableau des grandes orientations à poursuivre et chaque acteur se trouve impliqué dès le départ dans la démarche.

Diagnostic

Entretiens individuels semi-directifs

La phase de diagnostic que nous menons consiste en premier lieu en une série d'entretiens individuels menés sur la base de questionnaires semi-directifs. Ces entretiens ont pour objectif de valider, de mettre en perspective, de rajouter ou de retrancher, le cas échéant, des tensions qui n'auraient pas été suffisamment mises en lumière. Le but poursuivi est d'affiner la réflexion sur le point suivant : en quoi les tensions observées constituent-elles des risques, c'est-à-dire pouvant créer potentiellement, si elles deviennent réalité, des dommages sur le plan humain, et comment cela est-il lié à la stratégie de l'entreprise ?

Il nous semble essentiel, au cours de cet exercice, de dépasser les explications ou les grilles de lecture trop mécanistes (surcharge de travail, faible reconnaissance, relations avec le supérieur, manque de participation aux décisions, circulation insuffisante de l'information, etc.) pour comprendre, en dehors de tout formatage préétabli, ce qui cause vraiment une tension. Nous sommes en général très surpris de constater que les véritables sources de tension ne sont pas celles qui auraient pu être imaginées *a priori*.

Mais tout d'abord, qui rencontre-t-on dans le cadre du diagnostic ? Tout dépend du périmètre de l'entreprise choisi. Une première évaluation des risques humains ne peut se faire d'emblée pour l'ensemble de l'entreprise, puisqu'il est essentiel que cette évaluation débouche sur des axes d'action très précis.

Ces entretiens sont menés auprès de collaborateurs « représentatifs » de la population de l'entreprise. En effet, il s'agit d'avoir une vision objective des risques, issue des représentations d'une communauté représentative de collaborateurs. À défaut d'être « représentatif », si le nombre de personnes est important sur un site, une BU, une zone géographique donnée, la population sélectionnée doit être à l'image de la population de référence. Pour cela, plusieurs critères de représentativité sont choisis avec l'entreprise, de l'ordre de trois à quatre : âge, sexe, ancienneté, types de fonctions, autres, au regard des spécificités de l'entreprise.

Lors des entretiens, la trame semi-directive que nous utilisons donne un cadre rigoureux à la démarche menée, permettant de comparer de façon efficace les informations recueillies auprès des différentes personnes rencontrées.

Par ailleurs, elle laisse un champ d'expression ouvert pour le collaborateur, où il peut exprimer ses idées importantes et sortir du cadre défini. C'est ainsi qu'au fur et à mesure des entretiens, nous sommes amenés à en ajuster le cadre et en particulier les thèmes déjà présents et à en ajouter de nouveaux, découverts avec les personnes rencontrées.

Enfin, nous insistons toujours lors des travaux pour aller sur le terrain et visiter les sites, afin de percevoir de façon concrète les environnements et les conditions dans lesquelles les collaborateurs sont amenés à réaliser leur travail.

Les entretiens sont absolument nécessaires : c'est à partir de ces contacts sur le terrain que l'on peut détecter avec précision ce qui est insaisissable par tout questionnaire, aussi sophistiqué soit-il. Ils donnent l'opportunité unique d'aller au-delà des thèmes convenus que sont la charge de travail, les relations de travail, pour comprendre ce qui fait vraiment tension.

Questionnaires individuels

En complément des entretiens individuels, nous avons l'habitude de proposer à chaque personne rencontrée de remplir un questionnaire qui permettra de quantifier certains aspects de la perception qu'il a de son travail. Ces questionnaires sont établis en cohérence avec le contenu des entretiens individuels, et donc préparés de façon spécifique, en amont de chacune de nos interventions. L'objectif ici est en effet de recouper avec précision les informations recueillies lors des entretiens et de mesurer de façon précise le ressenti des collaborateurs quant à leurs conditions de travail.

Analyse documentaire et allers-retours avec le client

Enfin, la dynamique des entretiens individuels et les thèmes émergents qui peuvent s'en dégager suscitent des allers-retours fréquents avec le référent interne en charge de l'intervention. Nous sommes fréquemment amenés à le solliciter afin de préciser certains points d'information recueillis, par exemple sur les documents accompagnant des opérations de fusions éventuelles ou détaillant le champ d'activité de tel ou tel département dans l'entreprise, ou tout sujet de nature à apporter des précisions utiles à l'étude. Lors de cette étape, nous réalisons ainsi un recueil documentaire en lien avec ces questions, qui vient compléter les premiers documents recueillis en phase amont de l'intervention.

Ces trois axes de travail fournissent ainsi des faisceaux d'information qui se recoupent et s'étayent les uns les autres. Ils aboutissent à une vision qui permet d'identifier les éléments de la stratégie de l'entreprise qui peuvent être des facteurs de risques humains, et les ressources existantes et sur lesquelles s'appuyer, ou qui sont à développer, afin de mieux anticiper et résoudre ces risques.

Audit en ligne

À l'issue de l'analyse qualitative, nous préconisons dans certains cas de recourir à un audit en ligne.

La finalité de ces audits est d'objectiver de façon statistique les tendances observées auprès des collaborateurs rencontrés, en s'adressant cette fois-ci à l'ensemble des salariés de l'entreprise. Ils sont réalisés *via* une enquête unique, qui est bâtie en fonction des points saillants relevés lors de l'étude qualitative. On va ainsi pouvoir tester des hypothèses qui en émanent, les confirmer ou les infirmer, et en tout état de cause nuancer les premières informations obtenues. Les conclusions auxquelles nous aboutissons sont donc doublement validées. Nous pouvons ainsi réduire au maximum les lectures ou interprétations partiellement réelles et assurer un diagnostic le plus proche possible de la réalité.

Notons par ailleurs que les entreprises recourent parfois à ces audits en ligne afin d'impliquer l'ensemble du personnel dans leur démarche, ce qui peut favoriser son acceptation et la rendre plus visible. Toutefois, nous émettons des réserves sur l'usage qui peut être fait de cette méthode quantitative si elle n'est pas couplée à une intervention qualitative telle que décrite plus haut. Nous constatons en effet que les comportements des personnes changent lorsqu'elles sont interrogées en face-à-face de façon individuelle et lorsqu'elles répondent en ligne à un questionnaire. Par ailleurs, les informations issues d'une approche quantitative peuvent faire l'objet d'interprétations qu'il est difficile de tester prises isolément. L'outil est donc tentant, mais à utiliser avec précaution.

Consolidation des informations et élaboration du rapport

Relier les observations sur les risques et les ressources à la stratégie de l'entreprise

Le travail de consolidation des informations recueillies lors de la phase précédente va précisément consister à replacer les risques détectés au niveau de la stratégie de l'entreprise. L'objectif poursuivi est de produire une image de ces risques et de leurs facteurs qui suscite leur prise en main par les dirigeants de l'entreprise. Il s'agit là d'en faire un enjeu stratégique pour l'entreprise, car c'est ainsi que les réponses qui pourront être apportées seront les plus efficaces. Partis de la stratégie de l'entreprise en amont de l'analyse, nous y retournons lors des conclusions, pour que les solutions mises en œuvre tiennent pleinement compte de la dimension collective des risques identifiés, et y apportent une réponse qui se situe elle aussi au niveau du collectif global de l'entreprise.

Ainsi, les plans d'action que nous préconisons font l'objet d'une discussion et d'un échange avec les membres des équipes dirigeantes des entreprises, afin d'aboutir à un programme accepté par tous et dans lequel les dirigeants seront pleinement impliqués.

Évaluer le niveau d'acceptation des risques par l'entreprise et les prioriser

L'élaboration du plan d'actions se fait donc la plupart du temps par un travail commun mené avec l'entreprise. Au-delà de la définition des actions à mener, qui dépend des conclusions de chaque diagnostic, celles-ci font l'objet d'une priorisation en fonction de plusieurs critères : l'importance du risque à réduire, la lourdeur de l'action à mettre en œuvre ainsi que le niveau d'acceptation du risque par l'entreprise. En effet, comme nous l'avons dit précédemment, l'entreprise peut identifier parmi les risques qu'on lui rapporte des niveaux d'acceptation qui varient en fonction de ses objectifs stratégiques. Ce niveau d'acceptation, que seule l'entreprise connaît, influence directement le niveau de priorité à définir pour les différentes actions préconisées. C'est également pour cette raison qu'il est nécessaire d'impliquer directement l'entreprise dans la définition de ces actions.

Illustration concrète de cette méthode

Nous détaillons dans les paragraphes qui suivent un cas pratique et réel d'un grand cabinet de conseil que nous avons accompagné.

Contexte de notre intervention

Suite aux obligations légales rappelées par le plan Darcos en 2009, l'entreprise avait mis au point un accord de méthode sur le stress au travail début 2010. Pour le mener à bien, elle a créé un groupe de travail dédié, composé de plusieurs collaborateurs issus de différents corps de métier et de strates hiérarchiques variées (directeur général, directeur des ressources humaines, associés, seniors managers, seniors, assistantes, médecin du travail, infirmière). Cet accord de méthode devait aboutir à faire des propositions concrètes d'améliorations pour les collaborateurs, en s'appuyant sur un diagnostic assorti de préconisations opérationnelles. L'entreprise a souhaité pour cela faire appel à un cabinet extérieur.

Objectifs poursuivis

Il s'agissait donc de réaliser un diagnostic des risques humains de l'entreprise ayant pour vocation de se traduire par un plan d'action sur deux volets :
* la prévention des risques ;
* la résolution des problèmes avérés.

Il était également important de pouvoir accompagner dans la durée les travaux de leur groupe de travail, et d'envisager avec eux la façon dont ces travaux permettraient d'alimenter leur document unique sur le volet risques psychosociaux.

La démarche menée dans le cas de cette mission s'est déroulée selon les phases suivantes :

- travaux en amont : précision des objectifs et du périmètre, premier recueil documentaire ;
- phase de prédiagnostic ;
- phase de diagnostic ;
- élaboration et présentation des conclusions ;
- élaboration du plan d'action ;
- livraison du rapport final et du plan d'action.

Travaux en amont

En amont de la mission, plusieurs échanges et entretiens ont eu lieu afin de valider les objectifs poursuivis ainsi que le périmètre exact de son déroulement. Il fut alors décidé que l'intervention aurait lieu sur le site principal de l'entreprise, et que le diagnostic pourrait être étendu ultérieurement aux autres sites. Lors de ces échanges préalables, des documents ont été demandés afin d'en effectuer une première analyse et de préciser l'approche à adopter lors de la phase de diagnostic. Ils ont permis d'orienter les travaux en apportant des éléments majeurs sur la stratégie, l'histoire et la culture de l'entreprise, ainsi que sur le niveau de ses risques humains. Nous avons ainsi recueilli les documents suivants :

- accord de méthode sur le stress ;
- organigrammes des services et de la direction ;
- bilan d'activité de l'exercice passé et notes stratégiques pour l'année en cours ;
- mot du président aux salariés lors de la dernière réunion du personnel ;
- études de notoriété et d'attractivité ;
- bilan social ;
- document unique ;
- PV du CHSCT ;
- bilan de la médecine du travail ;
- droits d'alerte/droits de retrait ;
- études de postes de la médecine du travail ;
- relevés des arrêts maladie de courte durée et rapport de la médecine du travail ;
- tableaux de turnover ;

- fiches de postes ;
- grille des salaires ;
- liste des formations par catégories de personnel ;
- guide des nouveaux arrivants ;
- exemple de grilles d'évaluation anonymes.

Ce recueil d'informations a permis ainsi de préciser l'approche de la mission et en particulier d'identifier les thèmes sensibles sur lesquels il serait utile et pertinent d'interroger les personnes que nous allions rencontrer. Ces thèmes concernaient en particulier les pratiques de facturation et de déclaration des temps, le système de parrainage que l'entreprise avait mis en place, le mode d'évaluation des collaborateurs, le mode de fonctionnement des missions auprès des clients (revues exhaustives des dossiers audités ou approche par les risques), etc.

Phase de prédiagnostic

Les entretiens réalisés en amont de l'étude ont permis de rencontrer en complément du demandeur certains participants majeurs du groupe de travail afin de préciser les attentes précises de l'entreprise. Nous avons également pu ainsi identifier avec eux les facteurs clés de succès suivants : une bonne compréhension de leur métier et de ses contraintes, une approche indépendante et des recommandations pragmatiques. Les personnes rencontrées ont été les suivantes :

- directeur général ;
- directeur des Ressources Humaines ;
- membre du CHSCT ;
- médecin du travail ;
- deux délégués du personnel.

Au cours de ces entretiens, nous avons identifié les objectifs spécifiques suivants :

- l'analyse du niveau de recrutement et du suivi des périodes d'essai des nouveaux arrivés ;
- l'identification des avantages concurrentiels pouvant être construits sur les fonctions support ;
- l'évaluation de la pertinence du mode d'intervention des équipes chez les clients ;
- l'identification des cas de surcharge de travail cachée (non mesurable par la DRH en raison du mode de déclaration des temps travaillés) ;
- l'identification des populations gérées en silos ;
- une estimation du nombre de cas de salariés exerçant des responsabilités excessives par rapport à leurs compétences.

Plus globalement, la direction a souhaité des recommandations :

* pragmatiques et tenant compte de la culture et de l'environnement métier de l'entreprise ;
* contribuant au renouvellement du contrat qui unit l'entreprise à ses employés (son contrat social).

Phase de diagnostic

La phase de diagnostic a été menée en croisant les trois méthodes de recueil d'informations évoquées précédemment :

* des entretiens individuels semi-directifs, menés auprès d'un groupe représentatif de la population globale du site sur lequel portait l'étude ;
* des tests individuels ;
* le recueil de documents et d'informations complémentaires, identifiés comme utiles au cours des entretiens.

En amont des entretiens, une grille des personnes à rencontrer avait été établie, sur la base de cinq critères de sélection :

* l'ancienneté ;
* l'âge ;
* le sexe ;
* la ligne de métier ;
* le grade (équivalent de la position hiérarchique).

Une liste de cinquante personnes a ainsi été établie et les entretiens ont été planifiés par téléphone sur une période de dix jours consécutifs, cinq entretiens étant prévus chaque jour. Chaque entretien a été réalisé sur une durée d'une heure à une heure et demie. Cette liste a constitué un échantillon représentatif de l'entreprise afin d'en obtenir une image fidèle.

Les entretiens individuels ont été réalisés sur la base de questionnaires semi-directifs. Nous y avons identifié en amont les thèmes clés à aborder et chaque entretien réalisé a pu enrichir les suivants en faisant parfois émerger certains thèmes nouveaux comme le mode de déroulement des évaluations, la structure hiérarchique et le mode de management de certains services ou encore le niveau de modernité des outils informatiques.

Lors de ces entretiens, les thèmes suivants ont été abordés de façon systématique :

* l'organisation, les outils et la charge de travail ;
* les relations interpersonnelles, avec les personnes extérieures à la société et en interne ;
* le management ;
* l'évolution professionnelle et le mode d'évaluation ;

- l'évaluation du stress et de ses conséquences sur la santé ;
- les points de satisfaction.

Il est important de noter que ces thèmes n'ont pas été analysés « à plat », mais de façon dynamique, en appréhendant à chaque fois leurs interactions, leurs liens avec les documents recueillis et avec la stratégie de l'entreprise. C'est cette reconstitution vivante des mécanismes en jeu qui permet de saisir la vérité de l'entreprise, puis d'y intégrer les solutions les plus opérationnelles possible.

Ces entretiens ont été complétés par des questionnaires individuels, basés sur les mêmes thèmes que ceux abordés lors des entretiens. Ils ont permis dans un premier temps d'objectiver certaines informations recueillies lors des entretiens et d'identifier certaines postures de défense ou d'exagération des personnes rencontrées. Il a ainsi été possible de mieux mesurer le niveau exact des risques.

Enfin, un recueil de documents complémentaires a été réalisé, en fonction des sujets qui ont émergé au fur et à mesure des entretiens. Ont été obtenus :

- l'accord entreprise sur l'emploi des seniors ;
- la note de fonctionnement de l'exécutif ;
- les documents descriptifs du fonctionnement de lignes de métier spécifiques ;
- le tableau de classement des collaborateurs, établi à l'issue de la dernière phase d'évaluation ;
- la procédure définissant les règles de promotion et d'évolution ;
- la procédure de gestion des notes de frais et des feuilles de temps ;
- la note descriptive des services de conciergerie.

Ces éléments nous ont par exemple permis de comprendre qu'il existait pour les fonctions support de l'entreprise un flou significatif en termes d'organigramme, révélateur de l'oubli dans lequel étaient tombées certaines d'entre elles. Nous avons également pu comprendre le mécanisme du plan de formation et distinguer les poches de population qui pouvaient être défavorisées par rapport aux autres. Cela a fait émerger des points importants sur la perception de l'équité dans l'entreprise et les pertes dans la chaîne de valeur à travers les services qui étaient dévalorisés.

Élaboration et présentation des conclusions

Une fois la phase de diagnostic terminée et les entretiens finis, nous avons rassemblé toutes les informations recueillies. Nous avons alors pu les consolider afin d'en tirer une évaluation précise du niveau de risques psychosociaux de l'entreprise et de relever les points saillants du diagnostic.

Ce travail a été mené à partir de plusieurs tableaux d'analyse recensant les grands thèmes et les points saillants détectés, qui ont chacun fait l'objet d'une évaluation en termes de risques, et d'un comptage (afin de clarifier les tendances lourdes). Cela a permis d'effectuer une mesure et une hiérarchisation précises des difficultés rencontrées ainsi que des points forts de l'entreprise.

En parallèle, les tests ont fait l'objet d'extractions et d'analyses afin d'en ressortir des graphiques illustratifs assortis de commentaires.

L'ensemble de ces conclusions a été traduit dans un rapport, revu par la suite en comité de relecture. Nous nous attachons à travers ce comité à adopter une vision critique poussée du document afin d'en préciser les orientations et d'aboutir à une restitution qui puisse directement s'adresser à la DRH et au comité exécutif de l'entreprise cliente. Les principales remarques faites ont porté sur :

- l'évaluation du degré global de risque dans l'entreprise ;
- l'identification des populations les plus fragiles ;
- les atouts sur lesquels l'entreprise peut s'appuyer pour apporter des améliorations rapides à son modèle humain ;
- les sources hiérarchisées de tension, articulées en fonction des grandes orientations stratégiques perçues à travers les entretiens et les documents analysés.

Ces remarques ont contribué à questionner en profondeur le modèle humain de l'entreprise : quels étaient les points forts et les limites de ce modèle ? Quelle serait la capacité de l'entreprise à attirer une génération de plus en plus exigeante en termes de conditions de travail ? Quel avantage concurrentiel pouvait-elle construire autour de la revalorisation de fonctions hier oubliées ? L'entreprise devait-elle continuer à former uniquement des financiers ou plutôt des dirigeants ?

Ces conclusions ont alors été présentées à l'entreprise, lors d'un comité spécial de son groupe de travail sur le stress. Cela a ainsi permis de partager le diagnostic mené et de mettre d'accord l'ensemble des parties prenantes de l'étude sur l'état des lieux ainsi dressé.

Nous avons alors proposé aux participants du comité de travailler de leur côté sur le plan d'action qui pourrait être mis au point en réponse aux constats effectués.

Élaboration du plan d'action

Les préconisations que nous avons ainsi pu proposer et hiérarchiser ont concerné en particulier :

- La réflexion approfondie autour de l'ensemble des postes support afin de faire émerger la réelle valeur ajoutée qu'ils pouvaient fournir et d'envisager un nouveau positionnement au sein de l'entreprise. Il s'agit de la redéfinition

de l'organisation, la clarification des conditions de mobilité interne, la revalorisation des évaluations et la clarification de leurs impacts, la redéfinition des responsabilités et du rôle de certains services, etc. ;
- Les modes de fonctionnement et de répartition de la charge de travail. Il s'agit de la réflexion sur le mode d'intervention chez les clients, la répartition des rôles entre strates hiérarchiques, etc. ;
- Les modes d'évaluation de l'entreprise en particulier pour les consultants. Il s'agit de la redéfinition du processus d'évaluation et du rôle précis des parrains ;
- L'ensemble du vivre ensemble, matérialisé par les séminaires annuels et les occasions de convivialité créées par l'entreprise, etc.

Les enjeux liés à ces préconisations ont engendré une prise en main de la part du comité exécutif de l'entreprise, parce qu'ils nécessitent des modulations importantes dans sa stratégie à moyen et long terme. C'est en cela que ces études peuvent être d'un apport réellement important pour les entreprises et que les améliorations qu'elles apportent peuvent être pérennes.

L'entreprise a alors défini des groupes de travail dédiés à chaque grand thème relevé dans nos conclusions :
- parrainage et évaluation ;
- mode de fonctionnement des missions et analyse de la charge de travail ;
- vivre ensemble (toutes les occasions de convivialité et d'échanges hors réunions de travail entre les collaborateurs) ;
- fonctions support ;
- moyens logistiques, informatiques, et outils.

Deux réunions de travail intermédiaires ont été tenues avant de nous revoir pour la validation définitive de leur plan d'action.

Ces travaux d'élaboration du plan d'action ont donc été menés de façon parallèle par le client et nous-mêmes. Plusieurs échanges ont eu lieu avec la DRH de la société afin de s'accorder sur les actions proposées et de consolider le plan d'action final. Dans le cadre de ce travail, un tableau précis a été réalisé, identifiant pour chaque action la problématique à laquelle celle-ci se rattachait, ainsi que son niveau de priorité. La dernière réunion a consisté à présenter l'ensemble de ces actions, chacune étant hiérarchisée, afin que l'entreprise dispose d'un guide pratique lui permettant de rapidement mettre en œuvre ces améliorations.

Le démarrage de cette mise en œuvre reste récent. Les travaux sont encore en cours à l'heure où nous écrivons ces lignes. Mais la considération démontrée par le Comex de l'entreprise vis-à-vis de ces actions est de bon augure quant aux résultats qu'elles pourront apporter. Oserons-nous prétendre que c'est le signe qu'il y trouvait une source d'avantage concurrentiel important ?

Chapitre 8

Une matière toujours en mouvement

L'entreprise a développé en son sein une connaissance purement pragmatique, qu'elle a su exporter. Elle a imposé des normes d'efficacité, de performance, de combat à tous les domaines, elle répand sa conception du monde comme univers de conduites stratégiques. Elle change de ce fait les manières de vivre et de penser. C'est pour cette raison qu'elle peut devenir l'acteur central de la société[1].

Pourquoi s'intéresser à l'avenir des risques humains ?

La prise en compte des risques humains s'impose désormais de plus en plus aux entreprises. Elles sont en train très certainement de vivre la fin d'une période et un tournant en termes de fonctionnement, particulièrement en France où l'on peut vivement s'interroger sur le modèle managérial.

Cependant, cette matière, éminemment humaine, n'est pas figée. Il n'y a pas de position définitive sur le sujet. Les différents acteurs qui ont contribué jusqu'à présent à définir ses contours et à proposer les manières d'y répondre continuent leurs recherches, et de nouveaux intervenants proposent également des angles d'analyse différents.

Les risques humains ne sont pas un effet de mode

On constate sur le terrain un glissement progressif vers des interventions situées de plus en plus en amont des risques. En 2008 encore, nous intervenions principalement chez des clients où la situation s'était déjà dégradée et où le contexte était parfois particulièrement difficile. Les démarches menées se situaient bien plus en termes de résolution que de prévention. Or, en 2010, les entreprises mènent de plus en plus une démarche préventive. Plusieurs facteurs y concourent. Ainsi, le rapport Nasse-Légeron de mars 2008

1. Enriquez, E., *op. cit.,* p. 85.

octroie un positionnement institutionnel au sujet. De plus, le plan Darcos d'octobre 2009 fait obligation aux entreprises de plus de mille salariés d'ouvrir des négociations sur la prévention du stress au travail.

En outre, nous voyons encore peu d'entreprises qui font véritablement le lien entre leur stratégie et les risques psychosociaux. Pourtant, cette vision commence à émerger, et elle est de notre point de vue amenée à se développer encore dans les années à venir. Nous le constatons en particulier à travers les transformations qui sont en cours concernant le rôle des DRH et des managers. De plus en plus, leur posture respective est modifiée par la prise en compte des risques humains. En effet, il leur est demandé de prendre en compte cette dimension dans leur travail quotidien, et cela commence à faire partie des critères sur lesquels ils sont évalués par leur hiérarchie.

Les risques humains s'inscrivent au plus profond de la gouvernance des entreprises

Les pays anglo-saxons et le Canada notamment sont aujourd'hui à la pointe de la recherche et des travaux en termes de risques humains. Or, leur approche relie de plus en plus ces risques à la gouvernance de l'entreprise. Cela se traduit par exemple au Canada par la participation au Comex de certaines entreprises d'un membre spécialisé sur la question des risques psychosociaux, ainsi que par la norme québécoise BNQ 9700-800, créée en 2008, qui promeut les dispositifs contribuant à la santé des salariés (voir ci-après).

On voit également que des groupes de réflexion, comme celui créé par l'IFA (Institut français des administrateurs), avancent sur la prise en compte de l'actif humain par le conseil d'administration de l'entreprise. Ces travaux ont mis en lumière la nécessité pour le conseil de suivre les risques liés à l'actif humain en s'appuyant sur une cartographie de ces risques, afin d'éviter le risque de réputation et de développer la performance humaine. Selon leurs chiffres, 95 % des sociétés du SBF 120[1] interrogées considèrent que l'actif humain est un sujet qui relève du conseil d'administration de l'entreprise. Ils sont par ailleurs 97 % à estimer que les enjeux humains de toute évolution stratégique ou de tout grand projet de l'entreprise (fusions, recentrage stratégique, etc.) doivent être traités par le conseil.

Concrètement, cette prise en compte reste cependant sporadique de nos jours. L'actif humain n'est abordé qu'en fonction des circonstances et de l'actualité. Toutefois, le mouvement semble bel et bien engagé.

---

1. Indice boursier calculé et diffusé par NYSE Euronext Paris. Données recueillies en juillet 2010.

À quelles évolutions faut-il s'attendre ?

Le droit et la jurisprudence en pleine évolution

Dans l'Union européenne

Au sein de la Commission européenne, la Direction générale de l'emploi, des affaires sociales et de l'égalité des chances (DG Emploi) s'est donné comme mission de promouvoir une culture de la prévention des risques, notamment en luttant contre les problèmes psychosociaux. La stratégie communautaire 2007-2012 pour la santé et la sécurité au travail a fixé comme l'un des principaux objectifs pour cette période « l'identification et l'évaluation des nouveaux risques potentiels ». Les priorités en matière de recherche doivent notamment inclure « les questions psychosociales » afin de permettre « l'identification des causes et des effets et la conception de solutions préventives ». La Commission encourage les États membres à prendre des initiatives « en faveur d'une prévention et d'une promotion améliorées de la santé mentale ». Le FSE (Fonds social européen) ainsi que le programme PROGRESS (programme de l'Union européenne pour l'emploi et la solidarité sociale) permettent de financer des actions et des projets dans ce domaine.

En France

On assiste à une montée en puissance de la recherche de la reconnaissance du caractère professionnel des suicides ou tentatives de suicide et des dépressions et autres états s'en rapprochant. Il s'agit, d'une part, d'obtenir une meilleure prise en charge par les organismes de Sécurité sociale. D'autre part, d'engager la responsabilité de l'employeur. Avec l'idée que l'organisation du travail et les restructurations de l'entreprise constituent le fait générateur. Face au risque évident de dérives, un équilibre doit être trouvé au plus vite entre la santé et la sécurité des salariés et les besoins de l'entreprise. Relevons également le déplacement du contentieux vers le pénal (voir aussi le chapitre 1).

De nouveaux acteurs s'intéressent aux risques psychosociaux

La question des risques humains se voit de plus en plus investie par des acteurs qui gravitent autour des entreprises et jouent un rôle parfois fort dans leurs orientations stratégiques. On trouve en particulier des organismes de normalisation et de certification, ainsi que des agences de notation extra-financière. Désormais, et c'est un point maintenant acquis, l'entreprise doit effectuer une étude d'impact humain pour toute réorganisation prévue. Autant l'anticiper de manière à ne pas avoir de blocage du CHSCT.

Un nouvel outil de prévention : la charte de référence

⟶ **Françoise Pelletier, avocate associée au sein du Cabinet Lefèvre, Pelletier & associés**

En matière de prévention des risques psychosociaux, il existait déjà un certain nombre d'outils : accord de groupe, accord d'entreprise, accord de méthode, plan d'action, règlement intérieur, document unique. Voici un nouvel outil, la charte de référence.

Accord national interprofessionnel sur le harcèlement et la violence au travail

Le 26 mars 2010, les organisations syndicales signaient à l'unanimité un accord sur le harcèlement et la violence au travail, transposant ainsi en droit français l'accord européen du 26 avril 2007.

Cet accord n'est juridiquement pas très innovant par rapport à notre Code du travail puisque le harcèlement moral fait déjà l'objet de dispositions particulières ; ainsi, l'article L. 11521 du Code du travail, issu de la loi de modernisation sociale du 17 janvier 2002, définit le harcèlement moral comme suit : « Aucun salarié ne doit subir les agissements répétés de harcèlement moral qui ont pour objet ou pour effet une dégradation de ses conditions de travail susceptibles de porter atteinte à ses droits et à sa dignité, d'altérer sa santé physique ou mentale ou de compromettre son avenir professionnel. »

La Cour de cassation, qui désormais effectue un contrôle sur la qualification du harcèlement moral faite par les juges du fond, considère que le harcèlement moral est constitué indépendamment de l'intention de son auteur, c'est-à-dire sans acte nécessairement délibéré ; c'est ainsi que, par un arrêt en date du 10 novembre 2009, la chambre sociale de la Cour de cassation reconnaissait l'existence d'un harcèlement managérial caractérisé par des méthodes de gestion mises en œuvre par un supérieur hiérarchique... C'est dans ce contexte que l'accord du 26 mars 2010 donne aux entreprises des indications concernant des démarches de prévention.

Nous en retiendrons deux : la lutte contre l'incivilité et la charte de référence.

Lutter contre l'incivilité, c'est déjà s'engager dans la lutte contre le harcèlement et la violence au travail

On retiendra de cet accord que, souvent, ce sont des règles de bon sens qui permettent de modifier progressivement les rapports au sein d'une entreprise. Les négociateurs l'ont bien mis en avant lorsqu'ils précisent que « les incivilités contribuent à la dégradation des conditions de travail, notamment pour les salariés qui sont en relation quotidienne avec le public, et rendent difficile la vie en commun. Les entreprises qui laissent les incivilités s'installer les banalisent et favorisent l'émergence d'actes plus graves, de violence et de harcèlement ». On peut s'étonner que les négociateurs aient mis en avant la nécessité de cette lutte contre les incivilités... Et pourtant, si l'on prend connaissance des e-mails adressés à l'intérieur d'une entreprise, on constate que sont bien souvent oubliés les formules de politesse, les remerciements, sans parler du ton employé. Il est impératif que soient réappropriés au sein de l'entreprise les comportements citoyens et civils, ce qui permettra de lutter contre toutes les formes de harcèlement et de violence au travail.

Le nouvel outil : la charte de référence

Il s'agit pour les entreprises de réaffirmer clairement la priorité qu'elles donnent à la lutte contre le harcèlement et la violence au travail et de rappeler que toute déviance n'est pas tolérée et doit être sanctionnée. Les négociateurs suggèrent de décliner ces affirmations dans le cadre d'une charte de référence qui précisera ainsi les procédures à suivre si un cas de harcèlement ou de violence survient. La charte de référence sera annexée au règlement intérieur des entreprises et aura la même force que celui-ci. Les employeurs y trouveront un outil très utile pour diffuser au sein de toute l'entreprise et auprès de son personnel les valeurs que l'entreprise veut mettre en avant. Certaines entreprises ont déjà mis en place des chartes éthiques, mais l'intérêt de cette charte de référence est de rappeler officiellement le droit fondamental au respect de la dignité des personnes, qui ne peut être transgressé, y compris sur le lieu de travail. D'ailleurs, on voit déjà dans des contrats de travail de salariés travaillant pour des grands groupes le rappel des principes fondamentaux que l'entreprise entend faire respecter, comme le respect de la dignité des personnes.

Conclusion

Certes, la charte de référence est un outil qui n'est pas réellement contraignant, puisque l'entreprise peut décider ou non d'y avoir recours. Toutefois, les entreprises ont tout intérêt à rappeler les valeurs fondamentales qu'elles veulent faire respecter en luttant notamment contre le harcèlement et la violence au travail. Ainsi, une large diffusion de cette charte auprès de l'ensemble du personnel renforcera la lutte contre le harcèlement et la violence au travail.

Les organismes de normalisation et de certification

Ce mouvement est déjà engagé à l'étranger, par exemple au Canada, où le Bureau de Normalisation du Québec a officiellement lancé en février 2008 la norme BNQ 9700-800, aussi appelée « Entreprise en santé »[1]. Cette norme vise à spécifier des exigences significatives en matière de prévention, de promotion et de pratiques organisationnelles favorables à la santé au travail. Elle définit ainsi quatre « sphères » d'actions que les entreprises sont invitées à investir, afin de proposer à leurs employés un cadre qui favorise leur bien-être au travail. Il est particulièrement important de noter que cette norme ne se contente pas d'une approche médicale, mais qu'elle met

---

1. Voir contribution p. 254-256 (MEDIAL).

également en avant la question de l'environnement de travail, de l'équilibre de vie et des pratiques de gestion.

En France, les travaux menés pour établir cette norme ont été suivis par les grands acteurs de la normalisation et de la certification, et en particulier par l'AFNOR[1]. Ce groupe a en effet entamé une étude de faisabilité quant à la transposition de cette norme, dont les résultats sont en cours d'analyse à l'heure où nous écrivons ces lignes. Par ailleurs, l'AFNOR est mobilisée dans d'autres projets comme la mise au point de la nouvelle norme internationale ISO 26000 concernant la responsabilité sociétale des entreprises. Or cette norme intègre de façon explicite la prise en compte par les entreprises des risques psychosociaux, et plus globalement des risques qui favorisent le stress ou peuvent le provoquer.

© Groupe Eyrolles

---

1. Voir contribution p. 194-195 (AFNOR).

La norme BNQ 9700-800 « Entreprise en santé » bouleverse la donne

➠ **Michel Vézina, chaire de santé au travail de l'université Laval, Québec**

La norme BNQ 9700-800 intitulée « Prévention, promotion et pratiques organisationnelles favorables à la santé en milieu de travail » et plus communément appelée « Entreprise en santé », a été proposée par le groupe de promotion pour le développement de la prévention en santé (GP2S), un organisme québécois sans but lucratif, dédié au développement et à la diffusion d'informations probantes en matière de santé en milieu de travail. Son élaboration a par la suite été menée par le Bureau de Normalisation du Québec (BNQ) et officiellement lancée en février 2008.

Cette norme incite les entreprises à agir sur quatre sphères d'activités reconnues pour avoir un impact significatif sur la santé des personnes :
- les habitudes de vie du personnel ;
- l'équilibre entre travail et vie personnelle ;
- l'environnement de travail ;
- les pratiques de gestion.

Concrètement, les entreprises doivent créer un comité, dont les participants doivent provenir des différentes catégories d'emploi existantes, chargé de mettre en place un programme portant sur la santé et le mieux-être dans l'entreprise, programme élaboré à partir de données recueillies auprès du personnel de l'entreprise (voir exemples de thèmes de données ci-dessous). Cette collecte des données peut se faire soit par voie de sondage, basé sur des questionnaires, soit à travers des groupes de discussion ou de consultations auprès du personnel ou de ses représentants, mais elle doit obligatoirement couvrir les quatre sphères de la norme.

À titre d'exemple, les points pouvant être abordés lors de cette collecte peuvent être :
- les horaires de travail des différentes catégories de personnel ;
- la politique de gestion des congés pour raisons familiales (congés maternité, décès, etc.) et sa perception par les collaborateurs ;
- l'environnement de travail des personnes, notamment au regard du bruit, de la température, des efforts physiques qu'il suppose et de l'ergonomie des postes ;
- la perception par le personnel de la communication de sa hiérarchie et de l'entreprise ;
- les mécanismes de reconnaissance du travail mis en place et leur perception par les collaborateurs ;
- les habitudes alimentaires du personnel ;
- les habitudes du personnel en termes d'activité physique et sportive ;
- la part de fumeurs dans l'entreprise ;
- les habitudes du personnel en termes de consommation d'alcool ;
- etc.

Ces informations doivent permettre de recueillir à la fois des données administratives – absentéisme, cotisations CSST (Commission de la Santé et de la Sécurité au Travail), coûts d'assurance collective, etc. – et d'identifier le niveau de satisfaction du personnel, ainsi que ses préoccupations et ses suggestions en termes de santé et de mieux-être au travail.

Suite à cette collecte, les entreprises sont amenées à mettre en place des plans d'action qui peuvent être de plusieurs ordres, en fonction des thèmes sur lesquels l'entreprise entend agir :

- Pratiques de gestion : programme de reconnaissance, interventions favorisant l'esprit d'équipe, plan de développement professionnel, formation des gestionnaires sur les dimensions de l'organisation de travail reconnues pathogènes et sur les façons de les éliminer ou de les réduire, etc.
- Environnement de travail : aménagement des lieux de travail et des procédés de production favorisant l'hygiène et la sécurité, proposition de menus équilibrés à la cantine, installations favorisant l'activité physique, aires de stationnement sécuritaires pour les vélos, etc.
- Équilibre entre travail et vie personnelle : horaires flexibles, congés pour raisons familiales, garderie (crèche) en milieu de travail, retour progressif à la suite d'une absence pour raisons de santé ou d'un congé de maternité ou de paternité, etc.
- Habitudes de vie du personnel : services-conseils en nutrition, programme de sensibilisation à l'activité physique, formation à la gestion du stress, programme d'aide aux employés présentant des problèmes de santé physiques ou psychologiques liés ou non à leur travail, etc.

Ce programme d'actions doit par la suite faire l'objet d'une évaluation afin d'en mesurer l'efficacité.

En fonction du niveau d'engagement des entreprises et des actions qu'elles souhaitent mettre en œuvre, la norme BNQ 9700-800 propose deux niveaux de certification, accordés par le BNQ lui-même :

- Entreprise en santé : l'entreprise doit avoir démontré son engagement envers la santé et le mieux-être de son personnel et avoir engagé deux interventions : l'une dans la sphère des habitudes de vie et l'autre parmi les trois autres sphères d'activité, retenue en fonction des résultats de la collecte des données.
- Entreprise en santé élite : l'entreprise doit avoir engagé des interventions sur les quatre sphères d'activité possibles.

Les bénéfices que les entreprises peuvent tirer de la mise en place de tels programmes et de la certification BNQ sont nombreux. Au-delà de l'image positive d'une entreprise socialement responsable, elles pourront tirer profit de cette reconnaissance par une meilleure capacité à attirer les talents, et une plus grande fidélisation de leur personnel. Des études ont également montré qu'une entreprise qui s'engageait dans ce genre de démarche pouvait escompter un retour sur investissement de l'ordre de 1,50 à 3 dollars canadiens pour chaque dollar investi. Certaines entreprises ayant mis en place de tels programmes et ayant été certifiées « entreprises en santé » font même état de retours sur investissement dépassant largement ces chiffres. De plus, des discussions sont en cours auprès du ministère des Finances du Québec pour qu'il accorde aux « Entreprises en santé » des avantages fiscaux, compte tenu notamment des économies anticipées au chapitre de la demande de services de santé. Enfin, plusieurs entreprises ont déjà annoncé, que dans leurs appels d'offres, elles pourraient accorder un avantage concurrentiel aux entreprises reconnues « en santé ».

Depuis l'entrée en vigueur de la norme en 2009, neuf entreprises ont été évaluées et certifiées « Entreprise en santé » en date du 14 mai 2010 (voir annexe 3). Il s'agit d'entreprises du secteur privé et public et dont la taille varie de dix à mille trois cents employés. Depuis l'instauration dans leur milieu de pratiques organisationnelles favorables à la santé, plusieurs de ces entreprises ont noté une réduction de leurs taux d'absentéisme et de roulement du personnel, de même qu'une amélioration de la satisfaction des employés et du climat des relations de travail. Certaines ont même noté une amélioration de la productivité, de l'engagement et du bien-être de leur personnel. Plusieurs autres entreprises mènent une démarche pour obtenir la certification du BNQ au cours de 2011.

MEDIAL, un exemple d'application réussie de cette norme

➦ Marcel Curodeau, président de MEDIAL

MEDIAL Conseil Santé Sécurité Inc., spécialiste de la santé et de la sécurité au travail, propose à ses clients une expertise et des solutions spécifiques dans ces domaines ainsi qu'en gestion des dossiers de lésions professionnelles et en gestion de la prévention. Elle compte aujourd'hui environ mille cinq cents entreprises clientes, et regroupe trente-neuf consultants qui interviennent sur deux sites, à Montréal et à Québec. Ainsi, MEDIAL est aujourd'hui la première entreprise en santé et sécurité du travail au Québec. Elle est par ailleurs membre du Groupe de Promotion et de Prévention en Santé (GP2S), qui est à l'initiative de la norme BNQ 9700-800 « Entreprise en santé » (lire plus haut). MEDIAL a reçu plusieurs distinctions, dont le prix Fidéide 2010 dans la catégorie « Actif Humain – Petite entreprise », et a été désignée PME d'or à trois reprises par la banque nationale du Canada. Enfin, MEDIAL est la première entreprise à avoir été certifiée « Entreprise en santé Élite » (2009) par le BNQ.

Une approche pragmatique et impliquant les équipes du terrain

L'objectif poursuivi par MEDIAL par l'instauration de la norme « Entreprise en santé » était de se doter d'atouts efficaces en termes de gestion des ressources humaines et de concourir au mieux-être des employés, ceci afin d'accroître l'attractivité de l'entreprise auprès des profils à fort potentiel et de favoriser leur rétention.

Afin de travailler sur la mise en place de la norme « Entreprise en santé », MEDIAL a créé un comité d'implantation dédié sur chacun de ses sites. Ces comités ont été composés de membres venant des différents corps de métier de l'entreprise, ainsi que d'un conseiller en développement organisationnel, qui est intervenu sur les deux sites afin de mettre en cohérence la démarche menée.

Ces comités se sont tout d'abord penchés sur l'identification des risques en santé et sécurité et l'implantation de moyens correctifs, puis, sur la base d'un questionnaire détaillé, ils ont défini des plans d'action à mettre en œuvre dans les quatre sphères couvertes par la norme BNQ 9700-800. Par l'entremise du groupe Santé ExaMed, une firme spécialisée dans la collecte de données confidentielles, MEDIAL a remis un questionnaire à tous ses employés. Les sphères d'activité traitées dans le questionnaire étaient les suivantes :

1. L'environnement de travail ;
2. La santé et la sécurité du travail ;
3. Les méthodes internes de communication et de transmission d'information ;
4. Le climat de travail entre collègues ;
5. La relation avec le supérieur hiérarchique ;
6. Le harcèlement psychologique et la discrimination ;
7. La charge de travail ;

8. La qualité du travail ;

9. Les méthodes d'évaluation ;

10. La reconnaissance au travail ;

11. L'équilibre travail/vie personnelle ;

12. La perception de l'organisation ;

13. Les habitudes de vie ;

14. Le mieux-être psychologique ;

15. La partie signalétique.

Le questionnaire est en grande partie basé sur une échelle de Likert en cinq niveaux afin de nuancer le degré d'accord des répondants : 1. Totalement en désaccord ; 2. En désaccord ; 3. Plus ou moins en accord ; 4. En accord ; 5. Totalement en accord. Bien que le questionnaire ait été complété sur une base volontaire, MEDIAL a obtenu en 2008 et 2009 un taux de participation de 100 %. Pour répondre aux besoins des employés, les comités ont notamment mis en place les actions suivantes :

Sphère 1 – Habitudes de vie : instauration d'un panier de collations santé, implantation d'un programme d'aide aux employés, politique de mise en forme détaillée pour inciter les employés à exercer une activité physique, activités de sensibilisation à la saine alimentation, mise en place d'un Info-Santé traitant de sujets reliés à l'adoption de saines habitudes de vie.

Sphère 2 – Environnement de travail : établissement d'un code de conduite routière spécifique (zéro alcool au volant, définition de distances maximales à parcourir en voiture, choix de véhicules sécuritaires), travail sur l'ergonomie des postes de travail et la création d'aires de repos modernes et confortables pour les employés.

Sphère 3 – Équilibre vie de travail/vie privée : mise en place d'horaires flexibles, possibilités de télétravail, allocation de six journées de congés mobiles pour raison personnelle.

Sphère 4 – Pratiques de gestion : modification des fiches de poste de tout le personnel, avec inclusion de règles de courtoisie et de respect, diffusion transparente des fiches de poste auprès de tous les employés (incluant la fiche de poste du président), modification du guide des employés et de leur fiche d'évaluation, signature par l'ensemble du personnel de la politique sur le harcèlement, création d'un formulaire de développement professionnel jumelé à une planification stratégique de la formation continue.

Des résultats probants

MEDIAL a pu mesurer à travers ses questionnaires des gains significatifs de la mise en place de ces mesures et de la norme sur un grand nombre de points, et notamment :

- l'absentéisme est descendu à 0,8 % contre 3 % en 2008 ;
- le taux de roulement est passé à 5,5 % contre 11 % en 2008 ;
- l'appréciation du climat organisationnel est passée de 4,51 points en 2008 à 4,67 points en 2009 (note sur 5) ;

- l'appréciation de la conciliation vie professionnelle/vie privée est passée de 4,03 points à 4,64 points ;
- le taux de satisfaction général des employés (cent dix questions évaluées) est passé de 4,07 points à 4,43 points.

Une démarche privilégiant les aspects collectifs et axée en priorité sur les volets relevant directement de l'entreprise

Au-delà de ces chiffres, qui témoignent de la réussite de la mise en œuvre de la norme « Entreprise en santé - niveau Élite », MEDIAL entend poursuivre cette approche dans une optique de développement global de ses collaborateurs, à la fois de leur mieux-être, mais aussi de leurs compétences et de leur efficacité. Il faut à ce titre mettre en garde contre une interprétation trop médicale de la norme, qui ferait une place trop prépondérante à la première sphère d'intervention concernant les habitudes de vie des employés, au détriment des autres. Intervenir sur les trois autres domaines, et notamment sur les pratiques de gestion, contribue à faire de la recherche du mieux-être des employés un facteur qui s'inscrit pleinement dans la logique de rentabilité et d'efficacité de l'entreprise, et ainsi à faire de cette démarche un vrai succès.

Les agences de notation extra-financière

Nous avons pu constater que les agences de notation extra-financière développaient elles aussi depuis les toutes dernières années des méthodes d'évaluation faisant une part grandissante aux risques psychosociaux[1]. En effet, leurs grilles de notation comprennent désormais des parties entières dédiées à ce sujet, et celles-ci sont encore appelées à s'étendre à mesure que le marché gagne en maturité sur la question. Elles peuvent ainsi évaluer de façon concrète les politiques menées par les entreprises en matière de prévention et de résolution des risques psychosociaux, et proposer des améliorations basées sur les bonnes pratiques qu'elles découvrent chez leurs différents clients.

Les notations fournies par ces agences ont un fort impact en termes d'image. Elles constituent donc une source de pression forte pour les entreprises à agir dans ce domaine. Il n'est d'ailleurs pas interdit de penser que dans les années, voire les mois à venir, l'on verra émerger au sein de ces agences des produits de notation exclusivement dédiés aux risques humains.

Certaines entreprises n'ont pas attendu que ce mouvement de fond se dessine pour se mettre en ordre de marche. Des regroupements se forment, qui visent à développer le partage d'informations et de bonnes pratiques, afin de trouver les meilleures orientations à adopter.

---

1. Voir contribution p. 258-260 (BMJ Ratings).

Prise en compte des risques humains : un élément de compétitivité de l'entreprise et de développement durable

La matière des risques psychosociaux continue encore d'être explorée. Ces travaux de recherche touchent toutes les dimensions de ces risques : impacts médicaux, méthodes managériales, dynamique des groupes, organisation des entreprises, gestion du stress au niveau individuel et des groupes, etc. Tous ces champs d'investigation constituent autant de défis à venir pour les entreprises et vont continuer de modeler la vision des différents acteurs du marché et d'infléchir leurs positions.

Les agences de notation évaluent elles aussi les risques psychosociaux !

➭ Émilie Merley-Tortora, analyste extra-financière sur le volet social, BMJ Ratings

BMJ Ratings est un des leaders du marché européen de la notation sollicitée de la RSE (Responsabilité sociale des entreprises). L'entreprise intervient dans cinquante pays sur les cinq continents, auprès de tout type d'organisation : entreprises cotées et non cotées (BTP, grande distribution, acteurs financiers, coopératives agricoles, *utilities*, etc.), collectivités (villes, intercommunalités, départements, régions et État), sociétés de gestion, fondations et associations, ainsi que des établissements d'enseignement supérieur. Ses missions s'appuient sur des critères prenant en compte le respect des normes et des standards internationaux les plus connus, comme l'OIT (Organisation internationale du travail), l'OCDE (Organisation de coopération et de développement économique), le PNUE (Programme des Nations unies pour l'environnement), etc.

L'intégration progressive des risques psychosociaux dans les grilles de notation extra-financière

Dans le cadre de l'évaluation de la politique des ressources humaines, BMJ Ratings réalise ses audits sur quatre thématiques :

- le capital humain : politique de formation, gestion des carrières et des mobilités, mise en place d'une GPEC, etc. ;
- la cohésion sociale : diversité, gestion du handicap, discriminations, climat social interne, etc. ;
- les rétributions socio-économiques ;
- les conditions et le temps de travail : problématiques de sécurité, mise en place de politique d'hygiène, de santé et de sécurité.

C'est en particulier sur ce dernier volet que BMJ Ratings intègre aujourd'hui l'évaluation de la prise en compte des risques psychosociaux par les entreprises. Les audits menés intègrent ainsi systématiquement des questions posées aux dirigeants sur cette politique et les recommandations faites sur ce volet deviennent désormais incontournables.

Cette démarche d'attention à la prise en compte des risques psychosociaux s'est développée depuis 2009 et a été menée progressivement par l'observation d'attentes grandissantes des employés sur le sujet de la santé au travail et de la prévention des risques psychosociaux. Sur le terrain, on s'aperçoit que le sujet est de plus en plus traité par les entreprises, notamment du fait de l'actualité récente dans certains groupes et de la pression des médias. Cependant, on constate que même au niveau des partenaires sociaux, et en particulier des instances du personnel, le sujet reste en retrait par rapport à d'autres priorités et notamment celle de la sécurité de l'emploi.

Une évaluation des politiques de prise en compte des risques psychosociaux en développement

BMJ Ratings, à travers ses missions de notation, évalue la mise en place de politiques dans le domaine du stress au travail et des risques psychosociaux ; ces politiques étant relativement récentes, l'audit porte plus sur le déploiement du système de management que sur l'efficacité à long terme de ces politiques. Les points analysés par BMJ Ratings portent sur différentes thématiques :

- la prise en compte globale de la santé des collaborateurs ;
- la gestion de la dépendance et de la consommation sur le lieu de travail (alcool et drogue) ;
- la création de cellules de crise dédiées ;
- la mise en place de numéros verts ;
- les groupes de travail et de réflexion internes ;
- la présence de crèches ;
- la création d'espaces de détente ;
- la flexibilité des horaires ;
- le degré de formation des managers en termes de prévention du stress et des risques psychosociaux.

Cette évaluation est réalisée à travers l'analyse du nombre de formations dispensées aux managers, les types de formations et un recours au coaching. Sur ce point, l'évaluation porte également sur l'intégration dans la part variable du salaire des managers de critères extra-financiers comme la capacité à détecter et remonter des informations concernant des risques humains observés dans les équipes :

- le dispositif mis en place par l'entreprise pour évaluer son climat interne ;
- l'intégration de ces questionnaires dans la mesure du stress et des cas de harcèlement.

On évalue ces points par le biais de l'analyse des documents internes de l'entreprise et des entretiens avec le top management et les instances représentatives du personnel, ce qui nous permet de pondérer l'enjeu et de le qualifier de faible, moyen ou fort à la vue du croisement entre les attentes des parties prenantes et la marge de manœuvre de l'entreprise. Puis nous analysons le discours de l'entreprise, les moyens mis en place, le degré de transparence, l'engagement de l'entreprise et les actions menées sur ces sujets. Ensuite, dans le cadre d'actions déjà engagées, ce qui témoigne d'une certaine maturité de l'organisation, nous regardons les dispositifs de contrôle mis en place, l'innovation dans les bonnes pratiques et la vision long terme qu'a l'entreprise sur ces sujets.

Chacun de ces champs est évalué sur une échelle de 0 à 10. Notre modèle d'analyse s'appuie sur une grille de critère de mille deux cents items, dont environ deux cents sur le domaine des ressources humaines, et une cinquantaine sur la prévention des risques psychosociaux, les éléments de gestion de la santé des travailleurs et de l'environnement humain de l'entreprise.

Les points absents qui ne comportent pas d'attentes majeures des parties prenantes ne sont pas abordés dans l'analyse. Ne sont commentés que les points que l'entreprise n'a pas (assez) « investigués » et pour lesquels il y a à la fois une attente des collaborateurs et une marge de manœuvre de l'entreprise.

Une démarche qui continue de s'enrichir

Les entreprises qui font le choix de la notation sollicitée ont choisi de faire noter leur politique RSE. À l'issue d'une revue documentaire, d'une série d'entretiens et de visites de sites, elles disposent d'un rapport d'analyse complet et d'une cartographie des risques par domaine leur permettant, en interne, d'avoir un état des lieux de leurs pratiques, de mesurer les attentes de leurs parties prenantes, mais aussi d'avoir une visibilité sur l'efficacité de leur politique. Elles identifient ainsi leurs risques et disposent d'une analyse de leurs enjeux et de recommandations sur ce sujet. Les résultats d'analyse étant généralement restitués en comité de direction, mais aussi parfois en assemblée générale, cela permet une meilleure transparence des politiques, mais aussi une appropriation plus complète des différents sujets par les parties prenantes.

La grille de notation de BMJ Ratings s'enrichit encore des observations faites sur le terrain. On constate que les bonnes pratiques se répandent, les entreprises intégrant petit à petit les apports que de tels dispositifs de prévention peuvent leur donner. On s'aperçoit en particulier que cette démarche favorise la capacité au changement des organisations, et qu'elle participe ainsi à mieux appréhender un monde économique en perpétuel mouvement.

Les principaux facteurs clés de succès concourant à la mise en place d'actions efficaces sont les suivants :
• porter la thématique au plus haut niveau de la hiérarchie de l'entreprise, et disposer d'un leadership affirmé sur le sujet ;
• associer psychologues et médecins du travail dans la démarche ;
• mettre en place un dispositif d'animation permanent, afin que la politique de prévention reste active ;
• mesurer l'efficacité de la politique mise en œuvre afin de pouvoir l'ajuster.

Un simple retour au travail… pas si simple que cela !

➠ **Danielle Laurier, médecin, directrice Santé & Sécurité d'Hydro-Québec ; Noémi Bonneville-Hébert, psychologue du travail et des organisations, chargée d'Équipe de Présence au travail, Direction Santé & Sécurité d'Hydro-Québec ; Michel Langlois psychologue du travail et des organisations, membre de l'Équipe de Présence au travail, Direction Santé & Sécurité d'Hydro-Québec**

« Hydro-Québec produit, transporte et distribue de l'électricité. Son unique action-naire est le gouvernement du Québec. Exploitant essentiellement des sources d'énergie renouvelables, et plus particulièrement l'hydraulique, l'entreprise soutient le développement de la filière éolienne par ses achats auprès de producteurs privés. Elle fait aussi de la recherche-développement dans le domaine de l'énergie, y compris en matière d'efficacité énergétique » (objet social de l'entreprise).

La structure de la Direction Santé & Sécurité d'Hydro-Québec totalise dix-neuf Centres de santé dans la province de Québec. Ceux-ci sont composés d'infirmiers et de médecins œuvrant en santé du travail. De plus, une équipe de présence au travail (PAT), constituée majoritairement de psychologues cliniques et organisa-tionnels, a le mandat de coordonner les interventions dans les dossiers reliés à des problématiques de santé psychologique et physique complexes (absences chroniques, des absences de longue durée de plus de six mois, des troubles de personnalité et de comportements, d'allégation de problématiques profession-nelles, etc.). L'équipe PAT peut, dans certaines situations, faire appel à des consul-tants externes pour mener les interventions de pointe en matière de consolidation d'équipe, de médiation, de « coaching de gestion », etc.

Une simple demande…

Michel, salarié d'Hydro-Québec depuis quinze ans, dans une équipe de dix per-sonnes au secteur technique, en est à sa troisième absence. Celle-ci dure depuis plus de six mois et est liée à une problématique de santé psychologique avec allé-gation de mauvais climat de travail. Son retour au travail est annoncé pour le 2 février 2009. Charles, nouvellement arrivé comme gestionnaire dans cette unité, reconnu pour son style humaniste, demande à l'infirmier du Centre de santé de l'aider à préparer le retour au travail de Michel. Compte tenu des alléga-tions professionnelles annotées au dossier médical, ce dernier sollicite l'équipe PAT afin d'accompagner le gestionnaire dans sa démarche de réintégration de l'employé au travail.

… qui se complique au fil du temps

Le *12 janvier 2009*, une rencontre multidisciplinaire regroupant les intervenants (gestionnaire, conseiller RH, infirmier du Centre de Santé et psychologue de l'équipe PAT) du dossier est organisée afin d'aider concrètement le gestionnaire à réintégrer l'employé dans l'équipe de travail. Le partage d'informations liées au contexte de l'absence de l'employé permet de donner une direction commune à la gestion du dossier. Les intervenants apprennent, qu'à la problématique de retour au travail s'ajoute celle d'un conflit non résolu avec Mathieu, un autre membre de l'équipe. L'objectif de l'intervention comporte désormais deux volets : accompagner le gestionnaire dans la réintégration de l'employé et préparer l'équipe au retour au travail de leur collègue. Compte tenu de la complexité de la situation, on décide de faire appel à un expert externe pour accompagner le gestionnaire. Le mandat du consultant externe est précisé et consiste à « coacher » le gestionnaire dans l'implantation d'actions favorisant un climat de collaboration au sein de l'équipe.

Le *22 janvier 2009*, Charles annonce à Michel qu'une rencontre aura lieu le 2 février 2009 pour échanger sur les modalités de son retour dans l'équipe.

La rencontre entre Charles et Michel a lieu le *2 février 2009*. De plus, Charles informe Michel et Mathieu que chacun rencontrera le consultant externe individuellement pour identifier ses inconforts, comprendre ses perceptions et cerner l'ouverture de chacun en vue d'une possible médiation.

Au cours de la semaine du 9 février 2009, les deux entretiens individuels avec le consultant externe ont lieu. Parallèlement à ces rencontres, une démarche de « coaching » auprès du gestionnaire est mise en œuvre.

Le *23 février 2009*, un bilan des observations de chaque intervenant au dossier est dressé afin de s'assurer que le plan d'action initial répond toujours aux besoins de la situation. Lors de cette rencontre-bilan, le consultant et le gestionnaire sont d'avis que la situation n'est pas actuellement propice à une médiation entre les deux individus (Michel et Mathieu). Étant donné la fermeture de chacun à participer à une démarche de médiation, celle-ci est pour l'instant mise de côté. Le plan d'action initial est donc revu. On suggère à Charles d'organiser une réunion d'équipe pour réitérer ses attentes quant aux attitudes et aux comportements souhaités. Les conséquences administratives sont également nommées. On convient de maintenir la démarche de « coaching » auprès du gestionnaire. La réunion d'équipe a lieu le *3 mars 2009*.

Au début du mois d'avril 2009, l'équipe PAT effectue un suivi auprès du gestionnaire. Celui-ci mentionne que, depuis la clarification de ses attentes, des mesures disciplinaires ont été appliquées à certains employés. Malgré une situation en voie d'amélioration, de nouvelles préoccupations apparaissent : absentéisme chronique et manque de productivité de certains employés. L'ajout de ces nouvelles informations amène le psychologue de l'équipe PAT à revoir la pertinence du maintien de l'intervention en cours. Les constats se regroupent en deux niveaux.

Au niveau individuel (en regardant les individus constituant l'équipe) :
- attitudes (personnalités complexes) et comportements inadéquats (incluant des comportements contestataires à l'égard du gestionnaire et de son autorité fonctionnelle) de certains employés ;
- importance de la problématique d'absentéisme dans l'équipe ;
- présence de conflits interpersonnels non résolus depuis plusieurs années (manque de collaboration) ;
- problématique de rendement ;

- perception de charge de travail inéquitable due à l'instabilité de l'équipe ;
- départs d'employés performants rendant certains postes vacants, etc.

Au niveau organisationnel (la gestion de l'équipe) :
- manque d'encadrement régulier et supervision directe limitée favorisant des déviations à certaines normes établies à cause de changements fréquents de gestionnaires depuis quelques années ;
- style de gestion humaniste dans un contexte de redressement d'attitudes et de comportements inadéquats ;
- portée de commandement du gestionnaire : quatre équipes à gérer, et ce, dans des domaines différents ;
- ajout ponctuel de dossiers spéciaux.

Devant l'ensemble de ces constats, le psychologue de l'équipe PAT conclut que, pour changer le cours des choses, les interventions ponctuelles doivent céder leur place à une intervention systémique de changement planifié. Compte tenu des résultats à ce jour, des nouveaux faits rendant les attentes de la gestion difficiles à atteindre, de la composition de l'équipe et du besoin de redressement important, il devient primordial d'impliquer la direction de l'unité afin qu'elle soit partie prenante de la décision.

Une solution adaptée

Le 16 avril 2009, l'équipe PAT propose au gestionnaire et au directeur de l'unité concernée une démarche d'intervention systémique de changement planifié. L'intervention structurée vise un changement de culture au sein de l'équipe. Le plan d'action présenté découle d'une démarche de concertation et de prise en charge par l'équipe de gestion (directeur de l'unité et ses gestionnaires). Les résultats attendus de l'intervention sont :
- rétablir un climat de collaboration ;
- accroître l'efficacité et la productivité ;
- diminuer l'absentéisme.

Pour ce faire, certains critères sont essentiels au succès de l'intervention :
- nommer un gestionnaire attitré directement à cette équipe ;
- déterminer et communiquer les résultats attendus par la direction, ;
- affecter un porteur de dossier interne dont l'expertise est reconnue ;
- mettre sur pied un comité de pilotage (incluant directeur, gestionnaires hiérarchiques, chef RH et équipe PAT) ;
- implanter un suivi rigoureux et constant tout au long du dossier permettant de trouver les solutions optimales aux situations rencontrées.

Cette proposition est acceptée par le directeur de l'unité, et la mise en place de l'intervention, amorcée.

Le plan d'action proposé

Déterminer les résultats attendus (directeur de l'unité, au cours d'une rencontre d'équipe) :
- rapporter les principales observations relatives aux constats ;
- communiquer ses attentes concrètes (comportements, attitudes et rendement) ;

- énoncer les conséquences en termes de mesures disciplinaires concernant les comportements déviants ;
- donner concrètement son appui et sa confiance aux gestionnaires dans les changements souhaités.

Clarifier les rôles et les responsabilités du gestionnaire et du futur supérieur immédiat (porteur du dossier) :

- déterminer les rôles et les responsabilités du gestionnaire et du futur superviseur immédiat ;
- effectuer l'évaluation de la charge de travail actuelle du gestionnaire en place ;
- s'assurer que le gestionnaire et le futur superviseur immédiat comprennent bien qui est responsable de quoi au quotidien.

Faciliter la prise en charge de l'équipe (porteur du dossier, gestionnaire et futur supérieur immédiat) :

- préparer le contenu de la rencontre formelle avec les employés (déterminer qui dit quoi) ;
- préciser les attentes relatives à chacun des employés concernant les comportements/attitudes et la prestation de travail ;
- préparer un calendrier des rencontres superviseur/supervisé.

Habiliter le gestionnaire dans son rôle (gestionnaire actuel) :

- poursuivre l'accompagnement en « coaching » par le consultant externe.

Gérer l'équipe (gestionnaire actuel et futur supérieur immédiat) :

- tenir des rencontres de suivi avec les membres de l'équipe sur une base régulière.

Assurer le suivi et la traçabilité des actions de la gestion (gestionnaire actuel et futur supérieur immédiat) :

- élaborer un document de travail ;
- documenter les rencontres de suivi par la gestion.

Assurer le suivi de la démarche d'amélioration (porteur du dossier) :

- établir un calendrier des rencontres avec le comité de pilotage ;
- informer le comité de pilotage, le gestionnaire actuel et le futur superviseur immédiat de l'évolution de la situation.

Le *1er mai 2009*, cette démarche est mise en œuvre. Le porteur du dossier décide d'ajouter une étape d'évaluation du climat actuel (questionnaire au tout début de la démarche d'intervention) afin de pouvoir avoir un point de comparaison (mesure pré-intervention) lors de la fin de la démarche (mesure post-intervention).

À la fin août 2009, une rencontre de suivi est organisée et plusieurs améliorations notables en lien avec les résultats attendus sont rapportées tant par la gestion que par les différents membres de cette équipe.

Nos apprentissages

L'analyse rétrospective de ce cas nous dévoile certaines améliorations à apporter dans notre démarche d'intervention. En effet, l'élargissement dès le début de notre investigation auprès du gestionnaire en place concernant l'historique de l'équipe (sa productivité, son climat, son absentéisme ainsi que les particularités inhérentes – attitudes et comportements – des autres membres de l'équipe) aurait permis un diagnostic plus adéquat et aidé à obtenir les résultats attendus plus rapidement. De plus, il aurait fallu impliquer plus rapidement le directeur afin de pallier les problèmes sous-jacents enracinés progressivement de façon insidieuse depuis plusieurs années. L'approche humaniste du gestionnaire n'était pas, dans les circonstances, la plus appropriée pour redresser la situation. Elle fut, tout de même, un élément déclencheur, car le gestionnaire avait la préoccupation de s'occuper de régler la situation même si elle lui est apparue plus complexe au fur et à mesure que la démarche s'implantait auprès des membres de l'équipe. Les situations complexes demandent une réflexion préalable quant à l'adéquation du style de gestion à la problématique à gérer.

Tirer parti de nos expériences : exemple de développement d'outil pratique préventif

Au fil des expériences et des interventions effectuées, l'identification de besoins récurrents en matière de situations de plus en plus complexes a émergé. Face à cette réalité, l'équipe PAT a fait preuve de créativité en modifiant ses façons de faire, en développant des outils, des formations, de l'information et en organisant d'autres activités pour promouvoir le mieux-être au travail tant à l'égard des employés que des gestionnaires. Toutes ces activités ont pour objectif de favoriser la responsabilisation de chacune des parties dans l'objectif commun de la PAT. C'est ce que l'on appelle un système de rétroaction : préventif - curatif - préventif.

Dans le futur immédiat, nous allons expérimenter une formation sur mesure pour les gestionnaires dont le sujet concerne particulièrement la gestion des personnalités complexes. Dispensé par des psychologues, l'atelier « L'échiquier de la personnalité complexe » permet à des gestionnaires d'échanger sur des réalités communes et, ainsi, de briser leur solitude. L'analogie de l'échiquier renvoie à l'aspect « gestion », qui demande de la patience, de l'analyse et de l'action stratégique. En effet, cet atelier interactif (avec des capsules vidéo) fait référence au rôle du gestionnaire, aux comportements et attitudes complexes à gérer, aux différents pièges possibles à éviter en présence de personnalités complexes, aux stratégies à développer pour y faire face et aux ressources disponibles chez Hydro-Québec pour les accompagner dans la gestion au quotidien des cas complexes.

Conclusion

Être gestionnaire au XXIᵉ siècle exige du courage et de la détermination. Gérer courageusement signifie être en mesure de faire face à diverses situations, prendre des décisions parfois difficiles, mais nécessaires, être en mesure d'encadrer sans chercher à plaire et être responsable des résultats. Le gestionnaire doit être continuellement aux aguets afin de répondre aux attentes de la haute direction et des employés en accord avec le mandat de l'organisation.

Dans une entreprise comme la nôtre, où la dispersion géographique est importante, le gestionnaire est parfois bien seul, face à des enjeux de gestion de plus en plus grands. En tant que professionnels de la santé en organisation, nous avons un rôle à jouer pour l'accompagner dans l'exercice de sa fonction. Le soutien n'est-il pas un des facteurs de protection les plus puissants en santé mentale ? Ensemble... on va tellement plus loin !

À *retenir*

Les entreprises ont grand intérêt à s'intéresser aux évolutions de la jurisprudence actuelle, que ce soit en France, ou surtout à l'étranger, dans les pays anglo-saxons plus spécifiquement. En effet, ces évolutions ne manqueront pas d'arriver dans l'Hexagone à très court terme.

Les entreprises peuvent dès à présent réaliser des avancées importantes par rapport à leurs concurrents, en se démarquant par des pratiques innovantes et en lien avec leur modèle économique.

Conclusion

Cinq ans après la conversation relatée en introduction, le client, l'actionnaire et le salarié partagent une discussion. Le salarié leur dit en souriant : « *Je suis content que vous paraissiez satisfaits de ce que vous rapporte l'entreprise… Eh bien, moi aussi, je le suis de plus en plus, car avant, pour vous plaire, nous vous aurions donné l'impression de nous réorganiser dans tous les sens, de fond en comble, sans fin, pour être en avance sur nos concurrents ! Avant, en effet, le dirigeant ne mesurait pas les impacts successifs et l'usure que ces changements provoquaient. Tout ça pour repartir en arrière quelques années plus tard ! Maintenant, il y a au sein du comité de direction un spécialiste des tensions humaines : il est chargé de faire une veille en continu sur les sources potentielles de risques humains dans l'entreprise et d'alerter… Il fait même des propositions constructives pour aligner la stratégie et les tensions humaines acceptables sur le moyen et le long terme ! Incroyable, non ? Du reste, tout cela a été bénéfique pour l'entreprise, car son classement en termes de "risques humains" est remonté de six places et elle figure parmi les sociétés les plus respectées ! C'est une vraie garantie pour les investisseurs dans des marchés aussi compliqués que les nôtres.* »

Annexes

Annexe 1
Un autodiagnostic à votre disposition

Nous vous proposons en suivant le lien www.artelieconseil.com, de réaliser vous-même un premier diagnostic des risques psychosociaux de votre entreprise. Organisé autour des thèmes majeurs qui touchent les risques psychosociaux, cet outil vous permettra d'identifier les points sur lesquels porter votre attention en priorité et préciser certaines questions. Bien entendu, il ne s'agit là que d'une première approche, qui ne saurait remplacer un diagnostic en tant que tel.

Annexe 2
Carnet d'adresses

Les organismes de référence

– Ministère du Travail, de la Solidarité et de la Fonction publique :
www.travail-solidarite.gouv.fr/ ; www.travailler-mieux.gouv.fr/

– Travail Info service : 0 821 347 347

– Direction Générale du Travail (DGT)
39, quai André-Citroën
75902 Paris CEDEX 15
Tél. : 01 44 38 38 38

– ANACT (Agence Nationale pour l'Amélioration des Conditions de Travail)
4, quai des Étroits
69321 Lyon CEDEX 05
Tél. : 04 72 56 13 13
www.anact.fr

– Agence Européenne pour la Santé et la Sécurité au travail
Gran Via 33
E-48009 Bilbao
Espagne
Tél. : +34 944 794 360

– Brussels Liaison Office
European Agency for Safety and Health at Work
Square de Meeûs 38/40
1000 Brussels
Belgium
Tél. : + 32 240 168 59
www.osha.europa.eu

– Fondation de Dublin : www.eurofound.europa.eu

– INRS (Institut National de Recherche et Sécurité)
Centre de Paris
30, rue Olivier-Noyer
75680 Paris CEDEX 14
Tél. : 01 40 44 30 00
www.inrs.fr

– INVS (Institut National de Veille Sanitaire) : www.invs.sante.fr

– Sénat (Mission risques psychosociaux) :
http://blogs.senat.fr/mal-etre-au-travail/

Les films de référence sur le mal-être au travail

– *J'ai mal au travail*, de Jean-Michel Carré (2004)
– *La mise à mort du travail*, de Jean-Robert Viallet (2009)

Les mécanismes du stress

– Le film de l'INRS :
www.dailymotion.com/video/x9q9q8_les-mecanismes-du-stress-au-travail_lifestyle#from=embed

La formation aux risques psychosociaux

– Le module de l'ARACT :
www.cestp.aract.fr/fileadmin/Fichier/Module_e_learning/
Module_RPS_2/SCO_0001/default.htm
– Le module de Capital Santé :
8, rue Lemercier 75017 Paris
6, place Jeanne-d'Arc – 13100 Aix-en-Provence
Tél. : 0811 46 22 13 33
info@capital-sante.net

Le Plan du gouvernement en matière de santé au travail

– Le plan santé au travail 2010-2014 :
www.travailler-mieux.gouv.fr/IMG/pdf/PST2_version_definitive.pdf

Les rapports remis au gouvernement

– Le rapport Nasse-Légeron (2008) :
www.ladocumentationfrancaise.fr/rapports-publics/084000156/
– Le rapport Lachmann-Larose-Pénicaud (2010) :
www.travail-solidarite.gouv.fr/IMG/pdf/02_17_Rapport_-Bien-etre_
et_efficacite_au_travail-.pdf

Les grandes lignes de la réglementation en matière de risques psychosociaux

– www.travailler-mieux.gouv.fr/Notions-de-base.html

Le document unique

– www.travail-solidarite.gouv.fr

Les données statistiques

– Direction de l'animation de la recherche, des études et des statistiques
(Dares)
39, quai André-Citroën
75902 Paris CEDEX 15
Tél. : 01 44 38 38 38

Les principales consultations de pathologie professionnelle en milieu hospitalier

À Paris

– Hôpital Cochin
Service de pathologie professionnelle
27, rue du Faubourg-Saint-Jacques
75679 Paris CEDEX 14
Tél. : 01 58 41 22 61

– Hôtel-Dieu
Consultation de pathologie professionnelle
1, place du Parvis-Notre-Dame
75181 Paris CEDEX 04
Tél. : 01 42 34 89 89

– Hôpital Fernand-Widal
Consultation de pathologie professionnelle
200, rue du Faubourg-Saint-Denis
75010 Paris
Tél. : 01 40 05 41 92

En banlieue parisienne

– Hôpital Raymond-Poincaré
Unité Souffrance et travail
Service de pathologie professionnelle
104, boulevard Raymond-Poincaré
92280 Garches
Tél. : 01 47 10 77 52

– Centre municipal de santé (CMS)
Accompagnement individuel et médiation en entreprise
Consultation Souffrance et Travail
3, rue de la Paix
92230 Gennevilliers
Tél. : 01 40 85 66 50

– Centre hospitalier Intercommunal Poissy/Saint-Germain-en-Laye
Consultation Souffrance et Travail
1. 20, rue Armagis
Pavillon Courtois
78105 Saint-Germain-en-Laye
2. 10, rue du Champ-Gailliard
La Rotonde
78303 Poissy CEDEX
Tél. : 06 63 14 05 34

En province

– CHU d'Angers
Consultation de pathologie professionnelle
Service de médecine E
4, rue Larrey
49033 Angers CEDEX 01
Tél. : 02 41 35 34 75

– Groupe hospitalier Pellegrin
Service de Médecine du travail et pathologie professionnelle
Place Amélie-Raba-Léon
33076 Bordeaux CEDEX
Tél. : 05 56 79 61 55

– Faculté de Médecine
Centre de consultation des pathologies professionnelles
28, place Henri-Dunant
63000 Clermont-Ferrand
Tél. : 04 73 17 82 69

– CHRU Lille
Consultation Souffrance et Travail
Service de pathologie professionnelle
et environnementale
1, avenue Oscar-Lambret
59037 Lille CEDEX
Tél. : 03 20 44 57 94

– Centre hospitalier Lyon-Sud
Service des maladies professionnelles et de médecine du travail
Pavillon Dufour
165, chemin du Grand-Revoyet
69495 Pierre-Bénite CEDEX
Tél. : 04 78 86 12 05

– Hôtel-Dieu
Consultation de pathologie professionnelle
2, rue de l'Hôtel-Dieu
35000 Rennes
Tél. : 02 99 87 35 17

– Hôpital Charles-Nicolle
Centre de consultation de pathologie professionnelle
1, rue de Germont
76000 Rouen
Tél. : 02 32 88 82 69

– Hôpital Purpan
Service des maladies professionnelles et environnementales
31059 Toulouse
Tél. : 05 61 77 21 90

Annexe 3
Les neuf entreprises évaluées et certifiées
« Entreprise en santé » au Québec le 14 mai 2010

– A. Lassonde Inc. et Industries Lassonde Inc.
BNQ 9700-800/2008-02-25
170, 5ᵉ Avenue, Rougemont (Québec) Canada

– Groupe Esprit de Corps Inc.
BNQ 9700-800/2008-02-25
4000, rue St-Ambroise, Montréal (Québec) Canada

– Medial Conseil Santé Sécurité Inc./Société Mutuelle de Prévention Inc.
BNQ 9700-800/2008-02-25
1995, rue Frank-Carrel, bur. 320, Québec (Québec) Canada

– Pfizer Canada Inc.
BNQ 9700-800/2008-02-25
17300, route Transcanadienne, Kirkland (Québec) Canada

– Samson, Groupe Conseil Inc.
BNQ 9700-800/2008-02-25
275, bd des Braves, bur. 310, Terrebonne (Québec) Canada

– Sinapse Interventions Stratégiques Inc.
BNQ 9700-800/2008-02-25
1170, bd Lebourgneuf, bureau 320, Québec (Québec) Canada

– Solareh, Société pour l'avancement des Ressources Humaines Inc.
BNQ 9700-800/2008-02-25
1500, rue du Collège, bur. 200, Montréal (Québec) Canada

– SSQ, société d'assurance-vie Inc.
BNQ 9700-800/2008-02-25
2525, bd Laurier, C. P. 10500, Édifice SSQ, Québec (Québec) Canada

– Ubisoft Divertissements Inc.
BNQ 9700-800/2008-02-25
5505, bd St-Laurent, bur. 5000, Montréal (Québec) Canada

Annexe 4
Bibliographie

Ouvrages et articles

Abrahamson, E., Freedman, D. H., *Un peu de désordre = beaucoup de profits*, Flammarion, 2008.

Albert, É., Saunder, L., *Stress.fr*, Éditions d'Organisation, 2010.

Alis, D., Dumas, M., Poilpot-Rocaboy, G., *Risques et souffrance au travail*, Dunod, 2010.

Alter, N., *Donner et prendre, la coopération en entreprise*, La Découverte, 2009.

Alter, N., Dubonnet, C., *Le Manager et le sociologue*, L'Harmattan, 1994.

Amossé, T., Bloch-London, C., Wolff, L., *Les Relations sociales en entreprise*, La Découverte, 2008.

Angel, P., Amar, P., Gava, M.-J., Vaudolon, B.,
Développer le bien-être au travail, Dunod, 2005.
Mieux vivre en entreprise, Dunod, 2010.

Arbouch, P., Triclin, A., *Les Tabous dans l'entreprise*, Éditions d'Organisation, 2007.

Askenazy, P., *Les Désordres du travail*, Seuil, 2004.

Asler, C., *Comment survivre au bureau... sans se faire virer !*, Hors Collection, 2009.

Aubert, N., Gaulejac (de), V., *Le Coût de l'excellence*, Seuil, 2007.

Aubert, N., Enriquez, E., Gaulejac (de), V., *Le Sexe du pouvoir*, Desclée de Brouwer, 1986.

Autissier, D., Moutot, J.-M., *Pratiques de la conduite du changement*, Dunod, 2003.

Béharel, F., « Réussir. Quand le travail et l'enthousiasme soulèvent les montagnes », *Le Parisien*, 2008.

Bell, A. H., *You can't talk to me that way*, Carrer Press, 2009.

Billiard, I., *Santé mentale et travail : émergence de la psychopathologie du travail*, La Dispute, 2001.

Biron, C., Cooper, C. L., Bond, F. W., *Mediators and moderators of organizational interventions to prevent occupational stress*, Oxford Press, 2008.

Blondin-Séguineau, C., *Guide du management, Santé Sécurité au travail*, AFNOR, 2007.

Boisard, P., *Le Nouvel Âge du travail*, Hachette Littératures, 2009.

Boisson, M., *La Mesure du déclassement*, La Documentation française, 2009.

Bonnet, J., Broggio, C., *Entreprises et territoires*, Ellipses, 2009.

Botton (de), A., *Splendeurs et misères du travail*, Mercure de France, 2010.

Bournois, F., Duval-Hamel, J., Roussillon, S., Scaringella, J.-L., *Comités exécutifs : voyage au cœur de la dirigeance*, Éditions d'Organisation, 2007.

Bouvard, P., Heuzé, J., *Insupportables Pratiques*, Éditions d'Organisation, 2007.

Bouvier, P., *Le Lien social*, Gallimard, 2005.

Bréard, R., Pastor, P., *Harcèlements : les réponses*, Liaisons, 2002.

Bressol, É., *Organisation du travail et nouveaux risques pour la santé des salariés*, Les Éditions des Journaux officiels, 2004.

Bruchon-Shweitzer, M., *Psychologie de la santé*, Dunod, 2002.

Brun, J.-P.,
La Reconnaissance au travail, chaire en gestion de la santé et de la sécurité au travail dans les organisations (université Laval, Québec), 2007.
La Santé psychologique au travail, de la définition du problème aux solutions, chaire en gestion de la santé et de la sécurité au travail dans les organisations (université Laval, Québec), 2007.
Les 7 pièces manquantes du management, Éditions Transcontinentales, 2008.

Brunel, V., *Les Managers de l'âme*, La Découverte, 2004.

Brunner, R., *Psychanalyse des passions dans l'entreprise*, Eyrolles, 2009.

Burg, P., Jardillier, P., *Psychologie et Management*, PUF, coll. « Que sais-je ? », 2001.

Caron, N., Vendeuvre, F., *Démotiver à coup sûr*, Éditions d'Organisation, 2003.

Cayatte, R., Rodach, G., *Une vague à 12 temps*, Liaisons, 2007.

CFDT, *Agir sur les risques psychosociaux*, CFDT productions, 2009.

CFE-CGC, *Stress. Et si on en faisait une maladie ?*, 2009.

Clarke, J., *Working with monsters*, Random House, 2005.

Collectif,
La Santé à l'épreuve du travail, Mouvement n° 58, La Découverte, 2009.
Maladies psychiques liées au travail : quelle reconnaissance en Europe ?, Eurogip, 2004.
Psychopathologie du travail, Cliniques méditerranéennes, Érès, 2002.
Strategor – Stratégie, structure, décision, identité, InterÉditions, 1993.
« Travailler, dossier santé mentale », *Revue internationale de psychopathologie et de psychodynamique du travail*, 2000.

Combalbert, N., *La Souffrance au travail*, Armand Colin, 2010.

Combalbert, N., Riquelme-Sénégou, C., *Le Mal-être au travail*, Presses de la Renaissance, 2006.

Cooper, C. L., *Creating Healthy Work Organization*, Wiley, 1994.

Copeland, T., Koller, T., Murrin, J., *La Stratégie de la valeur*, InterÉditions, 1991.

Cormier Le Goff, A., Bénard, E., *Restructurations et droit du travail*, Liaisons, 2005.

Courpasson, D., Thoenig, J.-C., *Quand les cadres se rebellent*, Vuibert, 2008.

Cousin, O., *Les Cadres à l'épreuve du travail*, PUR, 2008.

Cousineau, D., *Panorama des statistiques pour psychologues*, De Boeck, 2009.

Crawford, M. B, *Éloge du carburateur*, La Découverte, 2010.

Davenport, N., Disler Schwartz, R., Pursell Elliott, G., *Mobbing : emotional abuse in the American workplace*, Civil Society Publishing, 1999.

Dejours, C., Bègue, F., *Suicide et travail : que faire ?*, PUF, 2009.

Dejours, C.,
   Souffrance en France, Seuil, 2000.
   Travail, usure mentale, Bayard, 2000.

Delrieu, A., Menthon (de), S., *L'Entreprise*, Gallimard jeunesse, 2008.

Dolan, S. L., Gosselin, É., Carrière, J., Lamoureux, G., Cerdin, J.-L., *Psychologie du travail et comportement organisationnel*, Gaëtan Morin Éditeur, 2002.

Dolan, S. L., Gosselin, É., Lamoureux, G., *Psychologie du travail et des organisations*, Gaëtan Morin Éditeur, 1996.

Dostaler, G., Maris, B., *Capitalisme et pulsion de mort*, Albin Michel, 2009.

Drexler, H., *Managers behaving badly : the real cause of workplace stress*, Temple House, 2007.

Dubost, J., *L'Intervention psychosociologique*, PUF, 1987.

Duhamel, O., Teinturier, B., *L'État de l'opinion 2010*, Seuil, 2010.

Dujarier, M.-A., *L'Idéal au travail*, PUF, 2006.

Dupuis, F., *La Fatigue des élites*, Seuil, 2005.

Ehster, J.-M., Fonds, H., Zimerman, N., *Menaces sur la santé au travail*, Pascal Galodé, 2010.

Eiguer, A., *Du bon usage du narcissisme*, Bayard, 1999.

Enriquez, E.,
   L'Organisation en analyse, PUF, 2003.
   Le Goût de l'altérité, Desclée de Brouwer, 1999.
   Les Jeux de pouvoir et de désir dans l'entreprise, Desclée de Brouwer, 1997.

Enriquez, E., Houle, G., Rhéaume, J., Sévigny, R., *L'Analyse clinique dans les sciences humaines*, Saint-Martin, 1993.

Erbès-Seguin, S., *La Sociologie du travail*, La Découverte, 2010.

Ettighoffer, D., Blanc, G., *Du mal travailler au mal vivre*, Éditions d'Organisation, 2003.

Fabre, C., *Les Conséquences humaines des restructurations : audit de l'implication des rescapés après un plan social*, L'Harmattan, 1997.

Fauvet, J.-C., *L'Élan socio-dynamique*, Éditions d'Organisation, 2004.

Filoche, G., *Les Nouveaux Carnets d'un inspecteur du travail*, Jean-Claude Gawsewitch, 2010.

Fradin, J., *L'Intelligence du stress*, Éditions d'Organisation, 2010.

Gauléjac (de), V., *La Société malade de la gestion*, Seuil, 2009.

Gaussen, R., *Risques professionnels : kit d'élaboration du document unique*, Éditions d'Organisation, 2004.

Gava, M.-J., Gbézo, B., *Prévenir le harcèlement moral et la souffrance au travail*, Vuibert, 2009.

Gibeault, G., Gauthey, O., Bernard, X., *Les Clés de la santé et de la sécurité au travail*, AFNOR, 2008.

Gillet-Goinard, F., Monar, C., *La Boîte à outils en Santé Sécurité Environnement*, Dunod, 2010.

Ginsbourger, F., *Ce qui tue le travail*, Michalon, 2010.

Godard, P., *Toujours contre le travail*, Aden, 2010.

Grebot, É.,
   Harcèlement au travail, Éditions d'Organisation, 2007.
   Stress et burnout au travail, Éditions d'Organisation, 2008.

Griffin, M. A., *Motivation for work*, Australian Psychological Society, 1999.

Halde, *Discrimination : pratiques, savoirs, politiques*, La Documentation française, 2009.

Heskett, J. L., Sasser W. E., Schlesinger, L. A., *The Service Prot Chain*, Free Press, 1997.

Hubaud, M.-J., *Des hommes à la peine*, La Découverte, 2008.

Jacob, D., Bergland, S., Cox, J., *Vélocité*, Pearson Village Mondial, 2010.

Jauvin, N., « Évaluation d'une intervention participative visant la prévention de la violence entre membres d'une même organisation de travail », Ripost, 2008 [inédit].

Kaës, R., *Le Groupe et le sujet du groupe*, Dunod, 1993.

Kerorguen (de) Y., Bouayad, A., *La Face cachée du management*, Dunod, 2004.

King, M., *Surviving stress at work*, Trafford, 2006.

Kourilsky, F., *Du désir au plaisir de changer*, Dunod, 1999.

Künzi, G., Vicario, A., *Harcèlement sur le lieu de travail, l'entreprise en question*, Presses polytechniques et universitaires romandes, 2006.

Lafargue, P., *Le Droit à la paresse*, L'Altiplano, 2008.

Lallement, M.,
 Le Travail, une sociologie contemporaine, Gallimard, 2007.
 Le Travail sous tension, Sciences humaines, 2010.

Langan-Fox, J., Griffin, M. A., *Training and performance*, Australian Psychological Society, 1999.

Laramée, A., *La Communication dans les organisations*, Presses de l'université de Québec, 2009.

Le Boterf, G., *Construire les compétences individuelles et collectives*, Éditions d'Organisation, 2010.

Ledun, M., Font Le Bret, B., *Pendant qu'ils comptent les morts,* La Tengo, 2010.

Légeron, P., *Le Stress au travail*, Odile Jacob, 2003.

Lemasle, T., Tixier, P.-É., *Des restructurations et des hommes*, Dunod, 2000.

Lewis, M., *Can they do that ? Retaking our fundamental rights in the workplace*, Penguin books, 2009.

Lhuillier, D., *Cliniques du travail*, Érès, 2006.

Losyk, B., *Get a grip, Overcoming stress and thriving in a workplace*, John Wiley and sons, 2005.

Maisonneuve, J., *La Dynamique des groupes*, PUF, 2010.

Malarewicz, J.-A., *Gérer les conflits au travail*, Pearson Education France, 2008.

Malenfant, R., Bellemare, G., *La Domination au travail*, Presses de l'université du Québec, 2010.

Maravelas, A., *How to reduce workplace conflict and stress*, Career Press, 2005.

Mathieu, J. E, Zajac, D. M., « A Review and Meta-Analysis of the Antecedents, Correlates and Consequences of Organizational Commitment », *Psychological Bulletin*, vol. 108, n° 2, 1990.

Méda, D.,
 Travail : la révolution nécessaire, L'Aube, 2010.
 Le Travail, PUF, 2010.

Merck, B., Sutter, P.-É., Baggio, S., Loyer, É., Landier, H., *Éviter le stress de vos salariés*, Éditions d'Organisation, 2009.

Millêtre, B., *Petit Atelier du mieux-être au travail*, First, 2010.

Mintzberg, H., *Le Management*, Éditions d'Organisation, 2004.

Molinier, P., *Les Enjeux psychiques du travail*, Payot & Rivages, 2008.

Moreau, F., *Comprendre et gérer les risques*, Éditions d'Organisation, 2002.

Morin, P., Delavallée, É., *Le Manager à l'écoute du sociologue*, Éditions d'Organisation, 2002.

Mounoud, É., *La Stratégie et son double. Autonomie du sujet et emprise idéologique dans l'entreprise*, L'Harmattan, 2004.

Naccache, L., *Perdons-nous connaissance ?*, Odile Jacob, 2010.

Nadoulek, B., *Survivre dans la jungle civilisée*, Eyrolles, 2009.

Namie, G., Namie, R., *The bully at work*, Sourcebooks, 2000.

Noël, C., Gumb, B., *Pourquoi les managers se trompent-ils ?*, Gualino, 2009.

Pauchant, T., *La Quête du sens*, Éditions d'Organisation, 1996.

Pélegrin-Genel, É., *Des souris dans un labyrinthe*, La Découverte, 2010.

Peretti, J.-M., *Tous vertueux*, Éditions d'Organisation, 2010.

Peretti, J.-M., Bournois, F., Besseyre des Horts, C.-H., Thévenet, M., *Top em-ployeurs France 2009*, Maxima Laurent du Mesnil, 2009,

Petit, F., Dubois, M, *Introduction à la psychosociologie des organisations*, Dunod, 1998.

Peugny, C., *Le Déclassement*, Grasset & Fasquelle, 2009.

Pezé, M., *Ils ne mouraient pas tous, mais tous étaient frappés*, Pearson Education France, 2008.

Pezet, A., Sponem, S., *Petit Bréviaire des idées reçues en management*, La Découverte, 2010.

Pigasse, M., Finchelstein, G., *Le Monde d'après*, Plon, 2009.

Pras, B., *Management : tensions d'aujourd'hui*, Vuibert, 2009.

Prud'homme, L., *Performances des comités exécutifs*, Éditions d'Organisation, 2009.

Ravizy, P., *Le Harcèlement moral au travail*, Delmas, 2004.

Richards, H., Freeman, S., *Bullying in the workplace*, Harper Collins, 2002.

Rosnay (de), J., *Le Macroscope. Vers une vision globale*, Seuil, 1975.

Rossignol, S., *Notre usine est un roman*, La Découverte, 2008.

Rouchy, J.-C., *Le Groupe, espace analytique. Clinique et théorie*, Érès, 1998.

Rouilleault, H., Rochefort, T., *Changer le travail… oui mais ensemble*, ANACT, 2005.

Sahler, B., *Prévenir le stress et les risques psychosociaux au travail*, ANACT, 2007.

Salofl-Coste, M., *Le Dirigeant du troisième millénaire*, Éditions d'Organisation, 2006.

Samson, L., *Comportements et sécurité*, Liaisons, 2008.

Sandstrom, K. L., Martin, D. D., Fine, G. A., *Symbols, selves and social reality*, Roxbury Publishing, 2002.

Schneider, M., *Big Mother, Psychopathologie de la vie politique*, Odile Jacob, 2005.

Sokol, B., Muller, U., Carpendale, J., Young, A., Iarocci, G., *Self and social regulation*, Oxford Press, 2009.

Spindel, P., *Psychological warfare at work*, Spindel & associates, 2008.

Spector, P. E., *Job Satisfaction : Application, Assessment, Causes, and Consequences*, Sage, 1997.

Steiler, D., Sadowsky, J., Roche, L., *Éloge du bien-être au travail*, Presses universitaires de Grenoble, 2010.

Steiler, D., *Prévenir le stress au travail, de l'évaluation à l'intervention*, Éditions Retz, 2010.

Stranks, J., *Stress at work, management and prevention*, Butterworth-Heinemann, 2005.

Tanizaki, J., *Éloge de l'ombre*, POF, 2001.

Théry, L. (sous la dir. de), *Le Travail intenable : résister collectivement à l'intensication du travail*, La Découverte, 2006.

Thébaud-Mony, A., Robatel, N., *Stress et risques psychosociaux au travail*, *Problèmes politiques et sociaux*, n° 965, La Documentation française, 2009.

Tirmarche, O., *Au-delà de la souffrance au travail*, Odile Jacob, 2010.

Toussaint, D., *Psychanalyse de l'entreprise*, L'Harmattan, 2000.

Tulgan, B., *Not everyone gets a trophy, how to manage generation Y*, Jossey Bass, 2009.

Vandenberg, R. J., Richardson, H. A., Eastman, L. J., « The Impact of High Involvement Work Processes on Organizational Effectiveness : a Second Order Latent Variable Approach », *Group and Organization Management*, vol. 24, n° 3, 1999.

Volkoff, S., *La Recherche et l'action en santé au travail. Idées ancrées et nouveaux obstacles*, La Documentation française, 2008.

Wenk Sormaz, H., Tulgan, B., *Performance under pressure, managing stress in the workplace*, HRD Press, 2003.

You, M., *Manuel de survie au travail*, Le Serpent à plumes, 2009.

Newzy magazine, « Sortir du stress », n° 7, avril 2008.

Audio, vidéo

INRS,
> *Le Stress au travail : le démasquer pour le prévenir*, DVD de trois lms, INRS, 2006.
> *J'ai mal au travail. Stress, harcèlement moral et violences*, DVD, Paris, INRS, 2004.

Dejours, C., *Plaisir et souffrance dans le travail*, Psy TA, 1999.

Baratta, R., Théry, L., *Atteinte à la santé mentale au travail*, DVD, Île-de-France, l'Ouvre-Boîte, 2010.

Annexe 5
Sitographie thématique

Les incontournables

NOM	LIEN	EN UN MOT	EN DÉTAIL
ANACT	http://www.anact.fr/	Agence Nationale pour l'Amélioration des Conditions de Travail	- Actualités - Publications (fiches et guides pratiques, études, enquêtes et sondages) - Fiches pratiques - Dossiers (santé au travail, changements organisationnels, études de populations, etc.) - Services (interventions en entreprises, formations, etc.)
ANSES	http://www.afsset.fr/ index_2010.php	Agence Nationale de Sécurité Sanitaire, de l'Alimentation, de l'Environnement et du Travail	- Actualités - Recherche et veille médicale (alimentation, environnement, santé animale, etc.)
INRS	http://www.inrs.fr/	Institut National de Recherche et de Sécurité	- Actualités - Dossiers (santé au travail, étude de risques, législation, économie et statistiques, etc.) - Agendas d'événements
Travailler Mieux	http://www.travailler-mieux.gouv.fr/#	La santé et la sécurité au travail	- Guides par profession ou secteur d'activité - Outils pratiques - Témoignages - Répertoire d'adresses utiles

Les généralistes

NOM	LIEN	EN UN MOT	EN DÉTAIL
AEF	http://www.aef.info/public/ fr/nonabonne/accueil/ accueil.php	Agence d'Informations Spécialisées	- Actualités - Dossiers et documents officiels (propositions de lois, rapport d'activités, etc.) - Agenda d'événements
ANDRH	http://www.andrh.fr/	Association Nationale des Directeurs des Ressources Humaines	- Actualités - Agenda d'événements - Revue RH
CRHA	http://www.portailrh.org/	Le portail de l'ordre des Conseillers en Ressources Humaines Agréés	- Actualités - Enquêtes (carrières, équité, etc.) - Services (formations) - Publications (relations au travail)
FOCUS RH	http://www.focusrh.org/	Actualité et évolution des ressources humaines	- Actualités - Information sociale et juridique - Librairie
METIS	http://www.metis-europe.eu/	Correspondances Européennes	- Actualités - Articles/enquêtes (droit, économie, société, conditions de travail...)

Les spécialistes

NOM	LIEN	EN UN MOT	EN DÉTAIL
Handicap RH	http://www.handicap-rh.fr/	Intégration des personnes handicapées dans l'entreprise	- Actualités - Informations médicales (handicaps) - Témoignages - Documents et revues utiles sur les handicaps - Services (formations, recrutement)
RH Seniors	http://www.rhsenior.com/rh_seniors/index.php	Ensemble pour une vie réussie après 45 ans	- Enquêtes (les nouvelles mesures en faveur de l'emploi des seniors, les bénéficiaires du cumul emploi retraite, etc.) - Interviews - Bibliographie - Annuaire professionnel

Presse papiers

NOM	LIEN	EN UN MOT	EN DÉTAIL
Les Échos Management	http://www.lesechos.fr/management/index.htm	Rubrique du magasine Les Échos	- Dossiers (devenir un bon manager, spécial stress) - Veilles économique (bourse, banque, etc.) - Blogs et Forums - Conseils (former, diriger, motiver)
Santé et Travail	http://www.sante-et-travail.fr/	Le magazine des risques professionnels	- Bibliographie - Études (travail précaire et dépression, la prévention an quatre modèles, etc.) - Agenda d'événements

Dura Lex Sed Lex

NOM	LIEN	EN UN MOT	EN DÉTAIL
Place de la Médiation	http://www.placedelamediation.com/	Identifier, prévenir réagir au harcèlement moral au travail	- Actualités - Conseils juridiques et psychologiques aux particuliers - Conseils aux entreprises (formation et coaching sur la prévention du harcèlement moral)
Droit Médical	http://www.droit-medical.com/	Droit-medical.com est une revue d'informations en ligne	- Actualités en droit médical (remboursement par la sécurité sociale, concurrence, santé publique, innovation et médicament, etc.) - Textes de références (chartes, lois, décrets, etc.)

Parole d'expert

NOM	LIEN	EN UN MOT	EN DÉTAIL
Actineo	http://www.actineo.fr/	Observatoire de la qualité de vie au bureau	- Conseils (guides pratiques, ergonomie, tendances, livres, etc.) - Témoignages (reportages, interviews) - Agenda d'événements
Artélie Conseil	http://www.artelieconseil.com	Anticiper et résoudre les situations humaines difficiles	- Cas pratiques - Témoignages des clients - Méthodologie (l'audit appliqué aux risques humains, évaluer les risques en entreprise, etc.)
ASTREE	http://www.astree.asso.fr/	Aider et anticiper à aider	- Témoignages - Analyses (souffrance psychique, isolement, etc.) - Services (formations)

Les RPS 2.0

NOM	LIEN	EN UN MOT	EN DÉTAIL
Blog Cary Cooper	http://carycooper blog.com/	Professor of Organisational Psychology and Health	- Présentation - Articles (faire face à un patron intimidant, âge de la retraite, etc.) - Bibliographie
Blog Marc Landré	http://blog.lefigaro.fr/ social/	Le blog de l'actualité sociale	- Répertoire de blogs - Articles (les bleus : victimes des risques psychosociaux, etc.)
Psychologie positive au Travail	http://psychologiepositive autravail.blogspot.com/	Développement d'idées sur la psychologie au travail	- Présentation - Articles (utiliser le meilleur en vous, le bien être au travail un nouveau contrat psychologique, etc.)
Et voilà le travail	http://voila-le-travail.fr/	Chroniques de l'humain en entreprise Le blog d'Elsa Fayner	- Témoignages - Revue de presse - Analyses (santé au travail, société, etc.)

Allo docteur

NOM	LIEN	EN UN MOT	EN DÉTAIL
AMELI	http://www.risques professionnels.ameli.fr/	Le site des accidents du travail et des maladies professionnelles	- Actualités - Veille économique (indemnisations, cotisations) - Statistiques (accidents du travail, accidents de trajets, etc.)
CISME	http://www.cisme.org/	Santé et Médecine au Travail	- Actualités - Législation (textes sur la santé au travail) Rapports d'expertise - Veilles médicale et scientifique

Ailleurs qu'en France...

NOM	LIEN	EN UN MOT	EN DÉTAIL
APA États-Unis	http://www.apa.org/pubs/ journals/ocp/index.aspx	American Psychological Association	- Actualités - Dossiers (médicaux, comportements, etc.) - Calendrier des événements - Articles
CCHST Canada	http://www.cchst.com/ oshanswers/	Centre Canadien d'Hygiène et de Sécurité au Travail	- Produits et services sur la santé et la sécurité - Réponses en lignes (santé au travail, ergonomie, risques, etc.) - Articles (mêmes thématiques)
Emploi Belgique Belgique	http://www.emploi.belgique. be/home.aspx	Service public fédéral. Emploi, Travail et Concertation sociale	- Législation - Outils et bonnes pratiques - Statistiques - Lexique
EUROPA Europe	http://www.osha.europa. eu/fop/france/fr/	Agence Européenne pour la Santé et la Sécurité au Travail	- Actualités - Bonnes pratiques - Législation - Statistiques - Dossiers (GRH, travail social, rémunération, etc.)
EWCO Europe	http://www.eurofound. europa.eu/ewco/	European Working Conditions Observatory	- Rapports annuels (conditions de travail en Europe) - Enquêtes (diversité, parité, conditions de travail, etc.)

Ailleurs qu'en France...

NOM	LIEN	EN UN MOT	EN DÉTAIL
HSE Grande-Bretagne	*http://www.hse.gov.uk/*	Health and Safety Executive	- Programme de recherche scientifique - Législation - Statistiques - Calendrier d'événements
ILO International	*http://www.ilo.org/global/ lang-en/index.htm*	International Labour Organisation	- Actualités - Législation - Rapports (tous sujets - Statistiques - Calendrier d'événements)
IRSST Québec	*http://www.irsst.qc.ca/*	Institut de Recherche Robert Sauvé en Santé et en Sécurité au Travail	- Informations économiques - Rapports et recherches (très axés sécurité au travail)
NBGH États-Unis	*http://www.businessgroup health.org/*	National Business Group Health	- Informations juridique et médicale - Publications (politiques santé)
Prevent Pays-Bas	*http://www.prevent.be/net/ net01.nsf/language?read form*	S'investir dans l'homme au travail	- Documentation et guides pratiques (très axés sécurité au travail) - Forum

Index

Liste des contributeurs

L'auteur tient à exprimer sa gratitude à l'ensemble des contributeurs ayant participé à cet ouvrage.

Docteur Alain Acker
Directeur médical, Groupe Areva.

Tchibara Aletcheredji
Ergonome, service Prévention des risques professionnels, groupe Aéroports de Paris.

José-Maria Aulotte
DRH Arc International.

Chantal Aurousseau
CRHA, Université du Québec à Montréal (UQAM).

Thierry Baril
Executive vice-président des Ressources Humaines, Airbus.

Djelloul Belbachir
Délégué national, et Denis Léandri, responsable pédagogique, Astrée.

Raoul Belot
Responsable hygiène, sécurité et conditions de travail, Direction des relations sociales, Caisse des Dépôts et Consignations.

Charles-Henri Besseyre des Horts
Professeur au sein du groupe HEC, et Guillaume d'Argenlieu, Michael Page.

Paul Bouaziz et Pierre Bouaziz
Avocats à la cour d'appel de Paris, spécialistes en droit social.

Virginie Coindreau
Directrice des Ressources Humaines de Foncière des Régions.

Romain Cristofini
Cofondateur et directeur général de Capital Santé, pionnier des enquêtes sur les risques psychosociaux. Consultant auprès des grandes entreprises en matière de stratégie Santé au travail.

Marcel Curodeau
Président de MEDIAL.

Valérie Decaux
DRH, Groupe SAU.

Jean-Claude Delgenes
Directeur général, Technologia.

Gilles Vermot-Desroches
Directeur du développement durable, Schneider Electric.

Martine Dobiecki et Jacques Descamps
Direction des Ressources Humaines de l'ÉPIDE.

Bruno Dunoyer de Segonzac
Directeur de l'Audit Interne et de la Gestion des Risques, Bouygues Telecom.

Gilles Dupuis
Professeur titulaire au département Psychologie de l'UQAM.

Bruno Fournet
Directeur Santé et Sécurité au Travail, Disneyland Paris.

Henri Fanchini
Ergonome, Artis Facta.

Jean-Pierre Frau
Responsable Risques psychosociaux, Réseau de transport d'électricité (RTE).

Laurent Geoffroy
Directeur des ressources humaines, Coca-Cola Entreprise.

Raphaële Grivel
Responsable formation Groupe et Projets RH, Arkema.

Quentin Ha
Chargé de mission Aract Île-de-France.

Charlotte Hammelrath
Avocat au barreau de Paris spécialisée en droit social et associée au sein de la SCP Coblence.

Noémi Bonneville-Hébert
Psychologue du travail et des organisations, chargée d'Équipe de Présence au travail, Direction Santé & Sécurité d'Hydro-Québec.

Isabelle Hennebelle
Journaliste à *L'Expansion*.

Franck Joly
Responsable du projet, Airbus.

Marc Jouenne
Directeur des Relations Sociales et de la Politique sociale, Airbus.

Michel Langlois
Psychologue du travail et des organisations, membre de l'Équipe de Présence au travail, Direction Santé & Sécurité d'Hydro-Québec.

Hervé Lanouzière
Directeur du travail, conseiller technique à la Direction générale du travail, professeur associé au CNAM.

Danielle Laurier
Médecin, directrice Santé & Sécurité d'Hydro-Québec.

Gilles Leclercq
Médecin conseil, ACMS, Direction générale.

Élise Ledoux
Chercheuse, Institut Robert-Sauvé en Santé et Sécurité au Travail (Montréal).

Lucie Legault
Consultante à l'ASSTSAS.

Patrick Légeron
Directeur, Stimulus.

Christian Lurson
Directeur des Ressources Humaines, Sodexo France.

Dominique Massoni
Directrice du développement RH et de la communication Interne, Arkema.

Stéphane Mathieu
Responsable action régionale Aquitaine, AFNOR.

Florence Froment-Meurice
Avocat associé, Cotty Vivant Marchisio & Lauzeral.

Rita Mouawad
Vice-présidente ressources humaines, CA Technologies.

Françoise Pelletier
Avocate associée au sein du Cabinet Lefèvre, Pelletier & associés.

Tea Lucas de Pesloüan
Directrice adjointe de Burson-Marsteller, Paris, directrice du département Affaires publiques et Communication de crise.

Stéphanie Peters et Isabelle Hansez
Unité de Valorisation des Ressources Humaines (ValoRH) de l'Université de Liège (Belgique).

Lionel Prud'homme
Vice-président Human Resources – Emea, Carlson WagonLit Travel.

David Pivot
Directeur adjoint, GET Bourgogne, TE Est, RTE.

Stéphane Roussel
Senior executive Vice-Président Ressources Humaines, Vivendi.

Julie de La Sablière
Directeur conseil et responsable du développement de Harrison & Wolf.

Philippe Tellier
Responsable du service Prévention des risques professionnels, groupe Aéroports de Paris.

Catherine Thiefin
Experte en prévention des risques à la direction des ressources humaines, groupe Renault.

Elizabeth Valenza
Responsable développement marque employeur, Carrefour.

Michel Vézina
Chaire de santé au travail de l'université Laval, Québec.

Thierry Viquera
CIF - Expert-Conseil Financier membre de la CCIF, Conseil en gestion de crise et des difficultés des PME.

François Wallach
DRH, SNCF.

.

www.ingramcontent.com/pod-product-compliance
Lightning Source LLC
Chambersburg PA
CBHW061136220326
41599CB00025B/4255